家庭仪式传播研究

刘建明　班志斌　著

科学出版社

北京

内 容 简 介

本书援用传播的仪式观、仪式传播、互动仪式理论等传播学理论，论证了仪式和传播的同一性，并结合中国本土的家庭仪式实践，提出家庭仪式传播的概念，即家庭成员之间形式化的、重复性的、象征性的、情感性的符号互动行为。象征是家庭仪式作为传播行为的核心属性，也是家庭仪式传播区别于家庭常规的重要特征。通过实证研究发现，现代化发展对传统家庭仪式传播造成一定的冲击，当代家庭仪式的形式更加适应时代的发展。同时，家庭仪式传播还受到城乡、南北方差异、家庭年收入等多种因素的影响。在传播效果方面，家庭仪式传播通过抗逆力、家庭亲密度这两条中介路径对青少年主观幸福感产生正向影响，通过文化认同这条路径对青少年的主观幸福感产生负向影响。

本书可供高校传播学、社会学、教育学、心理学等专业师生以及相关科研院所研究人员阅读和参考。另外，家庭仪式传播涉及千家万户生活，本书的调研结论也可供中国父母和子女参考，有助于传承家庭优秀仪式文化，促进青少年身心健康发展，提升青少年的幸福感。

图书在版编目（CIP）数据

家庭仪式传播研究 / 刘建明，班志斌著. —北京：科学出版社，2022.11
ISBN 978-7-03-073446-4

Ⅰ. ①家… Ⅱ. ①刘… ②班… Ⅲ. ①青少年教育-家庭教育-研究
Ⅳ. ①G782

中国版本图书馆 CIP 数据核字（2022）第 191279 号

责任编辑：王　丹　赵　洁 / 责任校对：贾伟娟
责任印制：李　彤 / 封面设计：蓝正设计

科 学 出 版 社 出版
北京东黄城根北街 16 号
邮政编码：100717
http://www.sciencep.com

北京建宏印刷有限公司 印刷
科学出版社发行　各地新华书店经销

*

2022 年 11 月第　一　版　　开本：720×1000 1/16
2022 年 11 月第一次印刷　　印张：13 3/4
字数：225 000
定价：98.00 元
（如有印装质量问题，我社负责调换）

本书为国家社会科学基金项目"家庭仪式传播对中国青少年幸福感的影响研究"（项目批准号：20BXW058）的阶段性成果之一

目　　录

引　言

第一节　研究背景

一、传统家庭仪式弱化

　　家庭仪式存在于中国的每一个家庭当中，其中农历大年三十一家人团聚吃年夜饭可能是中国最典型的家庭仪式。为了这餐团圆饭仪式，几亿人踏上了春运的火车。然而在现代社会中，各种不确定因素又影响了这种传统的家庭仪式。2020 年、2021 年，因为新冠肺炎疫情的影响，春运客流量大大减少，就地过年、通过电商平台给家人买年货、视频拜年等成了疫情时期的过年方式。同时，年味越来越淡也成了人们的普遍感受。例如，网络问答社区知乎上有一个题为"年味越来越淡是时代的进步还是退步？"的提问，网友们关于这个问题展开讨论。有的网友对儿时的过年场景充满怀念，认为："小时候喜欢过年，因为只有在过年才能吃到平时吃不上的饭菜和糖果，因为只有过年才有很有讲究且充满年味儿的习俗，洗澡穿新衣，贴对联，拜年……而现在，过年吃的饭菜平时都能吃上了，新衣服随时都能买了……年味却越来越淡了！"还有的网友认为这是时代进步的体现："世界是在发展的……新的社会现象会越来越多，肯定都是和以前不一样的。"也有网友想通过回老家的方式保留年味："直到现在过年还是希望回老家过，因为乡村我感觉年味最重……"①我们认为造成传统家庭仪式弱化的原因有以下几个：首先，随着物质生活水平的提升，人们随时可以购买丰盛可口的食物，节日的独特性减弱；其次，中国现代化发展过程中，传

---

① 年味越来越淡是时代的进步还是退步？https://www.zhihu.com/question/310237928, (2019-02-02).

统家庭仪式曾被视作落后文化遭到批判，受到了一定程度的破坏；最后，随着生活节奏的加快，人们的生活更加讲究效率。例如，在现代社会，工具理性思潮盛行，即人们希望通过行为达到既定目标。[1]由于家庭仪式具有非功利性的特点，其内在核心和价值是具有象征意义的，因此，在工具理性的影响下，家庭仪式在现代社会不断被边缘化。

二、家庭规模缩小

传统社会中，三代同堂甚至四代同堂的情况很普遍，家里的亲戚也几乎住在同一个村庄，而在现代社会，家庭规模有所减小。第七次人口普查结果显示，平均每个家庭户的人口为 2.62 人，比 2010 年第六次全国人口普查的 3.10 人减少 0.48 人。[2]这种情况由多种原因造成。首先，计划生育政策使得中国生育率下降，中国家庭平均人口减少。同时，生育率的下降也带来了中国家庭结构的变化。其次，城市化发展加剧了社会人口流动。中国传统文化中，人们乡土观念非常浓重，一般不愿意背井离乡。如今，好的工作机会集中在少数城市，人们为了更好地发展，选择离开故乡，在大城市扎根立足。亲人也因此分隔两地，见面交流的机会也随之减少。1999 年，中央电视台春节联欢晚会上的一首《常回家看看》唱遍大江南北。这首歌之所以深得人心，主要是由于当时社会经济发展迅速，大批人口向城市流动，寻找更多的工作机会，而老人留守在家中，日复一日期盼着与亲人相聚。二十多年过去了，城市落户限制条件越来越少，甚至很多城市出台各种优惠政策吸引年轻人落户，这种现象越来越普遍。于是，更多的人选择离乡外出务工、求学，出现了留守老人、留守妇女和留守儿童等留守群体。最后，现代性导致了人际关系冷漠。家庭现代化理论代表人物威廉·古德认为，传统的家庭制度（通常指扩大家庭或联合家庭）正在瓦解，正在向夫妇式家庭制度转变，亲戚群体的继续存在将会阻碍家庭现代化的进程。[3]在当

---

① 张德胜，金耀基，陈海文，等.2001. 论中庸理性：工具理性、价值理性和沟通理性之外. 社会学研究，(2)：33-48.

② 国家统计局. 第七次全国人口普查公报(第二号). http://www.stats.gov.cn/xxgk/sjfb/zxfb2020/202105/t20210511_1817197.html, (2021-05-11).

③ 唐灿.2010. 家庭现代化理论及其发展的回顾与评述. 社会学研究，25(3)：199-222，246.

今中国家庭中，一个人与自己的直系亲属关系密切，但与伯叔侄子等旁系亲属交往较少。罗伯特·帕特南在《独自打保龄：美国社区的衰落与复兴》中发现今天的美国人，似乎不再愿意"一起走进俱乐部去从事集体行动，而是宁愿一个人在家看电视，或者独自去打保龄球"①。还有研究者发现日本正在步入无缘社会。许多日本人，一是没朋友，无社缘；二是家庭关系疏离，无血缘；三则与家乡关系隔离断绝，无地缘。因为无缘，日本每年 32 000 人走上"无缘死"的道路。②

第二节　研究问题的提出

通过上面的背景分析可以发现，一方面，随着社会发展，部分传统家庭仪式弱化，但另一方面，仪式感却越来越被人们提及。法国童话《小王子》中说，仪式感"让某一天变得和其他日子不同，让某一时刻与其他时刻不同"③。父母在家庭生活中为孩子创造仪式，既可以维系融洽的家庭关系④，又可以通过家庭仪式对孩子起到教育作用。⑤在"六一"儿童节、孩子生日的时候，父母为孩子买蛋糕庆祝儿童节和生日。在父亲节、母亲节以及父母生日时，孩子也会给父母送上祝福，形成良好的家庭互动。德国儿童心理专家梅兰妮·葛列瑟等认为家庭聚餐、家庭旅游等诸多行为均属家庭日常仪式互动，这些有意识的家庭仪式行为，能帮助孩子更有意识地去规划、体验日常生活，从而实现凝聚团体、提高安全感、降低恐惧的作用。⑥家庭仪式不仅是重复性的行为，还蕴藏着丰富的象征意义，是文化的载体，因此也受到传播学者的关注。在传播学

① 罗伯特·帕特南.2011.独自打保龄：美国社区的衰落与复兴.刘波，祝乃娟，张孜异，等译.北京：北京大学出版社：2.

② 冯晓玲.2019.从"独自打保龄球"到"一起跳广场舞"——中美体育社团参与比较研究.南京体育学院学报，(9)：20-27，2.

③ 安托万·德·圣-埃克苏克佩里.2021.小王子.黄荭译.南京：译林出版社：79.

④ 幸婷婷.2019.小"仪式"，大"方圆"——为孩子的成长注入仪式感.天天爱科学(教育前沿)，(6)：2.

⑤ 陈若葵.2021.家庭仪式感：孩子成长的精神营养.江苏卫生保健，(5)：38-39.

⑥ 梅兰妮·葛列瑟，艾克·霍佛曼.2020.孩子需要家庭仪式感：用"仪式教养法"教出独立自律，与家人感情亲密的孩子.林砚芬译.北京：中国妇女出版社：1，5.

研究中，国内研究者仲富兰等的民俗传播研究认为家庭节庆仪式等民俗活动本身就是一种传播行为，一头连着过去，一头连着未来。[①]并且，这种传播方式具有促进家庭关系和谐等作用。杨立川认为家庭仪式传播具有在代际之间传承、强化意识形态的作用，可规范家庭成员的行为。[②]但这些研究大多是通过思辨性思考得出的结论，且以旁观者的视角来看待家庭仪式，将青少年作为"消极"受众，认为家庭仪式对青少年有教育作用，或可提升青少年幸福感，却忽视了从青少年视角探究家庭仪式传播对青少年的影响。因此，本书把家庭仪式传播纳入青少年幸福感的影响因子，为青少年身心健康发展提供新思路。研究者从仪式传播角度探讨家庭仪式对青少年幸福感的影响。具体解决以下研究问题。

（1）家庭仪式具体有怎样的传播属性？

（2）在现代化浪潮下，当代中国家庭仪式传播的现状如何？家庭仪式传播受到哪些因素影响？

（3）家庭仪式传播是否对青少年幸福感产生了影响？如果产生了影响，其影响机制又如何？

第三节 研 究 意 义

一、学术价值

（1）拓展了仪式研究、仪式传播研究和家庭社会学研究范围。本书研究中国家庭仪式传播对青少年幸福感的影响，其处于仪式传播研究、仪式研究与家庭社会学研究的交叉地带，对于三者而言都是新课题，拓宽了三者的研究边界。在仪式传播研究中，既有研究着重探讨媒介仪式、国家盛典等宏大叙事仪式传播对国家和社会的积极整合功能。本书将仪式传播社会功能的研究从宏观层面深入微观层面，聚焦于"家庭"这一微观社会场景，探讨中国家庭仪式传播对

---

① 仲富兰. 2007. 民俗传播学. 上海：上海文化出版社：18.

② 杨立川. 2015. 论家庭仪式传播的意识形态作用及其特征. 中国地质大学学报(社会科学版), 15(4)：118-123.

青少年幸福感的影响问题，属于微观层面的仪式传播研究。在仪式研究中，既有研究常常与异文化相关，主要关注少数民族仪式和宗教仪式。但正如郭于华所批评的那样，如果仪式研究只关注异文化，学术好奇很可能演变成学术猎奇。[①]在家庭社会学研究中，传统的研究路径对日常生活中显而易见的事实采取忽视的态度。日常生活领域是我们最熟悉的领域，但因为过于平凡，所以长期被人们忽视。埃德蒙德·胡塞尔提出要关注和研究生活世界，研究者们开始探究日常生活中人的异化，以及人们在社会结构中如何获取意义。[②]相比于奇特的异文化仪式，当代家庭生活中的日常仪式被忽视，开展家庭仪式传播研究是对本土文化资源的扩展。

（2）探讨了家庭仪式意义和青少年幸福感之间的深层次联系。目前，关于家庭仪式的规范性研究有很多，例如，要传承传统节日、提升民族自信、重视传统节日等，且这些研究认为家庭仪式可以促进家庭内部的和谐。但这都只能算是家庭仪式的应然情况，家庭仪式应该回归现实，探究当代中国家庭仪式的实然情况。因此，我们认为只有选择合适的观察维度、寻找家庭仪式影响青少年幸福感的具体路径，才能揭示家庭仪式传播和青少年幸福感之间的内在联系。基于此，本书通过建构家庭仪式意义对青少年幸福感影响的理论假设模型，并收集数据进行验证，丰富既有理论模型，探索和验证变量和假设之间的关系。

二、应用价值

（1）探索家庭仪式与青少年幸福感之间的关系，有利于青少年身心健康发展。幸福，是每一个人的毕生追求。改革开放以来，我国社会经济迅速发展，人们的物质生活水平有了极大的提高，幸福问题越发受到关注。青少年要面对课业负担和社会竞争，而心智又尚未完全成熟。青少年的自杀问题、抑郁问题也成了全社会关注的话题。在 2005 年，自杀是我国 12～18 岁青少年死亡的第

---

① 郭于华. 2000. 仪式与社会变迁. 北京：社会科学文献出版社：1.
② 张丕万. 2011. 电视与柳村的日常生活(博士学位论文). 武汉大学.

四大原因。[①]2014 年北京市的调查显示：在上一年内有 11.42%的学生曾有过自杀意念，6.41%有自杀企图，2.51%自杀未遂。[②]幸福的家庭生活是青少年心理健康的重要保证。不同于既有研究关注父母婚姻质量、父母教养方式、家庭年收入、家庭结构等因素对青少年幸福感的影响，本书把家庭仪式传播纳入青少年幸福感的影响因子，一方面可以解释青少年幸福感的作用机制，另一方面也可以对提高青少年幸福感起导向作用。

（2）探索家庭仪式与幸福感之间的关系，有助于传承中国传统的优秀家庭文化，从而增强民族文化自信。家庭文化是我国传统民族文化的重要组成部分。然而，基于一些历史原因，部分传统家庭文化曾被视作封建迷信，遭到了破坏。通过本书研究，可以发现家庭仪式传播在青少年群体中的接受程度，及其对青少年幸福感的影响。这对于研判和传承中国传统的优秀家庭文化具有一定的指导作用，同时也有助于进一步增强我国的民族文化自信。

第四节　研究方法与研究对象

一、研究方法

量化研究和质化研究各有优缺点。量化研究可以对相关关系进行测量、计算和分析，以达到对事物本质的把握，适合从宏观层面对事物进行大规模预测和调查，但缺少对具体情境的研究。质化研究虽然测量的准确性较差，但可以弥补量化研究的缺陷，通过研究者和被研究者之间的互动对事物进行深入、细致、长期的体验，能够得到一个比较全面的解释性理解。[③]因此，本书采取量化研究和质化研究相结合的办法。量化研究数据主要通过问卷调查得到，而质化研究数据主要通过访谈得到，用来解释数据结果，挖掘数据背后深层次的原因。具体包括以下几种研究方法。

---

① 季成叶. 2007. 中国青少年健康相关/危险行为调查综合报告 2005. 北京：北京大学医学出版社：9-12.
② 段佳丽，吕若然，赵海，等. 2016. 北京市青少年健康相关危险行为调查报告(2014 年). 北京：北京出版社：42-43.
③ 陈向明. 2000. 质的研究方法与社会科学研究. 北京：教育科学出版社：10，472-473.

1. 焦点小组访谈法

为了探究当代家庭仪式传播的形式，本书进行了两次焦点小组访谈，每次5人。每组焦点小组访谈持续 1.5～2 个小时，全程录音，并进行归纳、总结、评述。采用焦点小组访谈法是为了鼓励参与者提供更多样化的家庭仪式传播形式。这里借鉴史蒂文·沃林等对家庭仪式传播类型的划分方法（家庭庆祝、家庭传统、常规的家庭沟通），同时结合中国家庭传统和交流特色，发掘当代中国家庭仪式传播的表现形式。另外，本书将从家庭现代化理论视角对传统家庭仪式与当代家庭仪式进行比较，并分析发生家庭仪式变迁的原因。

2. 问卷调查

问卷分为两次发放。第一次发放问卷的目的是探究中国当代家庭仪式传播形式。根据问卷调查的结果对当代中国家庭中的不同类型的家庭仪式传播现状，以及青少年对这些家庭仪式传播的认同情况做描述性统计分析，并通过方差分析探究不同类型的家庭仪式传播和家庭户籍、收入、民族等人口统计学变量之间的关系。此问卷包括人口统计学变量、中国当代家庭仪式传播实践情况、青少年对家庭仪式传播的认同情况三个部分。第二次发放问卷的目的是探究中国当代家庭仪式传播和青少年幸福感之间的关系。虽然西方已有相关量表，但中西方在家庭仪式方面差距较大，如西方的节日主要是圣诞节、复活节等宗教节日，而中国的节日主要是春节、中秋节、端午节等和传统文化紧密相连的节日。西方家庭普遍有外出度假的家庭仪式，这种仪式在中国家庭中并不普遍，而中国的大家庭聚餐的仪式感更强。因此，问卷题项设置会在西方量表的基础上根据中国实际情况进行改编。问卷调查分为预调查和正式调查，预调查的问卷数量不少于 100 份，使用 SPSS26.0 对预调研数据进行探索性分析和验证性分析，确定正式问卷。正式问卷不少于 500 份。问卷包括人口统计学变量、家庭仪式传播、家庭亲密度、文化认同、抗逆力、互依型自我构念和主观幸福感七个部分，探究家庭亲密度、抗逆力、文化认同是否在家庭仪式传播对青少年主观幸福感的影响中起到中介效应，互依型自我构念是否起到调节作用。

3. 深度访谈

本书将以家人庆祝生日、外出旅游、庆祝传统节日、家庭聚餐、亲子远距离沟通、餐桌礼仪、看望祖辈等几个具有代表性的家庭仪式为例，通过半结构式深度访谈询问家庭仪式在他们生命历程中扮演的角色，以及不同类型的家庭仪式对他们幸福感的影响。本书对 44 位青少年进行半结构深度访谈，并进行两次焦点小组讨论，每次访谈时长不少于 2 小时，并全程录音。整个访谈持续到收集的新资料不再产生新的理论解释为止，最终实现理论饱和。

二、研究对象

主要数据来源于对青少年的访谈和问卷调查。"青少年"是年龄模糊、弹性较大的概念，没有权威的、统一的年龄界限。有研究者将青少年界定为 13～19 岁的中学生。世界卫生组织（World Health Organization，WHO）将"青年"（youth）年龄界定为 15～24 岁。中国共产主义青年团界定的青年年龄是 14～28 岁。《中长期青年发展规划（2016—2025 年）》界定的青年年龄是 14～35 周岁。美国心理学家教授杰弗里·詹森·阿内特等则提出了"成年初显期人群"的概念——18～25 岁的未婚年轻人。他们已离开原生家庭，但还没有完全融入新的社会关系中。在这个阶段，他们可以自由地探索爱情、职业以及世界观方面各种各样的可能性，也不可避免地会遇到挫折和烦恼。[1]本书所指青少年指涉 14～28 岁未婚的青年人。鉴于小学生家庭关系意识和主体意识尚未成熟，而已经结婚的青年已经成立新的家庭，受原生家庭的家庭仪式影响较小，因此二者不在研究对象之列。

第五节　结　构　框　架

引言部分主要介绍本书的研究背景、研究问题、研究意义、研究方法与研究对象及全书结构框架。

第一章主要梳理了仪式传播研究和家庭仪式研究的脉络。

---

[1] Arnett J J. 2000. Emerging adulthood: A theory of development from the late teens through the twenties. *American Psychologist*, 55(5). p. 469.

第二章主要对幸福感研究进行综述，包括幸福感研究的缘起、幸福感的分类、主观幸福感的测量、幸福感的影响因素和青少年主观幸福感研究。

第三章论证了家庭仪式的传播属性。首先，援引詹姆斯·凯瑞"传播的仪式观"（a ritual view of communication）、埃里克·罗森布勒"仪式传播"理论概念、欧文·戈夫曼的互动仪式理论、兰德尔·柯林斯的互动仪式链理论等，诠释仪式与传播的同一性。之后，具体分析中国家庭仪式的传播属性。

第四章通过焦点小组访谈和深度访谈等方式，归纳总结中国家庭仪式传播的不同形式。之后，根据焦点访谈的结果，制作中国当代家庭仪式传播调查问卷，调查中国当代家庭仪式传播的现状和青少年对不同类型的家庭仪式传播的认同情况，并分析在现代化语境下，家庭仪式传播发生了哪些变化。

第五章提出研究假设，基于研究假设，设计问卷问题。考察家庭仪式传播对青少年幸福感的影响机制。由于定量研究缺少对不同情境的探究，也没有对个体心理活动的解释，因此，本书在得到量化模型后，将通过深度访谈的方式对家庭仪式传播对青少年产生影响的机制作进一步补充阐释。

第六章，结论与讨论。总结本书得出的结论，并探讨研究结论对家庭传播、家庭情感教育和家庭文化建设等方面的启示。

第一章

仪式传播与家庭仪式研究

第一节 仪式传播研究

一、传播的仪式功能研究

1975 年，凯瑞提出了"传播的仪式观"。他认为传播行为具有类似于仪式的作用。凯瑞创造性地将传播和仪式联系在一起后，给传播学界带来很大的启发。此后，不少学者论证了传播具有类似于仪式的功能。丹尼尔·戴扬和伊莱休·卡茨发现在没有电视直播之前，即使在最大的体育场举办大型仪式（如奥运会等），能够同时参与的观众也不过十几万人。电视直播则彻底改变了这一情况，一项国家级事件的电视直播可能有几亿，甚至几十亿人共同观看。他们把这种历史事件的电视直播称为媒介事件，并引入人类学的概念和理论来分析这种大众传播现象。他们认为事件的组织者、电视台和观众互相协商，最终形成媒介事件。相比于在场的仪式，这种电视直播仪式有了新的特点，"电视成了大众仪式演出中的主要演员"，电视直播的作用不仅仅是将重大历史事件原原本本地呈现，也会加入媒体机构自身的编辑和剪辑，从而使得事件的根本属性发生质的变化。[①]虽然，收看电视直播时观众分散在各自家中，没有在场参与时的聚集行为，但戴扬和卡茨认为在家中观看现场直播是一种"大流散仪式"[②]，通过这种电视直播仪式依旧可以起到确立权威，凝聚社会的作用。

[①] 丹尼尔·戴扬，伊莱休·卡茨. 2000. 媒介事件：历史的现场直播. 麻争旗译. 北京：北京广播学院出版社：93.

[②] 丹尼尔·戴扬，伊莱休·卡茨. 2000. 媒介事件：历史的现场直播. 麻争旗译. 北京：北京广播学院出版社：166.

1981 年菲利普·艾略特提出了"报刊仪式"概念，他探讨了报刊仪式功能的深层次机制，认为报纸报道新闻的方式是高度可预测的，这种报道方式有高度象征意义，且有利于维系社会稳定。①早期的仪式传播研究普遍认为仪式传播可以促进社会整合，例如凯瑞提出传播的仪式观时，认为传播"是为了代表事物的基本秩序"②。戴扬和卡茨探讨了重大事件电视直播中的仪式性特征及其在社会整合中的作用。但这些研究存在主观推断，媒介事件究竟在多大程度上发挥了凝聚社会的作用还需要商榷。此后，研究者们发现媒介事件不仅有社会整合功能，也有可能分化社会，凯瑞、戴扬和卡茨等也都修正了原先的观点。1998 年，凯瑞研究了伯克事件，即里根总统提名罗伯特·伯克作为大法官，但伯克在之后的投票中落选。凯瑞认为伯克听证会是一个媒介事件，但这起媒介事件没能将受众和政体统一起来，反而使之更加分裂。③这项政治仪式传播研究，也是凯瑞在提出传播的仪式观理论后做的唯一一次仪式传播实证研究。面对这些变化，卡茨和塔玛尔·利比斯将恐怖袭击、战争、灾难等重大事件的媒体报道纳入"破坏性媒介事件"，作为经典媒介事件理论的补充。④戴扬也承认原先的媒介事件理论需要修正，提出媒介事件的新特征：幻灭、脱轨、冲突。⑤在跨文化语境下，仪式性的新闻报道面临不同文化的挑战，从而产生隔阂和矛盾。桑德琳·鲍达娜通过研究法国总统候选人多米尼克·斯特劳斯·卡恩因性侵犯在美国被捕的事件，发现美国媒体报道这件事情时采用羞辱仪式，曝光卡恩被捕的照片。这种羞辱仪式在美国本来是被支持的，甚至为了提高公民道德水平而鼓励这种做法。但法国并不认可这种仪式，并指出这种做法违反了无罪推定的原则。反过来，法国的抗议也引起了美国本土对媒体和司法机制失调的反思。⑥尼

---

① Elliott P. 1981. Press performance as political ritual. *The Sociological Review*, 29(S1). pp. 141-177.

② 詹姆斯·W．凯瑞. 2005. 作为文化的传播："媒介与社会"论文集. 丁未译. 北京：华夏出版社：8.

③ Carey J W. Political ritual on television: Episodes in the history of shame, degradation and excommunication. In Liebes T, Curran J. 1998. *Media, Ritual and Identity*. London: Routledge. pp. 42-70.

④ Katz E, Liebes T. "No more peace!" How disaster, terror and war have upstaged media events. In Couldry N, Hepp A, Krotz F. 2010. *Media Events in A Global Age*. London: Routledge. pp. 32-42.

⑤ Dayan D. Beyond media events: Disenchantment, derailment, disruption. In Couldry N, Hepp A, Krotz F. 2010. *Media Events in A Global Age*. London: Routledge. pp. 23-31.

⑥ Boudana S. 2014. Shaming rituals in the age of global media: How DSK's perp walk generated estrangement. *European Journal of Communication*, 29(1). pp. 50-67.

克·库尔德里对媒介仪式的研究则跳出功能主义的视角，批评媒介建构了一个原本并不存在的社会中心，即"媒介化中心的迷思"①。随着网络技术的不断发展，不少研究者开始关注新媒体在当代社会中同样发挥着仪式功能。帕斯科·比利奇认为网络社会的传播模式不是扁平的。新媒体平台整合象征性符号，成为社会中心。通过对维基百科的个案研究，发现维基百科媒介基于政策和指导方针中的常规化流程，通过共识驱动的媒介仪式构建出了社会中心。②除了媒体的大众传播行为，研究者发现个人的传播行为也具有仪式性功能。卡里·安登-帕帕多普洛斯认为手机摄像是一种全新的见证性表演仪式，更有利于人们参与和表达政治诉求。比如反对派可以记录下自己被镇压的影像，并传播给全球互联网用户，以产生政治上的亲和力及团结感。③克雷格·莱尔则认为明信片的代写祝福的服务，就是一种有表演性质的仪式。为了提高效率、节约时间，人们选择了明信片代写。但为了更好地维系情感，却又要采取各种策略掩饰代写的这个事实。④

二、仪式的传播研究

无论是戴扬和卡茨提出的媒介事件，还是后来修正的破坏性媒介事件，以及库尔德里提出的媒介仪式，都是仪式化的大众传播现象。罗森布勒则进一步扩展了仪式传播的研究范围，将仪式的传播研究也纳入进来。⑤西方研究者认为仪式作为一种沟通方式，在人际传播、组织传播中都扮演了重要的角色。霍马巴拜·施萨万等从跨文化传播的视角研究了伊朗人和澳大利亚人采用的不同拒绝仪式。他发现在拒绝社会地位较高的人时，伊朗人和澳大利亚人的拒绝仪式是相似的。但在拒绝同等社会地位的人时，伊朗人和澳大利亚人会采取不同

① 尼克·库尔德里. 2016. 媒介仪式：一种批判的视角. 崔玺译. 北京：中国人民大学出版社：53-54.

② Bilić P. 2015. "Searching for a Centre that Holds" in the network society: Social construction of knowledge on, and with, English Wikipedia. *New Media & Society*, 17(8). pp. 1258-1276.

③ Andén-Papadopoulos K. 2014. Citizen camera-witnessing: Embodied political dissent in the age of "Mediated Mass Self-communication". *New Media & Society*, 16(5). pp. 753-769.

④ Lair C D. 2016. When you care enough to pay someone to send the very best: The outsourcing of greeting card inscriptions. *Sociological Inquiry*, 87(1). pp. 124-152.

⑤ Rothenbuhler E W. 1998. *Ritual Communication: From Everyday Conversation to Mediated Ceremony*. Thousand Oaks: Sage Publications, Inc. pp. 4-5.

的拒绝仪式。澳大利亚人更多地采取直接的拒绝仪式，而伊朗人采取较为委婉的拒绝仪式，这种文化差异也容易带来文化误解。[①]帕特里特·布里通过考察英国陆军军团的晚宴"巴罗萨之夜"（Barossa Night）研究军队仪式，发现即使是在组织纪律严明的军队中，军官之间的关系也可能是不稳定的，需要通过协商维持秩序。"巴罗萨之夜"原本是有严格的组织纪律的军队晚宴，但在2009年的晚宴中发生了越轨行为，高级军官通过接受和规范越轨行为，化解了危机，增强了军队的凝聚力。[②]尼克·威尔逊基于社会语言学方法来分析新西兰男子橄榄球队中发生的仪式互动，发现球队运用空间和语言实践，将陌生的地点重构为家园。让球员无论身在何处，都能通过仪式创造出熟悉的空间，并通过这些仪式构建出霸气的男子气概。[③]除此之外，组织仪式传播还可以促进组织文化的建立。马里亚纳·苏埃尔多等认为组织中的仪式化传播可以理解为组织文化的输入和输出，如果组织管理者意识到仪式可以促进组织文化战略目标实现，就可以有意识地通过组织仪式传播创造、巩固和变革组织文化。[④]另外，新媒体的出现让一些传统仪式发生了新的变化。按照传统习俗，哀悼仪式必须集中发生在一个特定的时空中。但随着网络技术的发展，死亡仪式也有了新的变化。互联网成了重要的哀悼场所，社交媒体中出现了一些纪念死者的账号，这也让传统的死亡仪式超越了时空限制，这一新的文化现象得到了西方学者的极大关注。朱莉·迪尔玛通过研究土耳其烈士的社交媒体账号，发现烈士在身后依旧会收到网民的评论信息，"延长"了他们在人们心目中"存在"的时间。互联网让数字不朽（digital immortality）成为现实，网民在纪念网站上留言、分享影像资料，让烈士们成了在虚拟世界中不断孕育的神话。[⑤]传统的哀悼仪式是

① Shishavan H B, Sharifian F. 2016. The refusal speech act in a cross-cultural perspective: A study of Iranian English-language learners and Anglo-Australian speakers. *Language & Communication*, 47. pp. 75-88.

② Bury P. 2017. Barossa night: Cohesion in the British army officer corps. *The British Journal of Sociology*, 68(2). pp. 314-335.

③ Wilson N. 2018. The portable locker room: Language, space, and place in rugby pre-match interaction. *Communication & Sport*, 6(5). pp. 547-569.

④ Sueldo M, Streimikiene D. 2016. Organizational rituals as tools of organizational culture creation and transformation: A communicative approach. *Transformations in Business & Economics*, 15(2). pp. 89-110.

⑤ Dilmaç J A. 2018. Martyrs never die: Virtual immortality of Turkish soldiers. *OMEGA-Journal of Death and Dying*, 78(2). pp. 161-177.

一件神圣的事情，必须遵守一定的社会文化规范。但在网络空间，这种神圣性受到冲击。丽贝卡·克恩等对脸书（Facebook）上的哀悼性帖子进行分析，发现部分帖子违反了人们对这些悼念场所的传统期望。部分网民发表煽动性言论，并对网页管理员或其他访客进行侮辱以发泄自身情绪。虽然网民在线下迫于压力遵守传统规范，但在社交媒体上挑战了传统哀悼仪式的神圣性。[①]宗教仪式在新媒体环境中同样发生了许多变化。随着全球化的加剧，宗教从其本土环境迁移到海外。为了实现远程宗教传播，数字媒体被用于宗教活动，如仪式崇拜、布道和演讲。拉杰什瓦里·潘达里潘德通过研究美国的印度教传播，发现美国印度教传播打破了两大传统，一是用英语进行传教，因为传统的印度教只能用印地语进行传播；二是利用新媒体进行传教，这同样打破了传统。但无论是用英语进行传教，还是使用新媒体传教，都给信徒带来了新的宗教体验。但潘达里潘德也发现仪式传播方式的改变还会受到阻挠，教徒对这些新的仪式传播尚未形成共识。[②]除了一些常规数字宗教仪式的传播，研究者也关注到一些非常规的数字宗教。马吉达·阿尔谢赫里等采访了11位传播什叶派教义的新媒体工作者，研究了他们在社交媒体上创作并分享Tatbeer（Tatbeer是一种自残行为宗教仪式）的过程。研究发现什叶派新媒体工作者通过互联网传播丑陋照片（ugly photos），并向他人传播对这些仪式的解释。他们把丑陋（ugliness）看作是一种有用的资源，以寻求与边缘群体的对话。[③]

三、中国仪式传播研究：理论引入与本土适应

凯瑞、罗森布勒等的观点对中国的新闻传播研究也产生了影响，并与中国本土的仪式传播思想相融合，形成了中国的仪式传播研究。1994年，我国旅澳学者孙皖宁最早引入了传播的仪式观，并提出可以用叙事文文体分析法进行相关研究。[④]2005年，丁未翻译出版了凯瑞的论文集《作为文化的传播："媒介

---

① Kern R L, Gil-Egui G. 2017. Women behaving badly: Negative posts on Facebook memorial pages. *Information, Communication & Society*, 20(11). pp. 1756-1770.

② Pandharipande R V. 2018. Digital religion and Hinduism in the United States. *World Englishes*, 37(3). pp. 497-502.

③ Alshehri M, Su N M. 2018. The beauty of ugliness: Preserving while communicating online with shared graphic photos. *Computer Supported Cooperative Work*, 27(3-6). pp. 355-388.

④ 孙皖宁. 1994. 传播学研究中的仪式派——暨叙事文文体分析法介绍. 新闻与传播研究，(4)：79-83.

与社会"论文集》，让传播的仪式观在国内学术界受到广泛关注。中国的仪式传播研究除了与西方的仪式传播思想紧密相连，也与中国本土的民俗传播、节日传播、礼仪传播、宗教传播研究息息相关。孙旭培等研究者认为传统礼仪便是一种传播方式，通过服饰容貌、器物道具和行事程序等传递意义，以影响人际交往。①范勇等研究发现节日仪式存在跨民族传播的现象，汉族的春节文化也影响到了周边的少数民族，但少数民族的春节仪式与汉族不尽相同，是一种受到汉文化影响后产生的新文化。②黄星民从传者、内容、渠道、受者、效果五个环节分析了礼乐传播的全过程，认为礼乐传播了智慧和道德，起到了社会黏合剂的作用。③徐国源认为仪式的传者多是专职或半专职的宗教人员，如巫师、道士、禅师、神父等。他们利用人们的信仰，借助特定的场合，设置适当的气氛，向信徒们传播有关宗教内容的信息。④仲富兰先后出版了《民俗传播学》和《中国民俗学通论》，认为民俗仪式是重要传播手段，主要体现在三个方面。一是仪式体现了传统文化的深层次象征系统，具有表意功能。二是仪式反复操演，是文化的传承。三是仪式活动本身是民众交流情感、沟通信息的重要平台。⑤在中国知网上以"仪式传播"为主题词搜索中文文献，发现从 1999 年 2 月到 2021 年 12 月，一共有 1100 篇相关论文，论文数量呈上升趋势（图 1-1）。

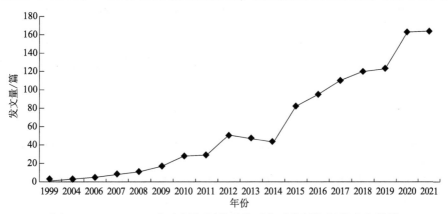

图 1-1　1999～2021 年中国知网收录的"仪式传播"相关论文数量

① 孙旭培. 1997. 华夏传播论：中国传统文化中的传播. 北京：人民出版社：168.
② 范勇，张建世. 1988. 中国年节文化. 海口：海南人民出版社：70-74.
③ 黄星民. 2000. 礼乐传播初探. 新闻与传播研究，(1)：27-35，95.
④ 徐国源. 2005. 论民间传播及其民俗习性. 苏州大学学报，(3)：89-93.
⑤ 仲富兰. 2015. 中国民俗学通论. 第 2 卷 民俗传播论. 上海：复旦大学出版社：108-109.

虽然在丁未翻译了凯瑞的论文集后，传播的仪式观被中国新闻传播学者广泛知晓。但因为仪式传播的内涵广泛，而且中西方语境差异较大，因此理解上容易产生误读和偏差。仪式传播、传播的仪式观、媒介仪式和媒介事件等理论在中国新闻传播学界存在误用和混淆的情况。[①]郭建斌等认为大量涉及仪式和传播的文章似乎都并未把两者的关系讲得很明白，甚至还有相当数量的文章是简单地套用、拼贴这两个概念，并未对其内在的逻辑联系进行深入推敲。[②]2008年，陈力丹组织了一场仪式传播研讨会，是我国最早的一次关于仪式传播思想的学术讨论。[③]此后，樊水科[④]、刘建明[⑤]、郭建斌[⑥]等就传播的仪式观、媒介事件和仪式传播之间的区别进行了探讨。刘建明的专著《仪式传播思想研究》梳理了仪式传播思想的概念框架、概念建构、演变过程、相近概念之间的内涵辨析，以及仪式传播观的社会效应和学术影响等方面内容，是国内第一部系统研究仪式传播思想的著作。[⑦]闫伊默在《仪式传播与认同研究》中提出仪式传播可以促进自我认同、集体认同和社会认同的形成。[⑧]在学位论文中，也有部分博士学位论文对仪式传播思想进行了理论梳理。周鸿雁在其2010年的博士学位论文中对凯瑞的传播思想进行了全面的介绍，找出了仪式传播思想的源头，揭示了传播的仪式观的宗教背景以及与马克思主义之间的关系。[⑨]

除了理论思辨研究，中国研究者也进行了大量仪式传播的经验研究。总体而言，中国的仪式传播的研究可以分为三大类，第一类是西方仪式传播理论引入，第二类是"作为仪式的传播"，第三类是"作为传播的仪式"（表1-1）。

① 刘建明. 2015. "仪式"视角下传播研究几个关键概念被误读现象研究——与郭建斌教授商榷. 国际新闻界, 37(11)：64-74.

② 郭建斌, 程悦. 2020. "传播"与"仪式"：基于研究经验和理论的辨析. 新闻与传播研究, 27(11)：21-36, 126.

③ 陈力丹. 2008. 传播是信息的传递, 还是一种仪式？——关于传播"传递观"与"仪式观"的讨论. 国际新闻界, (8)：44-49.

④ 樊水科. 2011. 从"传播的仪式观"到"仪式传播"：詹姆斯·凯瑞如何被误读. 国际新闻界, 33(11)：32-36, 48.

⑤ 刘建明. 2013. "传播的仪式观"与"仪式传播"概念再辨析：与樊水科商榷. 国际新闻界, 35(4)：168-173.

⑥ 郭建斌. 2014. 如何理解"媒介事件"和"传播的仪式观"——兼评《媒介事件》和《作为文化的传播》. 国际新闻界, 36(4)：6-19.

⑦ 刘建明. 2020. 仪式传播思想研究. 北京：科学出版社.

⑧ 闫伊默. 2014. 仪式传播与认同研究. 北京：知识产权出版社.

⑨ 周鸿雁. 2010. 仪式华盖下的传播：詹姆斯·W. 凯瑞传播思想研究(博士学位论文). 上海大学.

第一类是用仪式的理论分析传播现象。周勇等认为《新闻联播》经历了数次改版，但终究是一种政治仪式，通过重复性的语言和形象符号建构观众对国家的理解。[①]吕新雨认为春晚成了当代人的新民俗，传统家庭仪式所连接的天、地、神、人的观念及其实质在现代社会中衰落……春晚满足了除夕夜结构性的仪式饥渴。[②]沈正赋研究了1949年以来的《人民日报》国庆日头版报道和社论，认为党报社论是党的新闻舆论工作最高规格的仪式传播。[③]此外，研究者还分析了《等着我》[④]《见字如面》[⑤]《感动中国》[⑥]等节目的仪式性特征。学位论文方面，邢彦辉的博士学位论文研究发现全球化给世界各国的民族认同和国家认同带来严峻挑战，而电视仪式传播实现了对象征资源的共同分享，并成了一种集体记忆的载体，有力地推动了国家认同。[⑦]刘文军的博士学位论文研究了灾难新闻的媒介仪式，发现媒介仪式的作用点在于情感，经由象征并通过情感逻辑发挥社会整合作用。[⑧]王洁的博士学位论文借助凯瑞的仪式观分析中国的新闻发布会，认为新闻发布会不仅是一项信息发布活动，更是一种仪式活动，政府通过新闻发布会的仪式形塑了政治合法性。[⑨]

表 1-1 中国仪式传播研究的分类及内涵

主要类别	主要内涵
西方仪式传播理论引入	传播的仪式观、媒介事件、媒介仪式、仪式传播等西方理论的介绍
作为仪式的传播	用人类学中的仪式理论分析春晚、《新闻联播》等仪式化的传播行为
作为传播的仪式	古代仪式：书院祭祀仪式的象征意义
	当代仪式：奥运会、国庆阅兵、乞巧节等仪式活动借助媒体进行传播

① 周勇，黄雅兰. 2015.《新闻联播》：从信息媒介到政治仪式的回归. 国际新闻界，37(11)：105-124.

② 吕新雨. 2006. 仪式、电视与意识形态. 读书，(8)：121-130.

③ 沈正赋. 2018. 传播仪式观视阈下中国政治图谱的演变——基于《人民日报》国庆日头版报道及社论的分析. 现代传播(中国传媒大学学报)，40(2)：69-74.

④ 薛小平. 2018. 现代性离散语境下的聚合重构——公益寻人节目《等着我》的传播仪式与共同体构建. 艺术百家，34(4)：138-142.

⑤ 路鹏，蒲玉玺. 2017. 文化类综艺节目中对传播仪式观的运用——以《见字如面》为例. 中国电视，(8)：78-83.

⑥ 麦尚文. 2010. 仪式传播视野中的"媒介庆典"——以 CCTV《感动中国》节目为例. 现代传播(中国传媒大学学报)，(4)：70-75.

⑦ 邢彦辉. 2013. 电视仪式传播与国家认同研究(博士学位论文). 武汉大学.

⑧ 刘文军. 2017. 灾难新闻性媒介仪式研究(博士学位论文). 华中师范大学.

⑨ 王洁. 2017. 仪式的解构与建构(博士学位论文). 厦门大学.

第二大类是用传播理论分析仪式现象。这又分为两个视角，一是研究仪式历时性的纵向传播，即随着时代变迁和媒介发展仪式的传播方式发生了怎样的变化。朱鸿军、季诚浩研究了经筵会讲这种中国古代中央政府的政治传播仪式，这种仪式最初有"士人对帝王进行儒学教化"和"士人向帝王提供政治咨询"两方面传播内容。但到了清朝，"自下而上"传播机制的丧失，建构了遵从于皇权专制的政治共同体。[1]郭讲用发现春节仪式的传播从群体仪式向媒介仪式转变，传播内涵从神圣向世俗转变，传播功能从文化认同向娱乐大众转变。[2]孙卫华、肖爱丽研究了 1949～2015 年 6 场阅兵仪式，发现阅兵式在现代社会呈现出政治仪式与媒介景观的双重特性，在仪式展演中塑造民众内心的忠诚和信仰。[3]李春霞、彭兆荣认为电视强化了奥运会的仪式功能，增强了民族国家意识。[4]还有研究者认为，大众媒介和现代化发展有损仪式原有的价值。李婧等研究发现大众传播让屯堡地戏的象征含义从原来的英雄征战、忠义道德转变为单一的娱乐的指向。[5]雷霞研究了申请"非遗"成功前后的甘肃西和乞巧节，发现因为大众媒介和官方权力的介入，原本的仪式内涵被重构和消解。[6]谢莹研究发现电视媒介让成人礼重归当代社会，但电视媒体的娱乐性有可能损害原有的仪式价值。[7]覃芹的博士学位论文研究发现在大众文化的侵袭下、消费主义的笼罩下、全球化的冲击下的土家族仪式传播的价值转换。[8]贺幸辉的博士学位论文研究发现奥运会开幕仪式可以促进观众的文化认同，但随着权力结构和媒介载体变化，个体文化、国族文化认同和全球文化认同出现失衡。[9]二是

① 朱鸿军，季诚浩. 2016. 经筵会讲：一种中国本土的政治传播仪式及其演变. 现代传播(中国传媒大学学报)，38(10)：18-24.

② 郭讲用. 2014. 春节仪式传播的形式、内涵与功能转变. 当代传播，(3)：15-17.

③ 孙卫华，肖爱丽. 2018. 仪式 传播的符号学解读——以 1949 年至 2015 年间我国六场阅兵式为例. 当代传播，(4)：13-15，32.

④ 李春霞，彭兆荣. 2006. 奥运会与大众传媒关系的仪式性分析. 体育学刊，(6)：21-24.

⑤ 李婧，熊迅. 2019. 象征的网络：仪式传播视角下的贵州屯堡地戏. 北方民族大学学报(哲学社会科学版)，(5)：74-81.

⑥ 雷霞. 2018. 民间与官方的博弈："非遗"文化中的仪式传播——基于西和乞巧节个案. 新闻与传播研究，25(6)：77-91，127-128.

⑦ 谢莹. 2014. 电视传播中的仪式复兴及反思——兼论湖南卫视成人礼晚会. 现代传播(中国传媒大学学报)，36(4)：149-150.

⑧ 覃芹. 2014. 多元文化背景下土家族仪式的传播价值转换研究(博士学位论文). 华中科技大学.

⑨ 贺幸辉. 2015. 视觉传播中奥运会开幕式与文化认同(博士学位论文). 北京体育大学.

仪式的横向传播，即仪式如何利用象征符号和大众媒体进行传播，以及这种仪式传播对社会及个人产生了怎样的影响。蒋建国研究发现书院不仅是藏书和教学的场所，也是举办祭祀仪式的重要场所。仪式中的符号崇拜和符号消费，展现了书院传播文化的重要作用。[①]熊迅、李婧通过研究广西宜州壮人的葬礼，发现仪式传播包括了信仰的传播、仪式程序的传承以及象征符号的交流。[②]张兵娟研究发现黄帝故里的拜祖大典通过象征符号创造集体记忆，增强了民族凝聚力。[③]闫伊默认为礼物交换即一种仪式传播，礼物本身承载着意义，这种意义在交往双方传达。[④]杨宏伟认为国家仪式是传播社会主义核心价值观的有效载体。[⑤]在学位论文方面，万喃喃的博士学位论文发现仪式具有新闻性，大学生可以借助体育竞赛开幕式和毕业典礼等仪式活动塑造自身形象。[⑥]刘青的博士学位论文研究发现清水江苗族独木龙舟仪式的文化传播路径主要有内部和外部两个方向，内部传播包括代际传承、村寨之间、村寨与竞赛地之间的传播，外部主要来自地方政府和大众传媒的传播，村寨、民间协会与地方政府也在互动过程中产生了各种象征性冲突。[⑦]肖荣春研究发现庙会的文化传播依赖于庙会举办的仪式性活动和庙会相关传说的传播，这两种传播方式体现了中国传统的人情、面子、情感、伦理等因素。[⑧]

　　经过对中西方仪式传播的文献梳理可以发现，西方的仪式传播研究经历了一个发展变迁的过程。凯德蒙·瑟娜以《作为文化的传播："媒介与社会"论文集》为起点，梳理了仪式传播研究 30 多年的发展历程。发现仪式传播研究在研究范围上经历了从宽泛到狭窄，再回归宽泛的过程。[⑨]凯瑞认为所有传播都是仪式，而戴扬和卡茨则将仪式传播窄化成了媒介事件中的电视直播仪式。随

　　① 蒋建国. 2006. 仪式崇拜与文化传播——古代书院祭祀的社会空间. 现代哲学, (3): 80-86.

　　② 熊迅, 李婧. 2013. 仪式与传播的互融——以广西宜州壮人的葬礼为例. 湖北民族学院学报(哲学社会科学版), 31(5): 40-44.

　　③ 张兵娟. 2012. 记忆的仪式：黄帝故里拜祖大典的传播意义与价值. 郑州大学学报(哲学社会科学版), 45(4): 111-115.

　　④ 闫伊默. 2009. "礼物"：仪式传播与认同. 国际新闻界, (4): 45-49.

　　⑤ 杨宏伟. 2015. 国家仪式：传播社会主义核心价值观的有效载体. 思想理论教育导刊, (5): 77-80.

　　⑥ 万喃喃. 2017. 21 世纪以来我国大学生形象的仪式传播(博士学位论文). 华东师范大学.

　　⑦ 刘青. 2017. 传承与变迁：清水江苗族独木龙舟的文化传播研究(博士学位论文). 北京体育大学.

　　⑧ 肖荣春. 2016. 仪式与传说：宁波它山庙会的文化传播研究. 北京：中国社会科学出版社：204.

　　⑨ Sella Z K. 2007. The journey of ritual communication. *Studies in Communication Sciences*, 7(1). pp. 103-124.

着新媒体进入人们生活，媒介版图变得更加分散，研究者又把目光从电视仪式转移到人们的日常生活仪式中来，如罗森布勒将所有象征性活动都看作仪式传播。[1]在仪式传播功能认知上，也从最初认为所有仪式传播都可以起到社会整合作用，转变到后来认识到仪式传播也可能带来分裂与对立。此后，西方仪式传播研究者进一步拓展仪式在传播中的社会意义，发现仪式在建构组织秩序和组织文化，维系人际关系，传播政治理念等方面的作用。随着新媒体的兴起，西方研究者开始关注新媒体兴起对仪式传播产生的影响。[2]中国的仪式传播研究既借鉴了西方仪式传播理论的思想，也来源于中国本土的民俗传播、节日传播、礼仪传播和宗教传播研究。研究方法上，多数论文都没有使用系统的研究方法，只是使用思辨或观察的方法。肖荣春认为国内仪式传播"比较多的研究还停留在引进和解读凯瑞的传播仪式思想上，虽有部分研究开始尝试用民族志等方法对中国本土的仪式传播进行研究，但民族志方法的把握与具体问题的展开还存在明显不足"[3]。近几年，已经有少量研究开始用量化研究方法进行仪式传播研究。王霏等研究者2020年发表的文章，就使用实验法研究了"仪式传播是否会提升受众对商品的态度"的问题。[4]晏青等研究者通过问卷调查发现春节时期的手机使用提升用户仪式感，从而增强了春节文化观念。[5]

第二节　家庭仪式研究

一、家庭

家庭仪式即发生在家庭这一场域内的仪式性活动。明确家庭仪式之前，首先要对家庭进行界定。正如古德所说，要给家庭下定义，比做研究本身困难得

① Sella Z K. 2007. The journey of ritual communication. *Studies in Communication Sciences*, 7(1). pp. 103-124.

② 刘建明，班志斌. 2020. 西方仪式传播研究：动向与启示. 新闻与传播评论，73(5)：89-101.

③ 肖荣春. 2014. 仪式传播研究：概念、现状与问题. 今传媒，22(9)：8-10.

④ 王霏，魏毅晖，蒋晶淼. 2020. 仪式传播如何影响受众对商品的态度？——卷入度的调节作用. 新闻与传播研究，27(5)：60-72，127.

⑤ 晏青，付森会，冯广超. 2021. 手机使用对春节文化观念的影响研究——基于仪式感和参与感的中介作用. 新闻与传播评论，74(1)：80-95.

多。家庭不是单一概念，很难用简洁的语言概括。[1]部分研究者对家庭的定义强调了家庭成员的共同居住。《说文解字》中有"家，居也"，从居住的角度解释了什么是家。[2]另外一些研究者主要从家庭成员关系的角度对家庭进行界定。安东尼·吉登斯认为家庭就是直接由亲属关系连接起来的一群人，他们住在一个家中，成年人负责照顾孩子。[3]马克思认为"每日都在重新生产自己生命的人们开始生产另外一些人，即增殖。这就是夫妻之间的关系，父母和子女之间的关系，也就是家庭"[4]。孙本文进一步指出，家庭不仅是夫妻和子女，也包括其他亲属，家庭是指夫妇、子女等亲属所结合之团体。[5]此后，又有研究发现家庭不仅有血缘关系，还有经济关系。张国刚认为家庭是同居共财的以婚姻为基础的由血缘和姻亲关系组成的社会共同体。[6]"家庭"这个词的含义在中西方语境下也有不同，家庭在西方是一个界限分明的团体，主要包括配偶和未成年的孩子。在中国，"家庭"这个概念就要模糊得多，可以只是包括直系亲人，也可以包括伯叔侄子等一大批亲戚。[7]费孝通将中国的乡土社会中的家庭称为"大家庭"或"小家族"。他指出大家庭和小家族的差别不是在于人数的多少，而是在结构上。一个有十几个孩子的家并不是大家庭，一个只有公婆儿媳四个人的家庭却是大家庭。[8]至于中西方家庭为什么会有如此不同，费孝通给出的解释是，中国家庭除了承担养育功能外，还承担了许多额外的功能，如政治、经济、宗教等功能。[9]随着社会的发展，更复杂的家庭形态出现，如同性恋家庭、领养家庭等让家庭不再一定基于血缘关系而产生。东京大学人文社会学系教授上野千鹤子认为，家庭即是指生活在一起带有直系亲属关系的组合，但是由于横向文化的多样性以及纵向家庭结构类型的变迁，这个一般性定

① 威廉·J. 古德.1986. 家庭. 魏章玲译. 北京：社会科学出版社.
② 许慎著，思履编.2020. 全彩图解说文解字. 南昌：江西美术出版社：182.
③ 安东尼·吉登斯.2003. 社会学(第4版). 赵旭东，等译. 北京：北京大学出版社：217-218.
④ 中共中央马克思恩格斯列宁斯大林著作编译局.1972. 马克思恩格斯选集(第一卷). 北京：人民出版社：33.
⑤ 孙本文.1946. 社会学原理. 上海：商务印书馆：441.
⑥ 张国刚.2004. 家庭史研究的新视野. 北京：生活·读书·新知三联书店：3.
⑦ 费孝通.2005. 乡土中国. 北京：北京出版社：31.
⑧ 费孝通.2005. 乡土中国. 北京：北京出版社：53.
⑨ 费孝通.2005. 乡土中国. 北京：北京出版社：56.

义仍然有很多值得商榷的地方。如在有养子制度的地方，血缘关系不在家庭的定义之中。因此，她首先使用"家庭自我认同"（family identity，FI）这一术语，认为有现实和意识两个方面，现实表现为家庭的实体形式，而意识则是凝聚家庭形式与内容的核心。例如，一个人年幼时因为种种原因和其他家庭成员走散，长大后即便认为其他家庭成员和自己完全是陌生人，但只要有血缘关系存在，他们实际上就被认为是一家人。但是只要当事人本人没有意识到，这个家庭的"实体"是不存在的。因此，与其说"家庭"存在于现实中，还不如说它更多地存在于人们的意识之中。①这种意识并不会凭空而来，家庭仪式就是家庭意识的重要来源。本书所研究的中国家庭仪式，不局限于核心家庭，也包括各种亲戚组成的大家庭。

二、仪式

研究家庭仪式，同样不可忽视的是学术界对仪式的界定。仪式一直是人类学者关注的重要话题，研究仪式首先要明确什么是仪式。在西方语境下，"仪式"对应的词有 ritual、ceremony 和 rite。ritual 有狭义和广义之分。广义的 ritual 可以说是仪式的总称，泛指各种仪式的行为与意义，狭义的 ritual 是与宗教有关的祭祀、仪礼、庆典以及礼拜活动等。ceremony 主要是宗教方面的指示，还包括大范围正式的社会事件，而 rite 则侧重于表示更民俗化、民间性的类型。②显然 ritual 比 ceremony 和 rite 的涵盖面更广，ceremony 更侧重神圣的意味，rite 更倾向于日常生活。③早期研究者对仪式的关注主要集中在宗教领域，爱弥尔·涂尔干在《宗教生活的基本形式》一书中将宗教分为两个基本范畴：信仰和仪式。信仰是舆论的状态，是由各种表现构成的；仪式则是某些确定的行为方式。二者的差别就是思想和行为之间的差别。④随着仪式研究的深入，仪式的定义从宗教仪式扩展到世俗生活中的仪式。维克多·特纳用仪式这一术语来指正式的、非功利性的活动，包括节庆、庆典、诞生礼、入会仪式、婚礼、葬

① 上野千鹤子. 2004. 近代家庭的形成和终结. 吴咏梅译. 北京：商务印书馆：4-5.
② 彭兆荣. 2007. 人类学仪式的理论与实践. 北京：民族出版社：11-12
③ 周鸿雁. 2010. 仪式华盖下的传播：詹姆斯·W. 凯瑞传播思想研究(博士学位论文). 上海大学.
④ 爱弥尔·涂尔干. 2011. 宗教生活的基本形式. 渠东，汲喆译. 北京：商务印书馆：43.

礼、游戏等事件，而不是仅仅局限于宗教仪式。[①]弗雷德里克·道格拉斯认为仪式是社会秩序的某种象征。[②]《简明不列颠百科全书》中对仪式的定义是，仪式由习惯发展而来，是一种普遍为人们接受的行为方式，其基本作用是使人们之间相互理解，就此而言，仪式与语言作用相似。[③]罗森布勒认为仪式是一种表达象征意义或参与严肃生活的模式化行为。[④]库尔德里在其专著《媒介仪式：一种批判的视角》中将仪式的解释归纳为三个方面：①习惯性的行为（任何习惯或重复的模式，无论是否具有特殊的意义）；②形式化的行为（例如，对不同身份的人安排不同的就餐位置）；③涉及某种更广义价值观的行为（比如圣餐，在基督教中它包含着与终极价值——上帝——直接接触的意味）。[⑤]中国作为一个礼仪之邦，仪式现象也被国内研究者关注。费孝通认为在乡土社会里，变化很少，人们都很敬畏传统。人们在行为和目的之间的关系不加推究，只按照规定的方法做，且对于规定的方法带着不这样做就会有不幸的信念时，这套行为也就成了我们所谓的仪式了。[⑥]郭于华认为仪式是"象征性的、表演性的、由文化传统所规定的一整套行为方式"[⑦]。仪式现象本身非常丰富，从宗教仪式到世俗仪式，从全国性的节庆仪式再到人们日常生活中点头、微笑、打招呼等微观仪式，种类繁多。研究者对纷繁复杂的仪式进行了分类，涂尔干将仪式分为积极仪式和消极仪式，特纳将仪式分为生命困扰仪式以及与灾难相关的仪式。凯萨琳·贝尔将仪式分为过渡仪式、历法仪式、交换和共享仪式、磨难仪式、宴会及禁食与节日仪式和政治仪式六类。[⑧]罗纳德·格兰姆斯将仪式划分为仪式化、礼仪、典礼、巫术、礼拜和庆典六大类。[⑨]国内研究者罗惠

① 维克多·特纳. 2006. 象征之林——恩登布人仪式散论. 赵玉燕，欧阳敏，许洪峰译. 北京：商务印书馆：代译序 3 页.

② 转引自夏建中. 1997. 文化人类学理论学派——文化研究的历史. 北京：中国人民大学出版社：302.

③ 中国大百科全书出版社《简明不列颠百科全书》编辑部. 1985. 简明不列颠百科全书（第九卷）. 北京：中国大百科全书出版社.

④ Rothenbuhler E W. 1998. *Ritual Communication: From Everyday Conversation to Mediated Ceremony*. Thousand Oaks: Sage Publications, Inc. p. 27.

⑤ 尼克·库尔德里. 2016. 媒介仪式：一种批判的视角. 崔玺译. 北京：中国人民大学出版社：3.

⑥ 费孝通. 2005. 乡土中国. 北京：北京出版社：73.

⑦ 郭于华. 2000. 仪式与社会变迁. 北京：社会科学文献出版社：1.

⑧ Bell C M. 1997. *Ritual: Perspectives and Dimensions*. Oxford: Oxford University Press.

⑨ Grimes R L. 1995. *Beginnings in Ritual Studies*. Columbia: University of South Carolina Press.

翻将宗教仪式分为强化仪式、通过仪式和纪念仪式三类。强化仪式指保证已有秩序的仪式；通过仪式包括出生、成年、结婚与死亡的仪式；纪念仪式则是对宗教教主的纪念。①可以看出，正因为仪式本身的复杂性，所以无论是对仪式的定义，还是对仪式进行分类，难有一个统一的标准，但不同类型的仪式又有一些共同之处。格兰姆斯从发生学的角度阐释了仪式的产生，认为类型化、重复性的动作源于动物的条件反射，人类对自己的行为赋予意义，就是仪式化的过程。②仪式本身来自人们的生活实践，一些条件反射性的行为经过发展演变，被赋予意义，就逐渐形成仪式。国内仪式研究者薛艺兵举了一个通俗的例子，"当原始狩猎部落的一群人杀死一只野山羊,将整只羊放在燃烧的火堆上烧熟后分食时，我们只会认为这种行为是他们为果腹而进行的一次日常活动，不会把它当作是一个仪式。然而，当有一天这群人同样杀死一只山羊，用羊血洒地，将羊尸焚烧，与此同时还跪拜天地，口中念念有词……。显然，他们这次并不是为果腹而进行的日常行为，而是超出日常行为方式的一次不寻常的活动"③。可以看出，象征性是仪式最重要的特征。大卫·科泽认为仪式是象征之网中的行为，如果没有象征，那只是习惯或风俗。④随着人类的行为超出工具性，而指向象征性时，仪式行为也就产生了。

仪式研究最早出现在人类学研究中，具体包括研究仪式行为、仪式情境、仪式意义和仪式功能等。随着研究的不断深入，仪式研究也处在发展变化之中，其理论路径主要有两条，第一条路径是对古典神话和仪式的诠释，主要代表人物有爱德华·泰勒、赫伯特·斯宾塞、詹姆斯·弗雷泽等。这一路径是早期仪式研究者采用的研究路径，主要关注仪式和神话的关系，二者关系很像"鸡生蛋，蛋生鸡"的问题。是先有神话还是先有仪式，泰勒认为神话源于仪式，而不是仪式源于神话。埃德蒙·利奇认为神话和仪式是同一种信息的不同交流方式。⑤弗雷泽同样认为仪式先于神话。⑥第二条路径是对仪式的宗教渊源和社会

---

① 罗惠翾. 2009. 从人类学视野看宗教仪式的社会功能. 新疆师范大学学报(哲学社会科学版), 30(1): 37-41.

② 薛艺兵. 2003. 对仪式现象的人类学解释(上). 广西民族研究, (2): 26-33.

③ 薛艺兵. 2003. 对仪式现象的人类学解释(上). 广西民族研究, (2): 26-33.

④ 大卫·科泽. 2015. 仪式、政治与权力. 王海洲译. 南京：江苏人民出版社: 12.

⑤ 转引自彭兆荣. 2007. 人类学仪式的理论与实践. 北京：民族出版社: 35.

⑥ 转引自彭兆荣. 2007. 人类学仪式的理论与实践. 北京：民族出版社: 39.

行为的探讨，进而考察其在整个社会结构中的位置、作用和地位，主要代表人物有涂尔干、克洛德·列维-斯特劳斯、特纳等。①涂尔干开创了仪式的社会功能研究先河，他认为宗教仪式创造和维持了社会秩序和社会整合。市民生活分为世俗的日常劳作和神圣的宗教仪式，前者是分散进行的，目的是获取生活必需的物质资料，后者是集中进行的，目的是形成集体共同感。②布罗尼斯瓦夫·马林诺夫斯基是结构功能主义的代表人物，他认为所有的仪式都是为了满足人们的需求。③以特纳和克利福德·格尔茨为代表的仪式的解释学派则强调仪式研究应重视对仪式的阐释和对意义的追求。特纳认为对宗教信仰者而言，宗教符号承载着知识和情感两个方面的意义。人类学家的任务主要是解释人们所攀附的文化意义之网。④格尔茨则认为仪式研究应从人们正在做什么或者我们认为他们正在做什么的解释开始，继而将他们系统化。⑤与仪式研究的解释学派相对应，仪式研究的表演学派则认为行为的属性高于意义的层面。该理论学派认为仪式研究不应该只关注抽象的概念，如仪式的意义和结构等，仪式行为本身更值得关注，并强调仪式参与者对象征的理解、阐释、修订。⑥仪式表演学派的代表人物理查德·鲍曼虽是一个民俗学和人类学者，却同样对传播问题感兴趣，致力于研究交流系统如何被用来创造社会关系、构建社会生活的问题。⑦他认为民俗的表演研究既包括艺术行为即民俗实践,也包括艺术事件即民俗情境,如表演者、艺术形式、听众和场景等，并推动民俗研究从"作为材料的民俗"（folklore-as-material）向"作为交流的民俗"（folklore-as-communication）的转变。⑧长期以来，人们对仪式存在一定程度上的误解，认为仪式只存在于异文化与传统文化，与现代文明相对立。研究者们所想象的仪式是一成不变的，停

---

① 彭兆荣.2002.人类学仪式研究评述.民族研究，（2）：88-96，109-110.

② 爱弥尔·涂尔干.2006.宗教生活的基本形式.渠东，汲喆译.上海：上海人民出版社.

③ 彭兆荣.2007.人类学仪式的理论与实践.北京：民族出版社:173.

④ 维克多·特纳.2006.象征之林——恩登布人仪式散论.赵玉燕，欧阳敏，许洪峰译.北京：商务印书馆：2.

⑤ 克利福德·格尔茨.1999.文化的解释.韩莉译.南京：译林出版社.

⑥ 彭文斌，郭建勋.2010.人类学仪式研究的理论学派述论.民族学刊，1(2)：13-18，160.

⑦ 理查德·鲍曼.2008.作为表演的口头艺术.杨利慧，安德明译.桂林：广西师范大学出版社：234.

⑧ 理查德·鲍曼.2008.作为表演的口头艺术.杨利慧，安德明译.桂林：广西师范大学出版社：4.

滞不前的，属于雷蒙德·威廉斯提出的"残留文化"①。如布罗尼斯瓦夫·马林诺夫斯基认为"人们对自然的了解越多，对仪式的依赖就越少；很多巫术已经被仪式所取代。人们不再需要用仪式控制他们周围的世界，因为科学揭去了生命中很多神秘的面纱"。还有观点认为"仪式是用来欺骗那些容易上当者的，是受到良好教育的人剥削那些受教育程度不高的人的工具"，仪式的价值对于文盲和大众来说比对受教育者和精英更有吸引力。②仪式仅是一种宗教活动，只有落后的地方还有仪式。③仪式研究的表演学派重大贡献就在于重新把仪式拉入现代社会。仪式研究从早期的神话——仪式学派到功能主义、结构主义、解释主义，再到表演理论，是一个从宗教到社会的变化过程。④随着仪式研究的不断深入，仪式研究也从人类学中走出来，变成了一个多学科的研究领域，传播学、教育学、艺术学等学科都开始利用仪式理论分析本学科中出现的各种仪式现象。

三、家庭仪式

"家庭仪式"是一个较为庞杂的概念，过年时晚辈给长辈磕头是家庭仪式，一家人一起庆祝家庭成员生日是家庭仪式，每年夏天一家人一起出去度假同样是一种家庭仪式……如此种种，不胜枚举。20 世纪 50 年代，西方研究者开始关注到家庭仪式这一社会现象。广义上而言，家庭仪式是指家庭中不断重复的模式化、象征性的互动行为。史蒂文·沃林等给出的定义认可度较高，他们把家庭仪式定义为一种象征性的交流形式，由于家庭成员通过重复性活动而体验到满足感。随着时间的推移，家庭仪式以一种系统的方式表现出来。由于其特殊的意义和重复的性质，家庭仪式有助于建立和维护一个家庭的集体意识，我们称之为"家庭认同"。家庭仪式通过明确的、预期的家庭角色，划定家庭内部和外部的界限，在整个家庭生活中稳定家庭身份，让所有家庭成员都知道这

① 刘晓春.2009. 从"民俗"到"语境中的民俗"——中国民俗学研究的范式转换. 民俗研究，(2)：5-35.
② 大卫·科泽.2015. 仪式、政治与权力. 王海洲译. 南京：江苏人民出版社：206-207.
③ 彭兆荣.2007. 人类学仪式的理论与实践. 北京：民族出版社：2.
④ 彭兆荣.2007. 人类学仪式的理论与实践. 北京：民族出版社：2.

就是我们的家庭。①威廉·约瑟夫认为家庭仪式有三个关键方面，每一个方面都出现时，才能被认为是家庭仪式。第一个方面是必须要有人与人之间的协调，如果每天只有一个家庭成员吃饭，这不是家庭仪式。然而，如果全家人定期聚在一起吃晚餐，就是一种仪式。仪式的第二个关键方面是它是一种重复的活动。一次家庭聚餐不会构成家庭仪式，但每天或每周家人都组织的家庭聚餐则有可能会成为一种仪式。②当然，这种重复也不一定是同一个家庭的重复，还可以是不同家庭对同一件事的重复。比如出生仪式、死亡仪式等，一个人一生只能经历一次，但可以在不同家庭以及同一个家庭中的不同个体中不断重复。家庭仪式的最后一个方面是仪式要对人具有象征意义。比如一个丈夫每天在妻子下班的时候都表达慰问就是一种家庭仪式，但如果只是在妻子路过时打个招呼就不是仪式，而是一种工具性行为。③丽莎·舒克等认为对家庭仪式的研究包括家庭仪式的结构、家庭仪式的意义、家庭仪式的持续性和家庭仪式的适应性四个维度（表 1-2），这种维度划分也为后来的仪式研究者提供了理论视角。

表 1-2　家庭仪式的四个维度④

仪式维度	定义	对应问题
结构	观察仪式的特征，包括家庭仪式有哪些人参加、发生的地点、发生的时间、发生的频率、每个参与者在仪式中扮演的角色	你们家有哪些家庭仪式？ 哪些家庭成员会参加这项家庭仪式？ 这项家庭仪式发生在哪里？ 这项家庭仪式多久发生一次？
意义	家庭仪式的象征意义和仪式发生带来的情感体验	家庭仪式能唤起你什么感受？ 为什么你们家一直保留这项仪式？ 家庭成员们期待这些家庭仪式吗？为什么期待/不期待？ 不能参加家庭仪式时，有什么样的感受？

---

① Wolin S J, Bennett L A. 1984. Family rituals. *Family Process*, 23(3). pp. 401-420.

② Doherty W J. 1999. *The Intentional Family: Simple Rituals to Strengthen Family Ties*. New York: Avon Books.

③ Doherty W J. 1999. *The Intentional Family: Simple Rituals to Strengthen Family Ties*. New York: Avon Books.

④ Schuck L A, Bucy J E. 1997. Family rituals: Implications for early intervention. *Topics in Early Childhood Special Education*, 17(4). pp. 477-493.

续表

仪式维度	定义	对应问题
持续性	尽管会有很多困难，但家庭成员还是保留着家庭仪式	家庭成员如何保护家庭仪式？ 当不能参加家庭仪式时，会发生什么？
适应性	随着时间的推移，通过调整家庭仪式，让其更加满足个人和整个家庭需求	当有家庭成员不能或不愿意参加家庭仪式，如何调整家庭仪式？ 如果发生意外，如生病、残疾等，家庭仪式会发生怎样的变化？

　　西方家庭仪式的经验研究开始于 20 世纪 50 年代。研究者们认识到家庭仪式是家庭系统中行为的强大组织者，它为家庭提供了一种稳定感、一种独特的身份，以及在其文化背景下与家庭成员进行社交的一种手段。1950 年，詹姆斯·波萨德等采用自传、回忆录和采访等方式对美国 1880～1946 年的家庭仪式发展趋势进行了研究，并分析了家庭礼仪与家庭融合的关系，认为仪式是家庭生活的强大组织者，在压力和过渡时期起到了维系家庭生活稳定的作用。[①]同时，这两位研究者还发现，家庭仪式在不同结构、不同阶级的家庭中表现形式也有所不同。[②]家庭仪式的种类非常丰富，既包括高度仪式化的家庭宗教仪式，也包括家人之间模式化的日常互动行为，还包括家庭在遇到困难时的常规应对方法。[③]尽管家庭仪式的边界有一定的模糊性，但这个概念却很有价值。首先，家庭仪式为我们提供了一个了解家庭互动的重要窗口。另外，也可以进一步探究家庭仪式对建构家庭身份、群体归属感以及家庭成员幸福感的影响。[④]随着研究的深入，家庭仪式在西方学术界逐渐受到重视，成为一个跨学科的研究领域，吸引了人类学研究者、社会学研究者、传播学研究者、教育学研究者，乃至医学研究者的关注。[⑤]由于家庭仪式发生在家庭这一个内部场域，难以为外

---

① Bossard J H S, Boll E S. 1950. *Ritual in Family Living*. Philadelphia: University of Pennsylvania Press.

② Bossard J H S, Boll E S. 1949. Ritual in family living. *American Sociological Review*, (14). pp. 463-469.

③ Sameroff A J, Fiese B H. 2000. Transactional regulation: The developmental ecology of early intervention. *Handbook of Early Childhood Intervention*, (2). pp. 135-159.

④ Fiese B H, Foley K P, Spagnola M. 2006. Routine and ritual elements in family mealtimes: Contexts for child well-being and family identity. *New Directions for Child and Adolescent Development*, (11). pp. 67-89.

⑤ Fiese B H, Tomcho T J, Douglas M, et al. 2002. A review of 50 years of research on naturally occurring family routines and rituals: Cause for celebration?. *Journal of Family Psychology*, 16(4). p. 381.

人观察到①，所以西方研究者通常通过问卷、访谈、公开日记以及部分参与式观察等方法进行研究。西方家庭仪式量表有两种思路，一种是测量家庭仪式行为，请受访者根据自身情况选择这种家庭仪式在自己家中的实施情况。奥林·克拉普设计了一个家庭仪式量表，包括"一家人一起装饰圣诞树""感恩节一起吃饭""家人在用餐时祷告"等 26 个典型的西方家庭仪式，受访者根据实际情况选择不同家庭仪式在自己家中的重要程度。②另一种是通过不同维度测量仪式意义强弱。芭芭拉·菲斯等设计的家庭仪式量表（Family Ritual Questionnaire），包括家庭晚餐、家庭周末、假期、年度庆典、特别庆典、宗教节日、文化和民族传统 7 种类别的家庭仪式。具体针对每种仪式，从发生频率、职责分配、规律性、是否强制参加、情感投入、象征意义、延续性和前期准备情况 8 个方面，考察其仪式感的强弱（表 1-3）。

表 1-3　家庭仪式类别③

类别	内涵
家庭庆祝 （宗教节日、文化节日）	家庭庆祝是指在整个文化中共同庆祝的节日和仪式，如圣诞节、复活节等
家庭传统 （假期、年度庆典、特殊庆典）	相比于家庭庆祝，更具有特殊性的家庭仪式，如家庭成员生日、夫妻结婚纪念日、婚礼等
常规的家庭沟通（家庭晚餐和家庭周末）	最不刻意和最隐蔽的家庭仪式是常规的家庭沟通。在仪式中，这些是参与者最常制定但最难以察觉的仪式。如每天的晚餐、孩子的就寝时间

四、家庭仪式和家庭常规的区别

在家庭仪式的界定上，西方家庭仪式研究者着重辨析家庭仪式和家庭常规行为的区别，认为家庭常规是直接可见的，而家庭仪式通常和象征紧密相连。芭芭拉·菲斯等人从沟通、承诺和持续性三个层面分辨了家庭仪式和家庭常规

---

① Fiese B H, Tomcho T J, Douglas M, et al. 2002. A review of 50 years of research on naturally occurring family routines and rituals: Cause for celebration?. *Journal of Family Psychology*, 16(4). p. 381.

② Klapp O E. 1959. Ritual and family solidarity. *Social Forces*, 37(3). pp. 212-214.

③ Fiese B H, Kline C A. 1993. Development of the Family Ritual Questionnaire: Initial reliability and validation studies. *Journal of Family Psychology*, 6(3). pp. 290-299.

的不同:家庭常规中的沟通通常是工具性和直接的,例如"今天轮到你洗碗了",而家庭仪式的交流是象征性的,昵称、内部笑话和亲昵用语的使用强化了个人在团体中的角色。家庭常规的承诺性体现在任务本身,人们不会在任务结束后回想什么。对家庭仪式的承诺是情感充沛的,在重复的聚会中产生的情感纽带会在记忆中一遍又一遍地播放,让人觉得每个人都属于一个群体,这个群体可以成为一个安全的避难所。家庭常规中的持续性是指重复性发生,比如家庭晚餐的座位总是固定的。家庭仪式中的持续性则是世代相传的,例如菜肴、食谱和祝福都是一代一代传承下去的,有助于加强家庭身份认同(表1-4)。①皮特·斯坦格拉斯等认为相比于家庭常规,家庭仪式有以下五个特征。①有明确的界限。有仪式前的准备工作,有明确的开始、中间和结束时间。②可识别的仪式。家庭成员清楚地知道他们的仪式行为,并能清楚地描述这些行为的发生。③仪式的维系。家庭努力维持家庭仪式。④象征意义。家庭仪式和象征意义、强烈情感紧密相关。⑤仪式的组织作用。家庭仪式是家庭生活稳定的重要调节因素。②丽莎·舒克等总结了家庭仪式和家庭常规的六个不同特征,认为:家庭仪式是情感联结,而家庭常规是行为联结;家庭仪式是象征的,而家庭常规是具体的;家庭仪式是神奇的,而家庭常规是平凡的;家庭仪式是严格计划的,家庭常规是没有计划或教条的;家庭仪式是文化导向,而家庭常规是任务导向;家庭仪式是为了给生命意义,而家庭常规是为了给生命秩序。③家庭常规和家庭仪式有共同点,如都是模式化的家庭重复性行为。但家庭常规有很强的工具性,而缺少家庭仪式特有的象征性。对家庭成员来说,家庭常规是必须要做的事情,而家庭仪式是想做的事情。如一个家庭每天都要洗碗,就是一个家庭常规行为。但如果给孩子分配了洗碗的任务,并在洗碗的过程中加入了游戏和教育的环节,家庭常规行为就成了一种家庭仪式。④

　　尽管,西方研究者尽力区分了家庭仪式和家庭常规的不同,但在现实生活

① Fiese B H, Foley K P, Spagnola M. 2006. Routine and ritual elements in family mealtimes: Contexts for child well-being and family identity. *New Directions for Child and Adolescent Development*, (11). pp. 67-89.

② Steinglass P, Bennett L A, Wolin S J, et al. 1987. *The Alcoholic Family*. New York: Basic Books.

③ Schuck L A, Bucy J E. 1997. Family rituals: Implications for early intervention. *Topics in Early Childhood Special Education*, 17(4). pp. 477-493.

④ Schuck L A, Bucy J E. 1997. Family rituals: Implications for early intervention. *Topics in Early Childhood Special Education*, 17(4). pp. 477-493.

中，家庭仪式和家庭常规依旧难以截然分开。尤其是很多家庭仪式可能是每个家庭独有的，同样一个行为，对一个家庭来说可能是重复性的家庭常规，但对另外一个家庭来说可能就是有象征意义的家庭仪式，甚至在同一个家庭中，同样一个家庭活动对有的家庭成员来说是一种家庭仪式，而对另外一些家庭成员来说，只是一种家庭常规。在中国家庭中，一些长辈认为祭祖仪式非常神圣，会保佑一家人健康平安。对他们而言，祭祖就是一种家庭仪式。家中的一些年轻人则可能认为，这种祭祖仪式没有任何意义，只是每年必须要做的一个任务。对这些年轻人而言，祭祖就是一种家庭常规。正如丽莎·舒克等人所说，家庭仪式和家庭常规不能完全对立起来，而是连续体上的锚点（anchoring points along a continuum），代表了不同的程度，并可能互相转换。[①]

表 1-4　家庭仪式和家庭常规的区别[②]

特征	家庭仪式	家庭常规
沟通	象征性的：这代表着我们是谁	工具性的：这是我们必须去做的事情
承诺	情感充沛的、持久的：这些经历会反复在记忆中出现	敷衍了事的、瞬间的：这些活动发生后并不会留下什么印象
持续性	意义跨越几代人，且意义被家庭成员内部所理解：这是我们所期待的事情，并且我们会世代传承这些事情	可以直接被外人所观察：只是不断重复的行为

五、家庭仪式的功能研究

家庭仪式研究发现，家庭仪式对子女成长和亲子关系都有显著影响。梅丽莎·荷马等发现越重视家庭仪式，子女成年后的恋爱焦虑越少，越有可能发展出安全、健康的恋爱关系。[③]安·迈耶等人则发现了家庭仪式和家庭关系密切相关，当家庭关系牢固时，青少年的抑郁症状和犯罪行为就会减少；当家庭关

---

① Schuck L A, Bucy J E. 1997. Family rituals: Implications for early intervention. *Topics in Early Childhood Special Education*, 17(4). pp. 477-493.

② Fiese B H. 2006. *Family routines and rituals*. New Haven: Yale University Press. p. 11.

③ Homer M M, Freeman P A, Zabriskie R B, et al. 2007. Rituals and relationships: Examining the relationship between family of origin rituals and young adult attachment. *Marriage & Family Review*, 42(1). pp. 5-28.

系不好时，家庭仪式则不起作用。①根据符号互动论研究者的观点，人们接受信息并不是条件反射式反映，而是能动性接受。基于这种观点，也有研究者研究了青少年对家庭仪式的认知，史黛西·弗里斯曼等研究发现青少年对家庭仪式的重视程度主要受到同性父母的影响。②里亚·斯密特通过访谈的方式发现，家庭仪式不仅有助于维系家庭记忆，而且家庭仪式本身就成了家庭记忆的一部分，大部分年轻人都认可家庭仪式的积极意义。③还有一些研究发现，家庭仪式不仅影响了青少年的成长，也影响了包括夫妻之间的亲密关系。凯瑟琳·尼斯卡等研究发现家庭仪式可以帮助初为父母的年轻夫妻适应角色的转换。④卡拉·克雷斯波等研究发现夫妻关系质量和家庭仪式投入度有密切关系，夫妻在家庭仪式上投入程度越高，夫妻间的关系质量越好。⑤朱迪·皮尔森等研究发现夫妻之间的仪式感知和夫妻亲密度之间有显著关系。⑥劳拉·米廖里尼等则发现意大利移民家庭和本土家庭夫妻之间的仪式感有显著差异，移民经历对夫妻间的家庭仪式有重要影响。⑦另外，康复医学领域还将家庭仪式作为一种康复手段，提升病患家庭的生活质量。特蕾莎·门德斯等人研究发现在孩子患癫痫症的家庭里，家庭仪式意义越强，父母的抑郁和焦虑程度越低，生活满意度越高。⑧另外，医疗研究者将家庭仪式看作是一种健康干预手段，让病人家属参与病人的护理仪式，有助于病人的康复。蒂莫西·爱马斯等人研究发现

---

① Meier A, Musick K. 2014. Variation in associations between family dinners and adolescent well-being. *Journal of Marriage and Family*, 76(1). pp.13-23.

② Friedman S R, Weissbrod C S. 2004. Attitudes toward the continuation of family rituals among emerging adults. *Sex Roles*, 50(3-4). pp. 277-284.

③ Smit R. 2011. Maintaining family memories through symbolic action: Young adults' perceptions of family rituals in their families of origin. *Journal of Comparative Family Studies*, 42(3). pp. 355-367.

④ Niska K, Snyder M, Lia-Hoagberg B. 1998. Family ritual facilitates adaptation to parenthood. *Public Health Nursing*, 15(5). pp. 329-337.

⑤ Crespo C, Davide I N, Costa M E, et al. 2008. Family rituals in married couples: Links with attachment, relationship quality, and closeness. *Personal Relationships*, 15(2). pp. 191-203.

⑥ Pearson J C, Child J T, Carmon A F. 2010. Rituals in committed romantic relationships: The creation and validation of an instrument. *Communication Studies*, 61(4): 464-483.

⑦ Migliorini L, Rania N, Tassara T, et al. 2016. Family routine behaviors and meaningful rituals: A comparison between Italian and migrant couples. *Social Behavior and Personality*, 44(1): 9-18.

⑧ Mendes T P, Crespo C A, Austin J K. 2018. Family rituals in pediatric epilepsy: Links to parental competence and adaptation. *Journal of Family Psychology*, 32(2): p. 165.

相比于仅有医院护理，让患者家属在护理过程中进行一些家庭护理仪式，如让家属每天为患者读报、在探望患者时一直握着患者的手、从家里带来患者的日常生活用品等，可以减少患者创伤后应激障碍症状。[①]

六、家庭仪式与新媒体

仪式的发展变迁与社会环境密切相关，媒介的发展变迁是构成社会环境的因素之一。各种类型的媒介与人们的日常生活密不可分，家庭仪式研究者注意到新媒体对家庭仪式产生了诸多影响。[②]一方面，异地家庭成员在圣诞节、感恩节等重要节日时不能团聚，利用新媒体实现虚拟共同在场，维系家庭关系。随着移民和外出务工人数的增加，许多家庭成员被迫分居两地，一些原本的家庭仪式难以维系，只能借助新媒体维系，这一现象也被研究者所关注。艾尔文·卡巴拉昆图通过对 21 名在澳大利亚工作的菲律宾劳工进行访谈，发现这些菲律宾劳工因为和家人分居在不同国家，所以无法进行传统家庭仪式。于是，这些海外劳工家庭借助新媒体移动设备和网络通信平台开展送礼物、虚拟团聚、互送节日祝福等仪式性行为。但其中也体现了社会经济地位的不平等，受教育程度较低或经济条件较差的家庭成员使用新媒体与家人建立联系的能力相对较弱。[③]威廉·克莱托纳等人对于这一现象做了进一步的阐释，提出了"数码一瞥"（digital glimpse）的概念（即外出人口与家庭成员的数字互动），探究流动人口如何通过新媒体将自己和日常家庭仪式重新连接起来。对于流动人口来说，他们常常有一种离开家庭的孤独感，渴望在缺席的状态下表现出对家庭的归属感和存在感。网络技术则为不在一起的家人提供了虚拟存在感，这对于家庭解决分离带来的社会压力和关系压力具有重要意义。通过新媒体可以丰富家庭体验，

---

① Amass T H, Villa G, Omahony S, et al. 2020. Family care rituals in the ICU to reduce symptoms of post-traumatic stress disorder in family members—a multicenter, multinational, before-and-after intervention trial. *Critical Care Medicine*, 48(2). pp. 176-184.

② Abel S, Machin T, Brownlow C. 2021. Social media, rituals, and long-distance family relationship maintenance: A mixed-methods systematic review. *New Media & Society*, 23(3). pp. 632-654.

③ Cabalquinto E C. 2018. Home on the move: negotiating differential domesticity in family life at a distance. *Media, Culture & Society*, 40(6). pp. 795-816.

给不在一起的家人带来更大的联络感，让家庭成员远距离"一起行动"成为可能。虽然数字互动不能完全替代家人团聚，但可以减少家庭成员缺席对家庭关系的负面影响。①

另一方面，新媒体使用本身成为一种仪式。研究者发现，分居两地的家庭成员定期进行线上日常问候和在线游戏等家庭仪式性行为，有助于维系远距离亲密关系，其中既包括亲子关系，也包括夫妻/情侣间的浪漫关系。丽贝卡·金-奥里安研究发现视频聊天软件Skype弥合了爱尔兰的跨国家庭中家庭成员之间的空间距离，改变了人们的情感表达方式。②摩根·艾姆斯等研究者认为和家人视频聊天有建构家庭身份认同、巩固家庭价值观的作用。③海耶斯·瑞夫勒等人研究发现在外地的家长通过视频聊天陪孩子阅读儿童故事书，可以体验家庭团聚的感受。④卡曼·诺伊施塔德等研究发现异地恋情侣之间的视频聊天可以增加亲密感，但也受到周遭环境、网络条件、个人观念等方面的影响。⑤伊丽莎白·吉等认为电子游戏也成了一种新的家庭仪式，家庭成员通过对电子游戏的组织、实施和监控强化固有家庭价值。⑥随着新媒体的出现，原本有的媒介家庭仪式也会发生变化。库尔图瓦·塞德里克等人研究发现看电视作为家庭仪式，构建了日常生活的节奏，并有助于家庭和谐。但随着手机、平板电脑等新的媒体出现后，一家人围坐在一起看电视的计划变少了。观看工具从电视变为平板电脑，观看地点从客厅转向了卧室。新的观看模式下，一起观看节目与

① Clayton W, Jain J, Ladkin A, et al. 2017. The "digital glimpse" as imagining home. *Mobilities*, 13(3). pp. 382-396.

② King-O'riain R C. 2015. Emotional streaming and transconnectivity: Skype and emotion practices in transnational families in Ireland. *Global Networks*, 15(2). pp. 256-273.

③ Ames M G, Go J, Kaye J J, et al. 2010. Making love in the network closet: the benefits and work of family videochat. *Proceedings of the 2010 ACM Conference on Computer Supported Cooperative Work*. pp. 145-154.

④ Raffle H, Revelle G, Mori K, et al. Hello, is grandma there? let's read! StoryVisit: Family video chat and connected E-books. 2011. *Proceedings of the SIGCHI Conference on Human Factors in Computing Systems*. pp. 1195-1204.

⑤ Neustaedter C, Greenberg S. Intimacy in long-distance relationships over video chat//2012. *Proceedings of the SIGCHI Conference on Human Factors in Computing Systems*. pp. 753-762.

⑥ Gee E, Siyahhan S, Cirell A M. 2017. Video gaming as digital media, play, and family routine: implications for understanding video gaming and learning in family contexts. *Learning, Media and Technology*, 42(4). pp. 468-482.

同辈人的亲密度有显著相关关系，而与长辈的亲密度没有关系，这种结果可能是由两代人观看节目的偏好不同而导致的。[①]另外，还有研究发现，在部分家庭中社交媒体上的日常家庭互动仪式也有可能会变得重复和无聊，失去本身的作用。[②]

七、中国家庭仪式研究

无论是中国社会还是西方社会，人们都非常重视家庭仪式。但两者又有区别，西方的家庭仪式多与宗教相关，如圣诞节、复活节、感恩节等。在中国，家庭仪式则多与传统文化相关，尤其重视婚礼和祭祀礼仪，《礼记》中对中国礼仪进行了总结，"夫礼始于冠，本于昏，重于丧祭，尊于朝聘，和于乡、射，此礼之大体也"[③]。国内研究者也关注到了家庭仪式的重要作用，并展开相关研究。张兵娟认为礼文化传播不仅是一套行为准则、一种文化模式、一套价值体系，更是一种传播理念。[④]封建社会，我国的家庭多为多代共聚的大家庭，连接了家族祖先和子孙后代，家庭仪式在其中发挥重要作用，其是连接家庭成员的重要方式，通过祭祀缅怀祖先，通过宗规、家训教育子女，通过规训日常行为规范界定长幼尊卑。[⑤]此外，家庭礼仪也与政治统治紧密相连，在官员选拔、管理上制定了举孝廉制度、丁忧制度等，实现家国一体。[⑥]在儒家文化中，礼和乐都是基本的治国之道。从传播的仪式观视角来看，政治传播不是政治宣教，而是通过礼仪文化影响参与者。[⑦]随着现代化的发展，家庭仪式也受到影响，有研究者提出古代社会的人际传播有伦理化的倾向，儒家的礼仪思想嵌入

① Courtois C, Nelissen S. 2018. Family Television Viewing and Its Alternatives: Associations with Closeness within and between Generations. *Journal of Broadcasting & Electronic Media*, 62(4). pp. 673-691.

② Abel S, Machin T, Brownlow C. 2021. Social media, rituals, and long-distance family relationship maintenance: A mixed-methods systematic review. *New Media & Society*, 23(3). pp. 632-654.

③ 鲁同群注评. 2011. 历代名著精选集：礼记. 南京：凤凰出版社：245.

④ 张兵娟. 2017. 传播学视野下的中国礼文化与认同建构研究. 新闻爱好者，(2)：31-35.

⑤ 李良. 2014. 论传统社会人们的家庭本位观念. 南阳师范学院学报，13(11)：13-16.

⑥ 李良. 2014. 论传统社会人们的家庭本位观念. 南阳师范学院学报，13(11)：13-16.

⑦ 雷大川. 2009. 权力即是情感：儒家政治社会化理念探析——兼论政治传播研究的新理路. 辽宁师范大学学报(社会科学版)，32(1)：21-24.

其中。现代社会，人际传播则变得更有工具化倾向。[①]不过在部分旧的家庭仪式消失的同时，也有部分家庭仪式得以保留，并有新的家庭仪式出现。有研究者认为当代中国家庭仪式可分为正式家庭仪式和非正式家庭仪式，其中正式家庭仪式主要包括祭祖、拜神等仪式活动；而非正式家庭仪式主要包括聊天、家庭聚会等日常仪式活动。[②]目前，关于中国家庭仪式的研究主要有两种视角。一种研究中国家庭仪式和文化的关系，既包括封建家庭礼仪，也包括少数民族的家庭仪式。赵丙祥研究发现礼簿是宗族仪式团体的重要载体，形成了一种基于"五服"原则的"簿上宗族"。[③]我国港澳台地区研究者也关注到了家庭仪式和传统礼仪文化之间的关系。林明义从文化的角度系统梳理了台湾家庭中的出生礼仪、冠礼、婚礼、葬礼以及各种节庆仪式，还有这些仪式背后的敬天思想和阶级观念。[④]周聪俊基于历史文献对封建时期的飨礼进行了考辨，归纳总结了诸侯、卿大夫、士人等不同阶层的飨礼特点。[⑤]崔璨研究了傣族的"成老礼"仪式，发现这种仪式成为一种生活控制机制，通过家庭和社区两个方面对当地养老文化产生影响。[⑥]拉先研究发现西藏家庭祭祀仪式体现了藏族宗教文化。[⑦]何菊研究发现，现代国家政权建设对云南白族的家族祭祀仪式产生影响，在国家强势之处祭祀仪式减弱，而国家退处则仪式转盛；当宗族经济政治功能弱化时，祭祀仪式的文化意义增强。[⑧]

　　第二种是研究家庭仪式对家庭关系的影响。李银河研究了中国婚礼仪式的变化，发现婚礼仪式与所处阶级密切相关。工人阶级即使拮据四处借债，也要把婚礼办得很风光，而知识分子家庭办婚礼的压力相对较小。[⑨]周群英研究发

① 王怡红. 1996. 论中国社会人际传播的价值选择. 现代传播-北京广播学院学报, (5): 50-51.

② 许迪. 2013. 家庭仪式的情感社会学解读(硕士学位论文). 西南大学.

③ 赵丙祥. 2020. 簿上的宗族, 礼下的过法: 基于华北丧礼簿的微观分析. 民俗研究, (2): 33-55, 158-159.

④ 林明义. 1993. 台湾冠婚葬祭家礼全书. 台北: 武陵出版有限公司.

⑤ 周聪俊. 2011. 飨礼考辨. 台北: 文史哲出版社.

⑥ 崔璨. 2018. 宗教生活与敬老养老文化研究——基于云南西双版纳一个傣族村寨的调查(博士学位论文). 云南大学.

⑦ 拉先. 2018. 白马藏族家庭祭祀仪式调查研究. 西藏大学学报(社会科学版), 33(3): 70-78.

⑧ 何菊. 2015. 宗族祭祀仪式的分与合——基于云南省大理市周城白族村段氏宗族的人类学分析. 中南民族大学学报(人文社会科学版), 35(1): 46-51.

⑨ 李银河. 2002. 婚礼的变迁. 江苏社会科学, (5): 73-76.

现月子仪式中存在"听老人的"和"听医生的"两种模式，前者的实质是遵从传统礼仪、维护社会身份和象征社会秩序。[①]杨立川提出家庭仪式传播具有传递意识形态功能，可以弘扬社会主义核心价值观和中华传统美德。[②]杨石华和戴瑞凯研究发现亲子阅读这种家庭仪式既实现了知识的传播，同时也具有维系亲子关系的仪式功能。[③]黄颖和段成荣认为外出丈夫和留守妻子之间的互动仪式，可以维持和再生产家庭功能。[④]袁梦倩认为家庭故事的传播是一种界定仪式，具有意义建构和加强身份认同的功能。[⑤]此外也有研究者将家庭媒体使用看作家庭仪式，战迪和李凯山认为电视媒体可以有效凝聚以家庭为单位的情感共同体，并促进家庭成员在关于电视内容的分享、对话和互动中稀释现实分歧。[⑥]随着新媒体层出不穷，有研究者也注意到了新媒体家庭仪式。张放研究了微信春节红包对家庭关系的影响，其流动路径在结构上构成了不同于传统春节红包的"去顶金字塔"结构，并呈现出使家庭关系扁平化的趋势。[⑦]有几篇硕士学位论文也从微观的角度论证了家庭仪式的价值，庆雪萌研究发现家庭仪式传播是中国独生子女家庭在转型期抵御风险和缓解压力的重要方式。[⑧]杨远远认为家庭仪式对中学生的幸福感产生影响。[⑨]此外，亦有中外学者在英文期刊发表关于中国家庭仪式的文章。研究表明，在中国城市家庭，晚餐与家庭认同呈正相关，家庭认同与家庭延续呈正相关，家庭晚餐有助于家庭延续。[⑩]在中国乡村农民工家庭，家庭团聚无论是庆贺性的还是非庆贺性的，都是仪式化

---

① 周群英. 2019. 代际关系视角下的仪式变迁——以川村"坐月子"为例. 求索，(1)：25-35.

② 杨立川. 2015. 论家庭仪式传播的意识形态作用及其特征. 中国地质大学学报(社会科学版)，15(4)：118-123.

③ 杨石华，戴瑞凯. 2017. 亲子阅读：仪式与传递共存的一种知识传播方式. 图书情报工作，61(4)：48-53.

④ 黄颖，段成荣. 2012. 论农村留守妻子家庭中的互动仪式. 广东社会科学，(4)：209-214.

⑤ 袁梦倩. 2020. 讲述家庭故事：媒介记忆实践、界定仪式与传播赋权——基于"族印"口述历史纪录片计划的个案研究. 南京社会科学，(9)：112-119.

⑥ 战迪，李凯山. 2016. 仪式感的重建与情感共同体的凝聚：电视文化未来想象. 中国出版，(14)：13-16.

⑦ 张放. 2016. 微信春节红包在中国人家庭关系中的运作模式研究——基于媒介人类学的分析视角. 南京社会科学，(11)：103-109.

⑧ 庆雪萌. 2019. 仪式传播视角下独生子女家庭压力的缓释与因应研究(硕士学位论文). 华中科技大学.

⑨ 杨远远. 2020. 家庭仪式对中学生主观幸福感的影响(硕士学位论文). 河南大学.

⑩ Seo Y, Cruz A G B, Fam K S, et al. 2015. Family meals and identity in urban China. *Journal of Consumer Marketing*, 32. pp. 509-519.

的。春节家庭团聚已经成为一种元仪式，由五部分组成：节日仪式、团聚仪式、常规的互动、朋友聚会、团契仪式，这些仪式构成了农民工家庭的内部认同。但在部分情境下，这些仪式也会带来痛苦，如因为工作而不能回家团聚，或年轻一辈在春节期间被父母逼着去相亲等。[①]

综上所述，中国的家庭仪式研究主要有两种视角，且存在一定的割裂感。一种是从文化角度研究中国传统的家庭仪式，少数民族家庭仪式以及历史文献中的家庭仪式是研究重点，较少关注当代日常生活中家庭仪式互动。研究方法以理论思辨、历史资料收集为主。另一种是研究中国家庭仪式对家庭关系的影响，但较为零散，以个案研究为主。近几年，有少数学位论文借鉴了西方家庭仪式研究，探究了家庭仪式和家庭压力、主观幸福感之间的关系。但均套用西方家庭仪式量表，得出较为笼统的结论。然而，中国的家庭仪式和西方的家庭仪式有较大不同。西方的家庭仪式中有大量宗教元素，如家庭晚餐时祷告，一家人一起去教堂。在中国家庭中，则几乎没有这些仪式行为。即使是中国本土家庭仪式，也随着时代变化发生了翻天覆地的变化。一部分传统家庭仪式，如建立祠堂、家族祭祖等家庭仪式日渐式微。另一些家庭仪式，如给孩子过生日、假日出游等越来越受到欢迎。本书意在对当代中国家庭仪式传播进行梳理和分类，囊括流传至今的传统家庭仪式、新兴的家庭仪式、发生在核心家庭内部的仪式，以及整个大家族一起参与的仪式。在此基础上，再探究中国家庭仪式对青少年幸福感的影响机制。

---

① Li M. 2018. Maintaining ties and reaffirming unity: Family rituals in the age of migration. *Journal of Family Communication*, 18(4): 286-301.

第二章

幸福感研究

第一节　幸福感研究的缘起

幸福是人类一切活动的最终目标，是人类的终极追求。[①]幸福是一个古老的话题，伦理学研究者较早关注到幸福的问题。古希腊哲学家伊壁鸠鲁提出：人生的目的就是追求快乐、享受幸福。伦理学家德谟克利特认为给人带来幸福的不是身体上的好处，也不是财富，而是正直和谨慎。[②]苏格拉底认为德性就是幸福。[③]此后，西方思想者又提出自然幸福观、理性幸福观、神性幸福观、人道主义的感性幸福观等多种形而上的观点。这些对幸福的思辨性思考并没有让幸福问题变清晰，反而使得幸福问题愈加模糊。在这种背景下，对幸福感问题的实证研究应运而生。与幸福相对应，幸福感即对幸福的感知。中国幸福感研究者邢占军认为幸福感就是由人们所具备的客观存在的条件以及人们需求价值等因素共同作用而产生的，个体对自身存在与发展状况的一种积极的心理体验，它是满意感、快乐感和价值感的有机统一体。[④]幸福感具有主观性，为了测量幸福感，研究者们做了大量尝试。幸福感的测量分为几种方式，最早可以追溯到柏拉图，他制定了一套测量幸福感的指标，认为王者的生活比独裁者的生活快乐 729 倍。[⑤]边沁从快乐主义原则出发，认为幸福可以通过人们所体验到的快乐和痛苦情感的权衡来测定，快乐或痛苦的价值由强度、持续时间、确定

---

① Kraut R. 1979. Two conceptions of happiness. *The Philosophical Review*, 88(2). pp. 167-197.

② 转引自周辅成. 1964. 西方伦理学名著选辑(上卷). 北京：商务印书馆：13.

③ 转引自周辅成. 1964. 西方伦理学名著选辑(上卷). 北京：商务印书馆：78-86.

④ 邢占军. 2003. 中国城市居民主观幸福感量表的编制研究(博士学位论文). 华东师范大学.

⑤ 柏拉图. 1998. 理想国. 刘静译. 北京：外文出版社：162-173

程度、切近程度、增殖性、纯度、扩展范围七个因素决定，并据此设计了一套计算方式。[①]但伦理学中关于幸福的经验研究也遭到了批评，亨利·西季威克认为人们对快乐的体验是模糊不定的，且评估快乐的原则也有可能是错误的。[②]他认为伦理学对幸福的实证研究，既无可能，也无必要。自此以后，伦理学基本将幸福的实证研究拒斥于自身的研究范围之外，将研究重点从幸福感转移到幸福观。[③]社会学家、经济学家和心理学家开始制定量表测量幸福感，其中心理学对幸福感的研究最为系统和深入。[④]

在心理学的幸福感研究领域中，"well-being""subjective well-being"和"happiness"基本上通用，一般被译为主观幸福感，主要指个体依据自己设定的标准对其生活质量所作的整体评价。[⑤]因为心理学诞生的一个重要原因就是心理诊断和心理治疗，因此在很长一段时间，心理的研究对抑郁、焦虑等消极情绪和心理状态关注较多，而对幸福、快乐、满意、乐观等积极情绪和心理状态关注则比较少。[⑥]迈克尔·刘易斯等进行文献回顾发现心理学文献过分集中在个人生活的消极层面，心理科学中关于消极心理研究的论文远远超过研究积极心理状态的论文，这个比率高达 17 比 1。[⑦]幸福感研究的兴起，则促进了积极心理学的发展。国外现代幸福感研究起始于 20 世纪 50 至 60 年代，万纳·威尔逊 1967 年撰写的综述《自称幸福的相关因素》为早期现代幸福感研究的重要节点。根据当时有限的数据，万纳·威尔逊得出结论，"年轻、健康、受过良好教育、收入丰厚、外向、乐观、无忧虑、有宗教信仰、已婚、自尊心强、工作士气高、志向谦逊、性别不限、智力超群的人"更幸福。[⑧]第二次世界大战后，以美国为代表的发达国家经济迅速发展，物质生活水平得到极大提高，人们越来越关注生命体验，人们开始追求精神上的幸福感，这也直接推动了幸福感的

① 唐凯麟. 2000. 西方伦理学名著提要. 南昌：江西人民出版社：226-230.

② 亨利·西季威克. 1993. 伦理学方法. 廖申白译. 北京：中国社会科学出版社：119-182.

③ 邢占军. 2002. 主观幸福感研究：对幸福的实证探索. 理论学刊，(5)：57-60.

④ 邢占军. 2002. 主观幸福感研究：对幸福的实证探索. 理论学刊，(5)：57-60.

⑤ Diener E. 1984. Subjective well-being. *Psychological Bulletin*, 95(3). pp. 542-575.

⑥ 转引自 Seligman M E P, Csikszentmihalyi M. 2000. Positive psychology: An introduction. *American Psychologist*, 55(1). pp. 5-14.

⑦ Lewis M, Haviland-Jones J M. 2000. *Handbook of Emotions(2nd Ed.)*. New York: Guilford. pp. 325-337.

⑧ 转引自 Diener E. 1984. Subjective well-being. *Psychological Bulletin*, 95(3). pp. 542-575

研究。在西方主观幸福感研究的初期，研究者们主要关注人口统计学变量对幸福感的影响因素。随着研究深入，研究者开始关注影响主观幸福感的理论机制，如自我决定理论、目标理论、调整与适应理论、社会比较理论等。[①]中国幸福感研究起始于 20 世纪 80 年代，研究内容主要集中在西方幸福感理论的引入[②]，不同群体的幸福感及其影响因素，包括老年人的幸福感[③]、青少年的幸福感[④]、留守儿童的幸福感[⑤]、大学生的幸福感[⑥]、教师的幸福感[⑦]等。

第二节　幸福感的分类

幸福感有两大研究方向，一是快乐论，认为幸福来自快乐和人类欲望，即研究人类快乐情感和不愉快情感，主观幸福感研究是其中的代表。二是实现论，认为每个人都有自己独特的才能，生命的中心任务就是认识和挖掘自己的潜能，心理幸福感研究和社会幸福感研究是其中的代表。[⑧]主观幸福感（Subjective Well-Being，SWB）学派专指评价者根据自定的标准对自身生活质量的整体性评估。这一派的主要观点是幸福感是一个人的主观感受，客观事实并不重要，只要本人主观上觉得幸福就是幸福。主观幸福感学派普遍从对生活质量的满意程度和心理健康两个方面测量主观幸福感。埃德·迪纳作为主观幸福感学派的代表人物，其观点受到普遍认可。他认为主观幸福感包括两个部分：一个是情感部分，又可以分为积极情感和消极情感，如果一个人较多地体验到积极情感，而较少地体验到消极情感，就可以认为其是幸福的，反之则是不幸福的；另一个是认知评价部分，即生活满意感，包括整体生活满意感和具体生活满意感（经

---

① Diener E, Suh E M, Lucas R E, et al. 1999. Subjective well-being: Three decades of progress. *Psychological Bulletin*, 125(2). pp. 276-302.

② 吴明霞. 2000. 30 年来西方关于主观幸福感的理论发展. 心理学动态, (4): 23-28.

③ 吴捷. 2008. 老年人社会支持、孤独感与主观幸福感的关系. 心理科学, (4): 984-986, 1004.

④ 丁新华, 王极盛. 2004. 青少年主观幸福感研究述评. 心理科学进展, (1): 59-66.

⑤ 陈亮, 张丽锦, 沈杰. 2009. 亲子关系对农村留守儿童主观幸福感的影响. 中国特殊教育, (3): 8-12, 32.

⑥ 张雯, 郑日昌. 2004. 大学生主观幸福感及其影响因素. 中国心理卫生杂志, (1): 61-62, 44.

⑦ 杨宏飞. 2002. 301 名小学教师主观幸福感与自我概念测评. 中国心理卫生杂志, (5): 322-330.

⑧ 陈浩彬, 苗元江. 2012. 主观幸福感、心理幸福感与社会幸福感的关系研究. 心理研究, 5(4): 46-52.

济状况、家庭生活、健康状况、休闲活动和居住环境等）。①主观幸福感也有其自身特点，具体包括：①主观性，以评价者内定的标准而非他人标准来评估；②稳定性，主要测量长期而非短期情感反应和生活满意度，这是一个相对稳定的值；③整体性，是综合评价包括对情感反应的评估和认知判断。②另一类幸福感研究派别是社会幸福感学派，这一派认为幸福应该是客观的，幸福不仅仅是人的情绪感受，而是充分发挥潜能，达到自我实现。③科里·李·凯斯是社会幸福感学派的代表人物，他从社会的角度考察人类的幸福感，提出社会幸福感的五个维度：①社会接受角度；②社会实现角度；③社会有用性角度；④社会和谐角度；⑤社会支持系统。④也有研究者认为主观幸福感过于强调幸福的自我评价，而忽视幸福感的积极功能，一些生活毫无意义的人也可以认为自己很幸福。实际上幸福本身不是目的，而是其他更高尚的追求的副产品。卡罗尔·里夫等人提出心理幸福感，认为幸福感要考察人们的生活是否有目标，他们是否正在实现自己的潜能，他们与他人联系的质量如何，他们是否感到对自己的生活有控制权。心理幸福感主要包括六个维度：自我接纳、与他人的积极关系、机能自主、环境掌控、生活目标、个人成长。⑤当然，随着幸福感研究的不断深入，其种类也不止主观幸福感、社会幸福感和心理幸福感三种。研究者们开始打破不同幸福感之间的界限，将上述测量幸福感的方式融合。如马丁·塞利格曼提出真实幸福感，认为愉悦的生活、美好的生活、有意义的生活是幸福生活的三种方式，并认为"真实幸福感"不仅包含享乐等愉悦生活的"积极情绪"，同时也包括沉浸在有意义的活动中，通过"体验参与"而"获得意义"。⑥这种真实幸福感的提出，就是融合了快乐论、实现论以及心流理论(mental flow)等多种理论。⑦本书的研究对象是青少年，他们大多还在求学阶段，且主

---

① Diener E. 1984. Subjective well-being. *Psychological Bulletin*, 95(3). pp. 542-575.

② Diener E. 1984. Subjective well-being. *Psychological Bulletin*, 95(3). pp. 542-575.

③ 施文辉. 2014. 幸福的本质及其现实建构研究(博士学位论文). 南昌大学.

④ Keyes C L M. 1998. Social well-being. *Social Psychology Quarterly*, 61(2). pp. 121-140.

⑤ Ryff C D, Keyes C L M. 1995. The structure of psychological well-being revisited. *Journal of Personality and Social Psychology*, 69(4). pp. 719-727.

⑥ Seligman. 2002. *Authentic Happiness: Using the New Positive Psychology to Realize Your Potential for Lasting Fulfillment*. Random House Australia.

⑦ 孟秋莉. 2019. 乡村旅游体验价值与旅游者幸福感关系研究(博士学位论文). 中南财经政法大学.

要研究其家庭生活中的幸福感，与社会实现的幸福感关联不大，因此采用主观幸福感的测量方法。

第三节　主观幸福感的测量

埃德·迪纳提出幸福感的测量主要从生活质量和心理健康两个方面进行，为大多数主观幸福研究者所接受。生活质量方面的主观幸福感主要是人们对自身生活满意程度的认知评价，包括总体生活满意感和对具体领域的生活满意感。在心理健康方面的主观幸福感则基于积极心理学而提出，认为一个幸福的人首先在于其拥有心理上的健康，测量维度包括积极情绪和消极情绪。[1]其中，被广为采纳的有以下量表：埃德·迪纳等人编制了一个包含5个项目的总体生活满意度量表（Satisfaction with Life Scale，SWLS），采用七级评分，适用于不同年龄阶段的群体，其信度效度指标较好，应用十分的广泛。[2]莱德布恩·诺曼编制的情感量表（Affect Scales），主要测查一般人的积极情感、消极情感及两者的平衡，共有10个项目，积极情感和消极情感项目各半。[3]凯斯·坎贝尔等人编制了幸福感指数量表，该量表包括生活满意度问卷和总体情感指数量表两个部分。量表采用7点计分，得分越高表示幸福感越高。[4]按照托德·色瑞斯人的建议，将生活满意度分数加积极情绪分数，再减去减消极情绪分数可以得到主观幸福感。[5]近些年，除了自我报告的测量方法外，还出现了一些眼动仪、功能性磁共振成像等通过测量生物指标来评估幸福感的方式。

国内研究者也努力将不同指标进行整合，制定适合中国人的幸福感量表。目前，国内关于心理测量的方法主要有两种。第一种是采用单项目自陈量表，

① 邢占军. 2002. 主观幸福感测量研究综述. 心理科学，(3)：336-338，342.

② Pavot W, Diener E D. 1993. Review of the satisfaction with life scale. *Psychological Assessment*, 5(2). pp. 164-172.

③ 汪向东，王希林，马弘. 1999. 心理卫生评定量表手册(增订版). 北京：中国心理卫生杂志社：69-86.

④ 姜晓文，姜媛，田丽，等. 2018. 青少年压力与主观幸福感的关系：一个有中介的调节模型. 心理与行为研究，16(3)：349-354.

⑤ Thrash T M, Elliot A J, Maruskin L A, et al. 2010. Inspiration and the promotion of well-being: Tests of causality and mediation. *Journal of Personality and Social Psychology*, 98 (3). pp. 488-506.

即只有一个问题"请问你现在幸福吗？"这种单项目自陈量表大多用在大型问卷中，节约答题人的时间，但这种单项目测量也存在相对不够准确的问题。一方面，每个人对幸福的认知和界定都不尽相同。因此，王广州等研究者引入"测量锚点"解决幸福感的异质化问题。其量表分为两个问题，第一个问题为"请给您目前的幸福感评分"，第二个问题为"您认为多少分以上是幸福的"。[①]另一方面，单项目自陈量表易受答题人当时的心境影响，比较不稳定。因此，大多数研究者倾向于使用多项目幸福感量表。在中国，大部分主观幸福感研究者都会翻译、修改这些成熟的西方幸福感量表。邱林、郑雪和王雁飞修订了西方的主观幸福感量表，该量表包含 18 个情绪词汇（积极情绪和消极情绪词汇各 9个），采用"利克特量表"，分别将积极情绪词汇和消极情绪词汇的得分相加，得分越高表示积极或消极情绪越高。[②]另外，也有一部分国内研究者将不同指标进行整合，设计了一些符合本土特点的问卷。苗元江在其博士学位论文中结合中国语境，融合了主观幸福感的 3 个维度和心理幸福感的 6 个维度，设计了包含 9 个维度 50 个题项的《综合幸福感问卷》。[③]邢占军的博士学位论文编制了《中国城市居民主观幸福感量表》，包括知足充裕体验、身体健康体验和家庭氛围体验等 10 个维度。[④]

第四节　幸福感的影响因素

影响幸福感的因素很多，黄立清等梳理了国外幸福感的研究成果，发现西方研究者认为财富因素、人格因素、文化因素、年龄因素、婚姻关系是影响幸福感的重要因素。[⑤]其中既包括主观因素，也包括客观因素。在主观因素中，研究者们认为人格（personality）特质是影响主观幸福感最核心的因素。[⑥]研究

---

① 王广州，王军. 2013. 中国家庭幸福感测量. 社会，33(6)：139-160.

② 邱林，郑雪，王雁飞. 2008. 积极情绪消极情绪量表(PANAS)的修订. 应用心理学，14(3)：249-254.

③ 苗元江. 2003. 心理学视野中的幸福(博士学位论文). 南京师范大学.

④ 邢占军. 2003. 中国城市居民主观幸福感量表的编制研究(博士学位论文). 华东师范大学.

⑤ 黄立清，邢占军. 2005. 国外有关主观幸福感影响因素的研究. 国外社会科学，(3)：29-33.

⑥ Diener E, Suh E M, Lucas R E, et al. 1999. Subjective well-being: Three decades of progress. *Psychological Bulletin*, 125(2). pp. 276-302.

者发现人们是否快乐是由遗传基因决定的，为了证明这一观点，奥克·特勒根等人对双胞胎的幸福感进行研究，发现在不同家庭长大的同卵双胞胎彼此之间幸福感的相似程度比在同一个家庭长大的异卵双胞胎的相似程度更强。[①]此后，研究者们又做了一系列关于基因与幸福感关系的研究，基本都可以证明遗传基因可以影响主观幸福感，但遗传基因究竟如何影响个人的主观幸福感，又能在多大程度上影响主观幸福感依旧存在争议。大卫·莱肯等进一步发现幸福感的44%～52%都可以被遗传基因所解释。[②]保罗·科斯塔等发现外向性影响积极情绪，而神经质影响消极情绪。[③]理查德·卢卡斯等提出，外向者对有益刺激更敏感，这种敏感性表现为，当受到奖励刺激时，会产生更大的愉悦情绪，这也导致了幸福感更强。[④]另外，克里斯蒂娜·德内夫等研究者发现自尊水平也是主观幸福感的重要影响变量。[⑤]在客观因素中，收入水平能否影响幸福感是研究者们关注的重点。里德·拉尔森发现随着收入的增加，幸福感也增加。[⑥]埃德·迪纳等发现从 1946 到 1948 年，美国经济增长了几十倍，但幸福感却没有显著提高。[⑦]西方研究者发现收入对幸福感的影响有一个阈值，如果一个人的收入在贫困线下，收入越高越幸福，但是如果超过了这个贫困线，收入对幸福的影响就变得不明显了。[⑧]

究竟是环境对个人幸福感的影响更大，还是个人特征对幸福感的影响更大，也是心理学界一直争论的一个问题。早期，研究者持自下而上理论，认为

① Tellegen A, Lykken D T, Bouchard T J, et al. 1988. Personality similarity in twins reared apart and together. *Journal of Personality and Social Psychology*, 54(6). p. 1031.

② Lykken D, Tellegen A. 1996. Happiness is a stochastic phenomenon. *Psychological Science*, 7(3). pp. 186-189.

③ Costa P T, McCrae R R. 1980. Influence of extraversion and neuroticism on subjective well-being: happy and unhappy people. *Journal of Personality and Social Psychology*, 38(4). p. 668.

④ Lucas R E, Diener E, Grob A, et al. 2000. Cross-cultural evidence for the fundamental features of extraversion. *Journal of Personality and Social Psychology*, 79(3). pp. 452-468.

⑤ Deneve K M, Cooper H. 1998. The happy personality: A meta-analysis of 137 personality traits and subjective well-being. *Psychological Bulletin*, 124(2). p. 197.

⑥ Larson R. 1978. Thirty years of research on the subjective well-being of older Americans. *Journal of Gerontology*, 33(1). pp. 109-125.

⑦ Diener E, Suh E. 1997. Measuring quality of life: Economic, social, and subjective indicators. *Social Indicators Research*, 40(1-2). pp. 189-216.

⑧ 苗元江. 2002. 幸福感：研究取向与未来趋势[J]. 社会科学，(2)：51-56.

外部环境对个人幸福感影响更大。然而实证研究的结果并不如预期所想,安格斯·坎贝尔等发现人口统计学变量对主观幸福感的影响不超过 20%。[①]因此,后来更多研究者认同自上而下理论,认为个人性格特征对幸福感影响更大。总体来说,个性特质和外部环境共同作用于个人幸福感。[②]除了性格、基因、收入等因素外,重要的生活事件也会影响主观幸福感。[③]通常而言,积极的事情和正向情感相关,消极的事情和负面情感相关。其中,社会关系包括家庭关系、朋友关系等就是影响主观幸福感的重要客观因素。良好的社会关系可以增强人们的归属感,减轻负面事件给人带来的打击,从而提升人们的主观幸福感,而不良的社会关系则会阻碍主观幸福感。[④]中国幸福感研究中除了关注一般的主客观因素对幸福感的影响外,还会探究政策对个人的幸福感影响。穆峥等研究发现,我国开放二孩政策后,生育二孩的父母比只生一孩的父母幸福感更强。[⑤]主观幸福感不会被少数变量所解释,从天气到信仰,再到人格与环境之间的相互作用,各种因素都有可能会对幸福感起到一定作用。[⑥]因此,需要对更多不同变量对幸福感产生的影响进行实证研究。目前,家庭文化因素对青少年幸福感的影响尚未得到足够的重视,本书将探究家庭仪式传播这一家庭文化因素对青少年幸福感的影响。

第五节　青少年主观幸福感研究

主观幸福感研究是在老年医学和生活质量研究的传统中发展起来的。[⑦]但

① Campbell A, Converse P E, Rodgers W L. 1976. *The Quality of American Life: Perceptions, Evaluations, and Satisfactions*. New York: Russell Sage Foundation.

② Freedman J L. 1978. *Happy People: What Happiness Is, Who Has It, and Why*. New York: Harcourt Brace Jovanovich.

③ Headey B, Wearing A. 1989. Personality, life events, and subjective well-being: Toward a dynamic equilibrium model. *Journal of Personality and Social psychology*, 57(4). pp. 731-739.

④ 段建华. 1996. 主观幸福感概述. 心理学动态, (1): 46-51.

⑤ 穆峥, 谢宇. 2014. 生育对父母主观幸福感的影响. 社会学研究, 29(6): 124-147, 244.

⑥ Diener E. 1984. Subjective well-being. *Psychological Bulletin*, (95): 542-575.

⑦ 张兴贵. 2003. 青少年学生人格与主观幸福感的关系(博士学位论文). 华南师范大学.

随着幸福感研究的深入，也有一些研究者开始关注青少年的幸福问题。青少年因为课业负担以及面临的社会压力，其幸福感状况让人担忧。目前，青少年的自杀问题、抑郁问题都已经成了全社会关注的话题。因此，青少年的幸福感问题也日益受到学术界的关注。西方研究者发现，家庭生活、学校生活和个人性格是影响青少年幸福感的主要因素。卡佳·乔罗宁等研究发现家庭因素是青少年幸福感的重要影响因素，舒适的家庭环境、家庭情感温暖、开放的沟通、家庭活动参与度高、良好的家庭关系、在家庭中实现个人意义等有助于提升幸福感。[①]罗内尔·金等研究发现青少年的幸福感和其同学幸福感有显著关系，在整体幸福感较高的班级里，个人的生活满意度和积极情绪更高。[②]与成年人幸福感类似，个人性格是青少年的幸福感的重要影响因素。艾琳·德米尔利等研究发现希望感是青少年幸福感的重要预测因素，希望感高的青少年一般善于自我激励，因此幸福感也比较高。[③]随着新媒体的兴起，大量研究者关注新媒体使用对青少年幸福感的影响。早期，人们通常认为过度地使用新媒体会降低青少年的幸福感，损害青少年的心理健康，但研究发现使用新媒体的时间和青少年的幸福感之间没有显著关系[④]，甚至脸书上好友数量更多的青少年幸福感更高。[⑤]

国内青少年幸福感研究中，研究者们同样发现个人因素（性格、自尊水平、自我效能感等）、社会网络因素（朋友关系、校园生活等）和家庭环境（家庭经济状况、父母管教方式等）是影响青少年幸福感的最重要的三个因素。[⑥]在个人因素方面，张兴贵等研究发现青少年的人格特质是主观幸福感的预测因素，外倾性、严谨性和青少年主观幸福感有正相关关系，而神经质与主观幸福感是

① Joronen K, Åstedt-Kurki P. 2005. Familial contribution to adolescent subjective well-being. *International Journal of Nursing Practice*, 11(3), pp. 125-133.

② King R B, Datu J A. 2017. Happy classes make happy students: Classmates well-being predicts individual student well-being. *Journal of School Psychology*, (65). pp. 116-128.

③ Demirli A, Türkmen M, Arık R S. 2015. Investigation of dispositional and state hope levels' relations with student subjective well-being. *Social Indicators Research*, 120(2). pp. 601-613.

④ Orben A, Przybylski A K. 2019. Screens, teens, and psychological well-being: Evidence from three time-use-diary studies. *Psychological Science*, 30(5). pp. 682-696.

⑤ Joronen K, Åstedt-Kurki P. 2005. Familial contribution to adolescent subjective well-being. *International Journal of Nursing Practice*, 11(3). pp. 125-133.

⑥ 王疏影，梁捷. 2014. 幸福的来源——以中国青少年为例. 学术月刊，46(11)：87-98.

负相关关系。[①]校园学习生活是青少年日常生活的重要组成部分，研究者发现学生的校园生活满意度、学业成绩是影响幸福感的重要维度。[②]姜晓文等研究发现学习压力和人际关系压力等压力事件对幸福感有负向影响，自我同情在其中起调节作用。自我同情高的青少年比自我同情低的青少年在压力环境下幸福感更高。[③]范晓玲等研究发现对于农民工子女，不只是成绩能直接影响他们的主观幸福感，也能通过减轻他们的孤独感影响他们的主观幸福感。[④]另外，大量中外研究表明，相比于校园因素，家庭因素对青少年幸福感的影响更大。塔米·杜等研究了美国青少年的幸福感，发现美国青少年的幸福感与年级、性别无关，但与社会经济地位、学校同伴关系和家庭关系相关。虽然，青少年在成长过程中，和朋友的交往时间超过了和父母相处的时间，但是青少年对家庭关系的感知比社会经济地位及学校同伴关系对幸福感的影响更大。[⑤]李天元等认为在亚洲文化背景下，家庭关系对幸福感的影响要高于友谊关系。友谊在情感支持方面非常重要，而家庭关系在遇到困难时非常重要。[⑥]国内研究者也有类似发现，李若璇等研究发现对青少年的幸福感而言，父母支持比班主任支持更重要。[⑦]周华珍等研究发现家庭关系好的青少年可以在面临挑战时从父母那里获得帮助，并有较强的归属感和安全感，因此情绪较为稳定，更容易接受批评，幸福感更高。[⑧]此外，父母婚姻状态、家庭教育模式、家庭经济情况等家庭因素对青少年幸福感也有显著影响。许颖等研究发现家庭弹性水平越高，青少年

---

① 张兴贵, 郑雪. 2005. 青少年学生大五人格与主观幸福感的关系研究. 心理发展与教育, (2): 98-103.

② 张兴贵. 2003. 青少年学生人格与主观幸福感的关系(博士学位论文). 华南师范大学.

③ 姜晓文, 姜媛, 田丽, 等. 2018. 青少年压力与主观幸福感的关系: 一个有中介的调节模型. 心理与行为研究, 16(3): 349-354.

④ 范晓玲, 李光, 张斌. 2011. 初中农民工子女学习成绩与主观幸福感和孤独感的关系. 中国临床心理学杂志, 19(2): 247-248, 251.

⑤ Dew T, Huebner E S. 1994. Adolescents' perceived quality of life: An exploratory investigation. *Journal of School Psychology*, 32(2). pp. 185-199.

⑥ Li T Y, Cheng S. 2015. *Family, friends, and subjective well-being: A comparison between the West and Asia.* Dordrecht: Springer. pp. 235-251.

⑦ 李若璇, 刘红瑞, 姚梅林. 2019. 父母和班主任自主支持对青少年幸福感和孤独感的影响: 个体为中心的视角. 心理科学, 42(4): 827-833.

⑧ 周华珍, 吴梦婷. 2011. 我国青少年健康幸福感影响因素研究. 中国青年政治学院学报, 30(3): 13-19.

抑郁程度越低，幸福感越高。[①]王振宏等研究发现父母婚姻冲突负向预测青少年的幸福感。[②]杨剑等研究发现低保户家庭的孩子幸福感更低；父母幸福感低，孩子的幸福感更低；亲子关系融洽家庭的孩子幸福感较高。[③]胡洁等研究发现父母温暖、理解的教养方式正向预测青少年的幸福感，而过度保护、过分干涉、严厉苛责的教养方式负向预测青少年的幸福感。[④]家庭文化也会对青少年幸福感产生影响，王玥研究发现家庭教育支持能够正向预测青少年主观幸福感。[⑤]袁书杰研究发现青少年的孝道理念与主观幸福感存在显著正相关关系。[⑥]另外，也有学者进行了青少年幸福感的干预研究，万瑜研究发现通过八段锦训练，青少年的心理悲伤感下降，心理健康水平有显著提升。[⑦]吴九君研究发现通过积极心理干预，如"三件好事练习""感恩拜访"等，青少年的抗逆力和幸福感都有显著提升。[⑧]

① 许颖，林丹华. 2015. 家庭压力与青少年抑郁、孤独感及幸福感——家庭弹性的补偿与调节作用. 心理发展与教育，31(5)：594-602.

② 王振宏，杨小钧. 父母婚姻冲突与青少年主观幸福感：亲子依恋和同伴依恋的多重中介效应. //中国心理学会. 2015. 第十八届全国心理学术会议摘要集——心理学与社会发展，802-803.

③ 杨剑，严丽萍，王林，等. 2016. 家庭环境因素对儿童青少年幸福感的影响. 中国健康教育，32(3)：221-225.

④ 胡洁，姬天舒，冯凤莲. 2002. 父母教养方式与大学生总体幸福感的相关研究. 健康心理学杂志，(1)：16-17.

⑤ 王玥. 2016. 家庭社会经济地位对青少年主观幸福感的影响——家庭教育支持的中介作用. 教育科学研究，(9)：52-58.

⑥ 袁书杰. 2017. 青少年孝道信念与正向思考、主观幸福感的关系. 集美大学学报(教育科学版)，18(2)：30-33.

⑦ 万瑜. 2011. "健身气功·八段锦"练习对大学生心理健康的影响. 北京体育大学学报，34(12)：102-104, 111.

⑧ 吴九君. 2019. 积极心理干预对大学生心理和谐、抗逆力、总体幸福感及抑郁的影响. 首都师范大学学报(社会科学版)，(4)：178-188.

第三章

作为传播的家庭仪式

第一节　理 论 基 础

一、传播的仪式观

1. 传播的仪式观的缘起

1975 年，凯瑞提出了"传播的仪式观"。关于传播，最普遍的认知即传播是信息传递。凯瑞则提出一个不同的观点，认为传播不仅是信息传递，还是一种仪式行为。凯瑞提出传播的仪式观，其根本原因在于对当时的传播学研究不满意。他认为西方传播学的研究目的是"把信息传给他人"[①]，进而实现改变人观点的目的。当传播以"改变人观点"为最终目的时，判断传播行为好坏的标准自然就是：信息传递的速度是否足够快？收到信息的人是否足够多？当受众接收到信息后，是否影响了其固有观点？传播学的经典理论，也可以佐证这种判断。如议程设置理论探究的是媒介议程如何影响受众议程，而说服理论探究哪些因素影响说服效果。凯瑞尖锐地指出这种传播学研究"已经成为一种经院式的东西：一再重复过去的研究，对明确无误的事加以验证"[②]，正是基于这种判断，凯瑞认为"有必要重新开启对传播的分析……以免像现在一样原地打转"[③]。

除了现实缘起，传播的仪式观也有深厚的理论渊源，与媒介环境学派、社

---

① 詹姆斯·W. 凯瑞. 2005. 作为文化的传播："媒介与社会"论文集. 丁未译. 北京：华夏出版社：4.
② 詹姆斯·W. 凯瑞. 2005. 作为文化的传播："媒介与社会"论文集. 丁未译. 北京：华夏出版社：11.
③ 詹姆斯·W. 凯瑞. 2005. 作为文化的传播："媒介与社会"论文集. 丁未译. 北京：华夏出版社：11.

会学芝加哥学派和文化研究学派等密不可分。首先，媒介环境学派对传播的仪式观具有启发意义。在《作为文化的传播："媒介与社会"论文集》中，凯瑞专门撰写了一章"空间、时间和传播手段——献给哈罗德·英尼斯"，认为哈罗德·英尼斯（也译作哈罗德·伊尼斯）的作品代表了北美传播学的最高成就。[1]凯瑞从时间和空间维度区分了传播的传递观和传播的仪式观，借鉴了英尼斯关于传播偏向的思想，英尼斯认为媒介有时间偏向的媒介和空间偏向的媒介。前者是质地较重、耐久性较强的媒介，例如黏土、石头、羊皮纸等，较适于克服时间的障碍得到较长时间的保存；后者是质地较轻、容易运送的媒介，如莎草纸等，较适于克服空间的障碍。[2]其次，社会学芝加哥学派也是传播的仪式观的理论来源之一。凯瑞在《作为文化的传播："媒介与社会"论文集》中便提到了自己研读传播学是从芝加哥学派的代表人物杜威的著作开始的。19世纪末至20世纪初，美国步入工业化，快速的城市化和移民浪潮也带来了诸多社会问题。社会学研究者开始探索传播在社区中的作用，美国的芝加哥学派就是其中的代表。罗伯特·帕克等研究者以芝加哥这个城市为实验室，进行人类学式的社区研究。他们将报刊视作城市的重要组成部分，探究报刊如何维护社会秩序。乔治·米德在《心灵、自我与社会》中提出两个观点：一是人类生理上的脆弱迫使他们以群体生活的方式求得生存，二是有机体之间有利于合作和生存的特征及行为最终可以保存下来。社会即代表着个体之间组织化的、模式化的互动。[3]约翰·杜威更是提出社会不仅因传播和传递而存在，更确切地说它就存在于传递与传播中。[4]凯瑞的传播的仪式观受到社会学芝加哥学派的影响，认为传播行为可以凝聚共识、维系社会。最后，文化研究学派也影响了凯瑞对传播的理解。凯瑞在"大众传播与文化研究"这一章中援引了雷蒙德·威廉斯和斯图尔特·霍尔等欧洲文化学派研究者的观点：当我们"自以为是地把研究领域称为大众传播学时，曾经错过了一些东西"[5]。凯瑞对"大众传播"这一概念提出反思，认为仅仅把传播研究局限于大众传播是非常狭隘的。

① 詹姆斯·W. 凯瑞. 2005. 作为文化的传播："媒介与社会"论文集. 丁未译. 北京：华夏出版社：111.
② 哈罗德·伊尼斯等. 2013. 传播的偏向. 何道宽译. 北京：中国传媒大学出版社.
③ 乔治·H. 米德. 1999. 心灵、自我与社会. 赵月瑟译. 上海：上海译文出版社.
④ 詹姆斯·W. 凯瑞. 2005. 作为文化的传播："媒介与社会"论文集. 丁未译. 北京：华夏出版社：3.
⑤ 詹姆斯·W. 凯瑞. 2005. 作为文化的传播："媒介与社会"论文集. 丁未译. 北京：华夏出版社：48.

2. 传播的仪式观和传播的传递观的区别

为了让人们更好地理解传播行为，凯瑞将传播观念分为传播的仪式观和传播的传递观。相比于传播的传递观，传播的仪式观在传播的定义、传播的功能、传播的受众、传播的方向和传播的研究方法五个方面有很大的不同。首先，传播的仪式观在传播学的定义上有了突破。传播的传递观对传播的定义采取的是一个科学主义的取向，认为传播是一个讯息得以在空间传递和发布的过程，以达到对人和距离的控制。[①]如克劳德·香农作为信息论的创始人，将传播理解为在一点重新准确地或近似地再现另一点所选择的消息，并强调信息就是不确定的消除。这种对传播的认知受到了文化研究学派的批判，威廉斯说，"'大众传播学'这一称谓十分有害，……由于受众被设想成为大众，那么唯一值得一提的问题便是：电影、电视、书籍是如何影响或腐蚀（corrupted）人们的，以及电影、电视、书籍是否对人产生影响或腐蚀。结果，此类影响研究（impact studies）总是比其他方面的研究更容易得到经费"[②]。凯瑞受到威廉斯等人影响，从文化取向对传播进行定义，认为传播"是一种现实得以生产（produced）、维系（maintained）、修正（repaired）和转变（transformed）的符号过程"[③]，强调传播是对于社会现实的符号建构。在传播的功能方面，哈罗德·拉斯韦尔作为经验学派的代表人物，提出传播的三功能，包括监视环境、协调社会关系、传承社会遗产。[④]但这三种功能并不是处于同等地位，监视环境的功能居于核心地位，是其他两种功能的基础。[⑤]研究者对传播功能的研究，也是立足于大众媒体上发表了什么内容，传播内容是否改变了受众的认知等。传播的仪式观对传播效果的认知有了突破，从一个更宏观的角度看待传播效果（表 3-1），凯瑞认为传播的最高境界并不是指智力信息的传递，而是建构并维系一个有秩序、有意义、能够用来支配和容纳人类行为的文化世界。[⑥]其次，传播的仪式观与传播的传递观在受众地位的认知上也有所不同。传递观认为受众是被动的

---

① 詹姆斯·W. 凯瑞. 2005. 作为文化的传播："媒介与社会"论文集. 丁未译. 北京：华夏出版社：5.

② 詹姆斯·W. 凯瑞. 2005. 作为文化的传播："媒介与社会"论文集. 丁未译. 北京：华夏出版社：26.

③ 詹姆斯·W. 凯瑞. 2005. 作为文化的传播："媒介与社会"论文集. 丁未译. 北京：华夏出版社：12.

④ 威尔伯·施拉姆，威廉·波特. 2010. 传播学概论. 何道宽译. 北京：中国人民大学出版社：29-35.

⑤ 高海波. 2008. 拉斯韦尔 5W 模式探源. 国际新闻界，(10)：37-40.

⑥ 詹姆斯·W. 凯瑞. 2005. 作为文化的传播："媒介与社会"论文集. 丁未译. 北京：华夏出版社.

接受者，而传播的仪式观认为受众是仪式的参与者。凯瑞认为传播并不在于信息的获取（虽然从中也获取了信息），而在于某种戏剧性行为，在这种戏剧性行为中，戏剧演出的旁观者加入了这一权力纷争的世界。[①]再次，传播的仪式观与传播的传递观的传播方向也有所不同。凯瑞认为传播即仪式，主要关注到了仪式在时间上延续社会的特点，认为"传播的'仪式观'并非直指讯息在空中的扩散，而是指在时间上对一个社会的维系"[②]。与之相对应，他还认为传播的传递观主要关注的是传播的空间问题，即"'传递观'源自地理和运输方面的隐喻"[③]。最后，两者在研究方法上也有所不同。传播的传递观的研究方法主要是文本分析、问卷调查以及深度访谈，研究大众媒体的传播内容、生产模式以及传播效果。传播的仪式观则借鉴了人类学中观察和阐释的方法，在"大众传播与文化研究"这一章中，凯瑞推崇格尔茨使用的人类学方法，对人类的传播行为进行解释。"传播的文化学把人类行为（human behavior）——或更准确地说是人类行动（human action）——看作是一种文本（text），我们的任务是建构这一文本的'解读'（reading）。"[④]虽然，传播的仪式观和传播的传递观有很大区别，但两者并不是水火不容的，而是一个连续统上的两端，大多数传播行为中既有信息传递的成分，也有仪式的象征性。

表 3-1　传播的仪式观和传播的传递观的区别

项目	传播的仪式观	传播的传递观
传播的定义	传播是一种现实得以生产、维系、修正和转变的符号过程	传播是一个讯息得以在空间传递和发布的过程
传播功能	维系社会基本秩序	传递信息、改变受众态度
传播受众	仪式参与者	信息接受者
传播方向	时间延续	空间扩散
传播研究方法	人类学的观察、阐释方法	文本分析、问卷调查、深度访谈

3. 传播和仪式具有同一性

首先，传播具有仪式的功能。从仪式的角度定义，"传播"一词与分享、

---

① 詹姆斯·W. 凯瑞. 2005. 作为文化的传播："媒介与社会"论文集. 丁未译. 北京：华夏出版社.
② 詹姆斯·W. 凯瑞. 2005. 作为文化的传播："媒介与社会"论文集. 丁未译. 北京：华夏出版社：7.
③ 詹姆斯·W. 凯瑞. 2005. 作为文化的传播："媒介与社会"论文集. 丁未译. 北京：华夏出版社：4.
④ 詹姆斯·W. 凯瑞. 2005. 作为文化的传播："媒介与社会"论文集. 丁未译. 北京：华夏出版社：42.

参与、联合、团体及拥有共同信仰相关。[①]这种对传播功能的认知与社会学家对仪式的功能认知基本一致。涂尔干开创了仪式的社会功能研究先河，他认为宗教仪式创造和维持了社会秩序，并具有社会整合的作用。传播具有类似仪式的作用，因此凯瑞认为传播也是一种仪式。其次，传播具有象征意义。虽然，凯瑞在论述中没有明言传播的象征意义，但在论述中却多次涉及了传播的象征性意义。为了论证传播具有超越信息传递的作用，他在文中举例："一篇关于金融危机的报道被当做美国人与其宿敌——德国与日本作战的爱国之举；一篇关于妇女政治核心小组会议的报道被赋予女性解放运动支持者或反对者的意味；一篇校园暴力新闻会引发阶级之间的对立与仇恨。"[②]无论是金融危机报道，还是妇女政治核心小组会议报道，报道本身提供的信息都只是报道一个层面，更深层次的作用如激发读者爱国之情，推动妇女解放等便是报道的象征意义。之后，凯瑞又对这种传播的象征性进行了理论解释。他认为符号既是现实的表征，又为现实提供表征。[③]现实的表征即根据现实世界传播信息，而为现实提供表征是指传播行为反过来又作用于现实世界，即传播的象征意义。例如《人民日报》等中央级媒体的国内新闻报道通常选取了东南西北各个省份的新闻，而不会只选取某一个省份的新闻进行报道，就是象征着东南西北的各个省份都是我国的不可分割的一部分，并通过新闻报道不断强化读者这种意识。日常传播行为中，同样充满了象征意味。例如中国人日常打招呼说"您吃了吗"，本身没有什么信息含量，却是一种表达友好、建构关系的方式。最后，仪式本身也是传播行为。按照传播的仪式观的理解，研究传播就是为了考察各种有意义的符号被创造、理解和使用这一实实在在的社会过程。[④]如果仅仅将传播的文本理解为报纸上的文字、电视上的画面或人们交流时的声音就过于狭隘。传播形式包括了"新闻报道、官样语言（bureaucratic language）、爱情歌曲、政治修辞（political rhetoric）、日间连续剧……以及更广泛的当代休闲、仪式与信息"[⑤]。仪式作为一种对现实的符号建构，也在凯瑞的传播研究范围之内。

---

① 詹姆斯·W. 凯瑞. 2005. 作为文化的传播："媒介与社会"论文集. 丁未译. 北京：华夏出版社：7.
② 詹姆斯·W. 凯瑞. 2005. 作为文化的传播："媒介与社会"论文集. 丁未译. 北京：华夏出版社：9.
③ 詹姆斯·W. 凯瑞. 2005. 作为文化的传播："媒介与社会"论文集. 丁未译. 北京：华夏出版社：17.
④ 詹姆斯·W. 凯瑞. 2005. 作为文化的传播："媒介与社会"论文集. 丁未译. 北京：华夏出版社：18.
⑤ 詹姆斯·W. 凯瑞. 2005. 作为文化的传播："媒介与社会"论文集. 丁未译. 北京：华夏出版社：48.

二、仪式传播

1. 仪式传播的提出

1998年，罗森布勒出版了《仪式传播：从日常生活到媒介化盛典》。在这本书中，他提出了"仪式传播"（ritual communication）的概念，这个概念几乎统合了所有的传播学视域中的仪式研究。罗森布勒对仪式传播有两种解释，一种是将仪式作为名词，指的是仪式是一种传播方式，另一种是将仪式作为形容词，指的是传播的仪式化。[①]仪式作为罗森布勒仪式传播理论的核心，他首先对仪式做出了界定，认为仪式是一种象征性地影响或参与严肃生活的模式化行为。[②]为了更好地论证仪式传播理论，罗森布勒首先消除了读者对仪式的误解，提出仪式不是常规和习惯，不是虚伪的公共表现，不是空洞的传统，不是象征过剩，也不是意识形态或谎言。[③]之后，他具体论述了全书的核心内容，主要分两部分，第一部分是"作为传播现象的仪式"。"作为传播现象的仪式"强调仪式的传播属性，其中既包括了政治仪式，如象征国家权力的政治投票、政治选举以及就职典礼，也包括了节日庆祝仪式、人们日常生活中的微观仪式、体现亚文化群体风格的仪式、组织生活中的仪式等。其中，人们日常生活中的微观仪式就包括了家庭仪式。如夫妻在准备去上班时，会说"再见，亲爱的，祝你有美好的一天"等问候语。当夫妻中一方去外地出差时，通常又会通过电话表达"我想念你"，并通过寄送明信片、买当地纪念品等仪式传递情感。无论是问候仪式还是分离仪式，最终目的都是强化家庭成员之间的关系。除了日常生活中的仪式，家庭节日仪式也是家庭传播的重要形式，圣诞节时给谁买礼物？买多少钱的礼物？要不要包装？谁来做晚餐？都是家庭内部模式化的交流形式。[④]第二部分是"作为仪式现象的传播"。首先，戴杨和卡茨所论述的重

---

① Rothenbuhler E W. 1998. *Ritual Communication: From Everyday Conversation to Mediated Ceremony*. Thousand Oaks: Sage Publications, Inc. pp. 4-5.

② Rothenbuhler E W. 1998. *Ritual Communication: From Everyday Conversation to Mediated Ceremony*. Thousand Oaks: Sage Publications, Inc. p. 27.

③ Rothenbuhler E W. 1998. *Ritual Communication: From Everyday Conversation to Mediated Ceremony*. Thousand Oaks: Sage Publications, Inc.

④ Rothenbuhler E W. 1998. *Ritual Communication: From Everyday Conversation to Mediated Ceremony*. Thousand Oaks: Sage Publications, Inc. p. 108.

大历史事件的现场直播是一种当代仪式。其次,观众的收视行为也具有仪式性。无论是收看奥运会这样的重要事件直播,还是日常规律性收看节目,都具有一定的象征意义。再次,新闻报道也要遵循一定的新闻惯例,具有仪式性,这种仪式性可以帮助记者较快地完成工作,并减少新闻带来的争议。最后,电视是一种现代宗教。电视和宗教具有相似的功能,都是通过不断重复的模式定义世界,并使现有的社会运行模式合法化。之后,罗森布勒又进一步论述了传播的仪式功能,电视节目中构建当代社会的神话,并呈现模式化的社会角色。2009年,森福特·冈特和艾伦·巴索等人编著了题为"仪式传播"的论文集,该论文收集了 13 篇关于原始社会中的仪式传播的文章,并提出仪式传播是以语言为中心的人类符号互动,这些符号是形式化的、重复性的,因此在特定社会交往语境下是可以预测的。①冈特和巴索的著作和罗森布勒的著作同名,但研究对象并不完全重合。冈特和巴索所论及的仪式传播属于罗氏仪式传播概念的一部分,主要包括日常生活中仪式,包括"早上好""谢谢您"等,并研究了这些仪式控制或规则化社会情境的作用。②

2. 仪式是一种强有力的传播形式

罗森布勒提出"所有仪式都有传播属性,仪式如果没有起到沟通的作用,那么仪式就毫无作用"。③他提出这种论断的依据在于仪式由象征性符号组成,具有一套意义系统。仪式最重要的特征就是行为所包含的象征意义超过了行为本身。④仪式要想发挥作用,也必须在传播中才能实现,如婚礼中的女人变成妻子,就是在众人的见证下,通过一系列象征性符号完成。⑤马克斯·韦伯认为人类是悬挂在自己编织的意义之网上的动物,这种意义之网就依靠各种传播行为来编织。正因为仪式具有象征意义,所以仪式研究的象征学派认为仪式和

---

① Gunter S, Basso E B. 2009. *Ritual Communication*. New York: Berg-Publishers.

② 刘建明. 2020. 仪式传播思想研究. 北京:科学出版社:24.

③ Rothenbuhler E W. 1998. *Ritual Communication: From Everyday Conversation to Mediated Ceremony*. Thousand Oaks: Sage Publications, Inc. p. 54.

④ Rothenbuhler E W. 1998. *Ritual Communication: From Everyday Conversation to Mediated Ceremony*. Thousand Oaks: Sage Publications, Inc. p. 26.

⑤ Rothenbuhler E W. 1998. *Ritual Communication: From Everyday Conversation to Mediated Ceremony*. Thousand Oaks: Sage Publications, Inc. p. 108.

语言有相似的特质，格尔茨提出对仪式的研究应强调语义或符号的特点，即仪式所表达和传递的观念、价值和情感、态度。①也正因为仪式具有象征性，所以不同群体对同一种仪式的解释可能有所不同。同样是奥运会仪式，有的人认为象征不同国家的友谊，有的人认为象征国际合作，有的人认为象征民族主义，还有的人认为象征性别平等。②因为有象征性，家庭仪式具有了传播属性。同时，因为家庭仪式有传播符号多元、身体参与和延续性的特征，其传播效果比一般的传播形式更强。不少仪式研究者都有过类似论述，罗森布勒认为仪式是一种强有力的传播形式。③科泽也提出在政治传播中，仪式展演是比口头宣布更有力的传达方式。④例如，一次盛大的阅兵式给人的震撼远比仅靠文字书写国力强盛要大得多。家庭仪式成为强有力的传播形式，究其原因，主要有三点。首先，仪式传播具有多元符号，相比于一般的口头传播或者文字传播，仪式传播的元素更加多元化，包括声音、文字、动作、服饰、时间、空间、情境等多种象征符号。其次，家庭仪式活动涉及身体参与。仪式传播不仅是从符号到符号，·而且是通过人的身体参与产生影响，给人留下更深刻的印象。⑤长期以来，在传播学研究中，身体问题几乎不受重视。近几年，传播学研究者开始逐渐关注传播和身体的关系。⑥相比于其他沟通方式，仪式传播实现了身体在场。群体成员之间的交流不仅是语言上的交流，也可以观察到其他成员的身体状态、精神状态和所处环境，参与感更强。仪式表演学派的研究者则认为仪式参与者是在进行仪式展演，而且这种展演也不是一成不变的，而是展演者根据实际情况和自身理解，对仪式进行阐释和修订，这种身体参与也增强了仪式传播的效果。最后，家庭仪式传播具有延续性。凯瑞认为传播即仪式，主要关注到了仪式在时间上延续社会的特点，认为"传播的'仪式观'并非直指讯息在空中的

---

① 转引自彭文斌，郭建勋. 2010. 人类学仪式研究的理论学派述论. 民族学刊，1(2)：13-18，160.

② Rothenbuhler E W. 1998. *Ritual Communication: From Everyday Conversation to Mediated Ceremony*. Thousand Oaks: Sage Publications, Inc. pp. 55-56.

③ Rothenbuhler E W. 1998. *Ritual Communication: From Everyday Conversation to Mediated Ceremony*. Thousand Oaks: Sage Publications, Inc. P. 59.

④ 大卫·科泽. 2015. 仪式、政治与权力. 王海洲译. 南京：江苏人民出版社：39.

⑤ Rothenbuhler E W. 1998. *Ritual Communication: From Everyday Conversation to Mediated Ceremony*. Thousand Oaks: Sage Publications, Inc. p. 62.

⑥ 刘海龙. 2018. 传播中的身体问题与传播研究的未来. 国际新闻界，40(2)：37-46.

扩散，而是指在时间上对一个社会的维系"[1]。仪式就像一根线，一头连着过去，一头连着现在，并会继续延伸至未来。虽然，仪式也会随着时间发生变化，但这种变化是渐进性的，依旧有很多象征性符号会保留下来。因此，罗森布勒高度评价了仪式在社会中的作用，认为"如果我们一定要一起生活，那一定要有一个协作机制以建立秩序，而仪式就是最人道的社会秩序建立方式"[2]。

三、互动仪式理论

罗森布勒在论述仪式传播思想时，也借鉴了戈夫曼的互动仪式理论。戈夫曼在《互动仪式：论面对面行为文集》(Interaction Ritual: Essays on Face-to-Face Behavior)中论证了日常生活的社会互动都是基于一定文化脚本的互动仪式，互动仪式具有维系社会秩序的功能。[3]涂尔干在《宗教生活的基本形式》中研究了土著居民的宗教仪式，戈夫曼在此基础上把仪式从宗教领域扩展到日常的方方面面，认为并非只有正式的宗教仪式才算是仪式，所有互动都是仪式。戈夫曼将社会互动视为互动仪式，与他的"戏剧论"密切相关。因为每个人在社会中扮演着特定的角色，因此要按照社会赋予他的角色与他人进行互动。这种互动要遵循一定的社会准则，因此在各类情境中是模式化的，并具有象征性意义。由于模式化和象征性都是仪式的重要特征，所以所有的社会互动都可以看作是仪式互动。互动仪式在社会交往中发挥着重要作用，如两艘船相遇时用短促的哨声互相致敬；在美国一些医院，当医生进入病房，护士会起立表达尊重，但当护士进入病房，医生并不会起立。[4]另外，戈夫曼强调面子的作用，认为一个人的面子是一个神圣的东西，面子中隐藏仪式代码，维护面子是一种默契合作，即仪式性的互动。仪式性的互动不仅要保护自己的面子，也要维护他人

---

① 詹姆斯·W. 凯瑞. 2005. 作为文化的传播："媒介与社会"论文集. 丁未译. 北京：华夏出版社：7.

② Rothenbuhler E W. 1998. *Ritual Communication: From Everyday Conversation to Mediated Ceremony*. Thousand Oaks: Sage Publications, Inc. xi.

③ Goffman E. 1967. *Interaction Ritual: Essays on Face-to-Face Behavior*. New York: Doubleday and Company, Inc. p. 9.

④ Goffman E. 1967. *Interaction Ritual: Essays on Face-to-Face Behavior*. New York: Doubleday and Company, Inc. p. 53.

的面子。①相反，如果不能恰当地进行互动仪式，就会带来尴尬的情绪。

戈夫曼之后，柯林斯同样采用了互动仪式的理论研究人与人之间的互动行为。不过，柯林斯生活的时期已经不同于戈夫曼所处的时期。随着 20 世纪 60 年代反文化浪潮的兴起，仪式本身也发生着巨大变化，一些正式礼节、显著有阶层界限的仪式瓦解了。②但柯林斯认为，仪式的形式可能会随着历史变化而改变，但仪式的功能却依旧显著。柯林斯的研究侧重点也与前人有所不同，涂尔干和戈夫曼的研究都强调了仪式的社会功能，如涂尔干认为仪式可以产生集体兴奋，但这种集体兴奋是如何产生的，并没有进行具体解释。柯林斯从微观社会学的视角出发，在涂尔干、戈夫曼等的研究基础上进一步解释了互动仪式的动力机制，即互动仪式如何形成情感能量，并最终形成群体团结。柯林斯认为互动仪式的核心机制是相互关注和情感纽带③，身体共在和排斥局外人是前提条件，通过有节奏连带的反馈强化，最终形成群体团结、个体情感能量、代表群体的符号和道德标准（图 3-1）。通过这种仪式互动，情感被符号化，如人们的爱国情感被符号化为国旗、国歌等具体符号，人们通过挥舞国旗、唱国歌等仪式行为激发情感能量。柯林斯也注意到了并不是所有的仪式都是成功的，同样存在大量失败的仪式和强迫的仪式，缺少共同的关注点、缺少共同的主动情感等因素，都会导致仪式失败。④随着研究的深入，互动仪式研究者们又进一步修正、完善了柯林斯的观点。萨摩·伊佛勒研究发现，不同社会地位的人在互动仪式中获得的情感能量是不同的。当人们处于下属地位时，必须服从上级命令。下属在与上级进行互动时，即使不认同上级的行为，也只能采取服从的态度，以避免破坏社会关系。这时，互动仪式中地位较高者获得了情感能量，而社会地位较低者就无法形成情感能量，反而会消耗情感能量，带来抑郁等消极情绪。⑤另外，柯林斯非常强调亲身在场的重要性，认为人类活动越是通过远程媒介以强度较低的互动仪式展开，人们就越会觉得缺少团结感，也会越缺

---

① Goffman E. 1967. *Interaction Ritual: Essays on Face-to-Face Behavior*. New York: Doubleday and Company, Inc. p. 29.

② 兰德尔·柯林斯. 2009. 互动仪式链. 林聚任，王鹏，宋丽君译. 北京：商务印书馆：10.

③ 兰德尔·柯林斯. 2009. 互动仪式链. 林聚任，王鹏，宋丽君译. 北京：商务印书馆：79.

④ 兰德尔·柯林斯. 2009. 互动仪式链. 林聚任，王鹏，宋丽君译. 北京：商务印书馆：84.

⑤ 乔纳森·特纳，简·斯戴兹. 2007. 情感社会学. 孙俊才，文军译. 上海：上海人民出版社：75.

乏对共同符号的尊重。柯林斯做出这样的判断和当时的网络技术还不够便捷有关系，他认为网络和电子邮件缺乏实时的互动交流[①]，将来电子媒体被设计成可以模拟人们生理方面，可以实现互动仪式链（Interaction ritual chains，IRs）的运转。[②]现在，随着媒介技术的进步，越来越多的学者认为身体在场不再是仪式传播的必要条件。施罗德·拉尔夫等的研究突破了戈夫曼、柯林斯等主要关注面对面的仪式互动的局限，认为有中介媒介的仪式互动同样可以产生社会凝聚力。他借鉴了涂尔干的思想，从仪式的角度对信息传播技术进行了分析，认为不同于传统社会的机械团结和工业社会的有机团结，新媒体带来的是一种新机械团结。新媒体弥合了机械团结和有机团结之间的鸿沟，虽然社会分工日渐明晰，但人们可以利用新媒体维系认同感。[③]

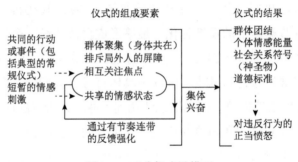

图 3-1　互动仪式链模型

第二节　家庭仪式的传播属性

一、家庭仪式的核心：象征意义

通过上面的文献分析，提出本书的核心概念家庭仪式传播，即家庭成员之间形式化的、重复性的、象征性的、情感性的符号互动行为。正如罗森布勒所

① 兰德尔·柯林斯. 2009. 互动仪式链. 林聚任，王鹏，宋丽君译. 北京：商务印书馆：98.

② 兰德尔·柯林斯. 2009. 互动仪式链. 林聚任，王鹏，宋丽君译. 北京：商务印书馆：100.

③ Schroeder R, Ling R. 2014. Durkheim and Weber on the Social Implications of New Information and Communication Technologies. *New Media & Society*, 16(5): 789-805.

说的，所有的仪式都是传播，那么家庭仪式作为一种仪式，必然也具备传播的属性。家庭仪式具体有两个传播路径，一是家庭成员内部的横向传播。家庭成员通过家庭仪式表达感情，家庭仪式也为家庭成员创造了交流的机会。二是对家庭仪式的纵向传承。任何文化都离不开传播。①中国的家庭文化同样要通过家庭仪式传播，从长辈传递到晚辈，并一代代地继续传承下去。无论是横向传播还是纵向传播，象征是家庭仪式作为传播行为的核心属性。象征（symbol）是人类文化的一种信息传递方式，它通过采取类比联想的思维方式，借助于类似的性质，或通过事实上或想象中的联系，典型地表现某物，再现某物，或令人想起某物。②文字本身就具有象征意义，在早期的象形文字中体现尤为明显。甲骨文中的"月"字，就像一轮弯弯的月亮。家庭仪式同样是象征的外在载体，承担着传递意义的任务。有研究者认为在文字普及率不高的古代社会，文化传播以仪式为主，文字为辅。文字普及率提高后，文化传播以文字为主，仪式为辅。③但这种区分并不是泾渭分明，当代文字已经非常成熟，但依旧存在大量仪式传播。不过，家庭仪式的象征和一般文字传播中的象征也有不同之处。首先，家庭仪式具有非功能性的特征。文字虽然也有象征性，但表达含义本身就是文字的功能性作用。其次，家庭仪式的抽象是二次抽象。费尔迪南·德·索绪尔认为所有符号都由两个部分组成，一是能指，即词语本身，如"猴子"这个词。二是所指，即这个词所指代的客观存在，如世界上真实存在的猴子。④一般符号的象征是对大自然的第一次抽象，而家庭仪式中符号的象征则是在第一次抽象的基础上进行了第二次抽象。例如，中国北方过年会吃饺子，饺子这个词是对现实中饺子这种食物的抽象。但过年吃饺子又是第二次抽象，认为饺子寓意为"更岁交子"，"子"即为旧的一年与新的一年更替交于子时，"交"和"饺"为谐音。过年吃饺子象征着辞旧迎新，喜庆团圆等。一般符号连接具体物体和抽象概念，而家庭仪式连接着两个抽象概念，其中连接的桥梁可能是谐音，也可能是某种神话故事，或者仅仅是一种约定俗成的习惯。正因为仪式

① 仲富兰. 2007. 民俗传播学. 上海：上海文化出版社：5.

② 何星亮. 2003. 中国传统文化的象征体系. 中南民族大学学报(人文社会科学版)，(6)：25-36.

③ 王霄冰. 2007. 文字、仪式与文化记忆. 江西社会科学，(2)：237-244.

④ 乐眉云. 1994. 索绪尔的符号学语言观. 外国语(上海外国语大学学报)，(6)：15-18，26.

具有二次抽象的特征，因此仪式是意义的浓缩。

心理学研究中认为仪式可以满足人的内心需求，具有安慰剂作用。如吃饭让长辈先动筷子，不会对吃饭产生什么影响，但这种餐桌礼仪具有象征意义，体现了晚辈对长辈的尊重。每一种家庭仪式都有自己的独特的象征意义，不同的家庭仪式又有共同之处，归纳起来大体可以分为孝敬长辈、家庭和睦、避灾祈福、文明礼貌和节日庆祝五类象征意义。其中，孝敬长辈家庭仪式和家庭和睦的象征意义主要来自家庭关系，如在外地时经常给父母打电话、经常看望祖辈等，象征了对家人的关心。避灾祈福、文明礼貌和节日庆祝的象征意义则来自文化背景，比如春节吃饺子、吃饭的时候不发出声音、新娘结婚时要跨火盆等家庭仪式传播，都是在特定文化背景下形成的象征意义（表 3-2）。重视传播行为的象征意义，也是传播的仪式观的思想核心。凯瑞认为从传播的仪式观审视读报行为，认为读报不仅是为了发送或者获取信息，而是将其视作参加弥撒仪式，人们没有学到什么新东西，但特定的价值观得到了强化。[①]家庭仪式同样如此，虽然家庭仪式背后的象征仪式具有很强的模式化特征，如孝敬长辈、家庭和睦、避灾祈福，但参与这些家庭仪式，就是对这些价值观的进一步强化。传播的仪式观将传播行为看作是意义的建构的过程，家庭仪式是意义的浓缩，家庭成员通过参与家庭仪式实现意义建构，最终形成认同感。但家庭仪式的象征意义并非总是被所有参与者接受，当家庭仪式意义编码者和意义解码者无法达成一致时，认同感也无法通过仪式参与达成。例如，一些包含着封建等级思想的家庭仪式越来越不被年轻人所接受。年轻人即使被强迫参加了这种家庭仪式，也只会产生反感情绪。

表 3-2　家庭仪式的象征意义的类型

象征意义	具体仪式
孝敬长辈	吃饭时让长辈先动筷子
	给长辈磕头拜年
	定期去看望长辈
	给长辈过寿
	给父母过生日

---

① 詹姆斯·W. 凯瑞. 2005. 作为文化的传播："媒介与社会"论文集. 丁未译. 北京：华夏出版社：9.

续表

象征意义	具体仪式
家庭和睦	在外地经常和父母视频聊天
	和父母一起旅游
	家庭成员经常聚餐
避灾祈福	新娘跨火盆以去掉晦气
	搬家时挑选吉日以保佑平安
	包饺子时放入硬币，吃到硬币者被认为会有好运
文明礼貌	吃饭的时候不发出声音
	吃饭时不能随意转动餐盘
	要和亲戚打招呼、寒暄
节日庆祝	春节吃饺子
	每年中秋节家里吃月饼
	每年元宵节家里吃元宵

二、家庭仪式的符号载体

象征是家庭仪式的核心，而符号是家庭仪式的载体。信息传播离不开符号，家庭仪式的传播同样离不开符号。相比于信息传播符号，家庭仪式传播符号有三个特征：一是重复性，家庭仪式反复发生，不断强化传播效果；二是模式化，即家庭仪式的象征意义较为稳定，如过生日吃蛋糕这种家庭仪式，无论哪位家庭成员过生日，都用这一种方式庆祝；三是多样性，家庭仪式传播的符号不仅仅是文字和声音符号，还包括动作、服饰、时间、空间等多种形式的符号，可以归纳总结为三类符号，包括实物符号、语言文字符号和行为符号。

1. 实物符号

实物符号是指用某种动物、植物、建筑、服饰等物品表达一定的象征含义。通常通过谐音、传说故事或物品本身的特征，将实物符号和象征意义进行勾连。婚嫁中的聘礼就是一种家庭仪式中的实物符号。《礼记·曲礼》中说"非受币，不交不亲"[①]，即婚嫁中的聘礼必不可少，没有聘礼，男子不能与女子成亲。

---

① 陈澔注，余晓东校点.2016.礼记.上海：上海古籍出版社：15.

除了一般的生活物资外，聘礼中也包括很多具有象征意义的物品，如大雁、鸳鸯和鱼等。《白虎通·嫁娶篇》中说："用雁者，取其随时南北，不失其节，明不夺女子之时也，又取飞成行止成列也……故用雁也。"[①]大雁有诸多象征意义，首先，大雁顺应季节的变化南北迁徙，象征妇女顺从丈夫。其次，大雁迁徙都有固定的间，象征夫妻遵守契约，忠贞不渝。再次，大雁飞行是按照一定的队列，象征成家后长幼有序。最后，大雁很忠诚，一旦拥有伴侣，就不再接受其他大雁了。因为这些象征意义，大雁成了聘礼中最常用的符号。后来因为大雁越来越少，难以获得，人们开始使用木雁，或者鸡鸭鹅来代替大雁。

另外，实物符号的象征意义和所处的文化环境有较大关联。在基督教国家，生日蛋糕和生日蜡烛是庆祝生日的符号，生日蛋糕上的蜡烛有神奇的作用，其烟能飘向过生日人的保护神那里，保佑平安。[②]穆斯林则忌讳在生日蛋糕上点蜡烛，认为这是基督教的信仰。生日蛋糕和生日蜡烛这些实物符号也被中国人接受，成为中国人过生日必备的符号载体。除此之外，长寿面也是中国人过生日的象征符号。《相书》上说"人中长一寸，能活一百岁"[③]。脸长又称为"面长"，人们即用长长的面条代表长寿的含义。

2. 语言文字符号

家庭仪式传播的象征符号不仅包括行为符号，也包括语言和文字符号。家庭仪式中的语言文字符号主要包括亲属称谓，以及春联、福字的仪式性使用。《颜氏家训》中说道："凡亲属名称，皆须粉墨，不可滥也。无风教者，其父已孤，呼外祖父母与祖父母同，使人为其不喜闻也。"[④]祖父母和外祖父母的称呼必须要清清楚楚地分开，否则就是不合礼仪。称谓上细小的差异看似可有可无，但起到维系家庭秩序的作用。除了语言，文字也是家庭仪式的重要组成部分，春节时贴的对联就是典型的文字符号。春联的前身为桃符，人们认为"桃者五行之精，厌伏邪气，制百鬼"[⑤]，便在桃符上画上神像或写上吉利话，立

① 陆益龙. 1998. 中国历代家礼. 北京：北京图书馆出版社：58.

② 张礼花. 2014. 中西方生日习俗的起源与象征. 经济研究导刊，(21)：308-310.

③ 张礼花. 2014. 中西方生日习俗的起源与象征. 经济研究导刊，(21)：308-310.

④ 刘开举. 2018. 颜氏家训译注. 上海：上海三联书店：73.

⑤ 上海古籍出版社. 1987. 中国文化史三百题. 上海：上海古籍出版社：405.

于门旁，以达到驱邪祈福的作用。自宋代以来，除夕夜写对联成了一种风尚。《宋史·五行志》记载每到除夕，"便命翰林为词题桃符，正点，置寝门左右"①。明代开始，人们开始在红纸上写吉利话，和当今的春联形式比较接近。春联作为一种文字性的家庭仪式，有固定的模式，要求上联和下联字数相同、结构相同、词性相当、平仄相协。贴的位置也有讲究，春联具有丰富的象征意义，内容多包含福、禄、寿、喜、财、吉等祝福性话语，在春节的时候贴上春联，就对来年充满希望。此外，因为汉族以红色为吉祥之色，春联使用红色纸张，一是代表喜庆，二是人们认为红色可以辟邪。由于满族尚白贱红，因此清朝皇家多用白色春联。另外，春联也和丧葬习俗连接在一起，家中有亲人过世，三年内春联不得用红纸书写，男性亲属去世用青色纸张书写春联，女性亲属去世用黄色纸张书写春联，春联内容也多为缅怀哀悼。

3. 行为符号

行为符号是人们在家庭仪式中以特定行为方式象征某种意愿或希望。②如一家人春节从外地赶回家一起吃年夜饭，象征一家人团圆幸福。下面具体分析祭祀和哭嫁两种行为符号的象征意义。

《〈朱子家训朱子家礼〉读本》中对祭祀仪式的流程进行了规范，"正至朔望前一日，洒扫斋宿。阙明夙兴，开门，轴帘。每龛设新果一大盘于卓上。每位茶盏托、托酒盏盘各一，于神主椟前"③。家庭仪式的行为符号包括仪式流程，如祭祀前一天打扫卫生，祭祀当天要早早打开祠堂大门，卷起神龛前的帘子，并摆上水果、茶盏、酒盏等，再进行祭祀行为。行为符号不仅包括了行为本身，也包括了行为的时间和地点。朱熹认为祭祀时间要是每年的冬至和夏至、每个月的初一和十五。祭祀仪式的地点要在家族的祠堂之中，并对祠堂的规制有严格要求，"祠堂之制，三间，外为中门，中门外为两级，皆三级"④。

除了祭祀，哭嫁作为汉族、土家族、壮族等多个民族传统婚俗，也是一种典型的行为符号。其中，又以土家族的哭嫁仪式最为丰富。土家族有大量哭嫁

① 魏开琼. 1995. 春联史话. 浙江档案, (1): 45.

② 何星亮. 2003. 中国传统文化的象征体系. 中南民族大学学报(人文社会科学版), (6): 25-36.

③ 时亮. 2016.《朱子家训朱子家礼》读本. 北京: 中国人民大学出版社: 36.

④ 朱熹. 2004. 家礼·通礼. 北京: 北京图书馆出版社: 13.

曲目，女子出嫁前半个月就开始哭，边哭边唱，具体内容包括哭父母、哭哥嫂、哭姐妹、哭媒人等等。哭嫁行为不仅仅是悲伤情绪的表达，实际上背后也体现了孝道思想，新娘通过哭嫁表达对自己的父母养育之恩的感谢。[①]

三、家庭仪式的功能：关系建构

作为传播行为，家庭仪式固然有信息传播的目的。但相比于一般的信息传播，家庭仪式传播的信息含量较少，信息冗余更多，更为根本的目的是建构家庭关系，维系家庭秩序。冗余是信息学中的重要概念，香农最早提出这一概念，代指确定性的内容。冗余本身是一个中性概念，但在新闻传播领域，冗余常被视作一个负面的概念，有研究者认为网络信息冗余会导致信息贫乏、信息贬值等问题，因此要减少信息冗余。[②]实际上，适当的信息冗余是必不可少的。艾伦·克鲁斯认为语言中的冗余信息占了50%。经专家测算，英语冗余度的上限为80%，下限为67%，平均值为73%；现代汉语冗余度的上限为73%，下限为55%，平均值为63%。[③]约翰·费斯克认为信息冗余有两个作用，一是有助于进行精确编码，便于受众理解；二是有助于加强社会联系。[④]第一个作用在外文图书翻译中有明显的体现，译者往往会增加一些文化冗余信息，便于读者更好地理解作品内容。信息冗余的第二个作用在家庭仪式中体现明显，家庭仪式即是一种冗余信息较多的传播方式，通过不断重复家庭仪式，强化家庭关系。具体而言，家庭仪式对家庭关系的建构主要包括以下几种。

1. 夫妻关系的建构

为了更好地建构夫妻关系，从择偶到最终结婚，每一步流程都被仪式化，纳采、问名、纳吉、纳征、请期和亲迎被称为婚姻六礼。纳采是结婚的第一个步骤，即男方家庭通过媒人向女方赠送礼物，女方若同意，就接受礼物。第二个步骤是问名，即男方问女方的姓名和生辰八字。第三个步骤是纳吉，即男女

① 杨宗红. 2006. 论土家族哭嫁歌的孝道内涵. 贵州民族研究，(5)：105-110.
② 林渊渊. 2004. 互联网信息冗余现象. 当代传播，(5)：58-60.
③ Cruse A. 2010 Meaning in language: An introduction to semantics and pragmatics.
④ 约翰·费斯克. 2004. 关键概念：传播与文化研究辞典（第二版）. 李彬译. 北京：新华出版社：235-236.

双方根据生辰八字占卜吉凶，看是否适合婚配。第四个步骤是纳征，即男方给女方彩礼，彩礼数量既不宜过多，也不宜太少，而且要有美好的寓意。第五个步骤是请期，即男方和女方商议，选一个吉时完成最后的嫁娶仪式。最后一个步骤是亲迎，即嫁娶之日，新郎驾车到新娘家迎娶新娘。当女子嫁入男方家中后，还要经历拜公婆的仪式才算正式过门，朱熹在《家礼》中描述"妇夙兴，盛服俟见。舅姑坐于堂上，东西相向，各置卓子于前。家人男女少于舅姑者立于两序"[①]。新娘向公公婆婆和丈夫的兄弟姐妹行完礼之后，便算是正式嫁入夫家了。

2. 亲戚关系的建构

在传统的礼仪文化中，悌就是处理兄弟关系的行为规范[②]，兄长要对幼弟关爱，幼弟要尊重兄长，才能实现长幼有序，家庭和谐。在王位和财产继承方面的嫡长子继承制同样体现了嫡庶、长幼有别的思想。在当代社会，兄弟之间的长幼关系不再是最重要的事，但家庭仪式依旧在大家庭中起到建构亲属关系的作用。亲属关系是自然存在的，但要维系亲戚关系则需要家庭仪式，其中节日时的"走亲戚"和亲戚之间的"赶人情"是建构当代亲属关系典型的两种家庭仪式。庆祝节日不仅仅是放假娱乐，更是亲戚之间加强联系的契机。平时，人们工作繁忙，又远离家乡，亲戚们难以见面。每年过年，亲戚们带上礼物互相拜年，拉近亲戚之间的距离。"赶人情"又是另一种构建亲戚关系的家庭仪式，传统的人情互动是指亲戚朋友给予经济支持来协助渡过结婚、丧葬、生子等需要大量用钱的时刻。随着生活水平提高，人们已经不需要依靠亲戚朋友"赶人情"来渡过难关了，但"赶人情"的场合却越来越多，包括孩子满月、高考、搬家等。因此，有学者提出"赶人情"是陈规陋习，给人们平添经济负担。[③]从工具性的角度来看，"赶人情"的确没有必要，但亲戚之间"赶人情"是一种家庭仪式，有象征意义，在如今亲戚往来减少的情况下，可以维系亲戚关系。

---

① 时亮.2016.《朱子家训朱子家礼》读本.北京：中国人民大学出版社：135.

② 张怀承.1993.中国的家庭与伦理.北京：人民出版社：254.

③ 杨华.2019.农村"人情之痛"究竟该如何治.人民论坛，(36)：78-81.

3. 代际关系的建构

代际关系包括亲子关系，也包括祖孙关系。尊重家里的长辈一直是中国家庭仪式的核心要义，司马光提出"凡为人子者……凡事不敢自拟于其父"[①]。就是指子女要遵守子女的本分，不能把自己和父母放在同等地位上。在日常生活中，子女要通过家庭仪式表达对长辈的尊敬。"凡卑幼于尊长，晨亦省问，夜亦安置。坐而尊长过之则起；出遇尊长于途则下马。"[②]每日早晨向长辈请安、晚上问候长辈，坐着时看见长辈来了要起身，在路上遇到长辈要下马，都是一些体现晚辈对长辈尊重的仪式。在父母去世后，也要通过服丧三年的家庭仪式表达对长辈的追思。服丧期间，不得为官、不得娱乐、穿丧服。从工具性意义来看，这种服丧的实际意义并不大，但是体现孝道的方式。孔子和他的徒弟宰予就服丧问题展开过讨论，宰予从工具性效果角度思考，认为三年服丧时间太长，"君子三年不为礼，礼必坏；三年不为乐，乐必崩。旧谷既没，新谷既升，钻燧改火，期可已矣"。[③]而孔子从三年服丧的象征意义论述服丧的必要性，认为"子生三年，然后免于父母之怀，夫三年之丧，天下之通丧也"。[④]小时候，父母把孩子怀抱三年，因此要通过服丧三年的方式进行回报。统治者也将服丧制度化，希望百姓能够移孝于君，像孝敬父母一样忠于君王。

4. 性别关系建构

在旧中国传统文化中，家庭仪式也起到了建构性别角色认知的作用。一方面，家庭礼仪强化男尊女卑的思想。从宋朝开始，给家中年幼的女孩子缠足就成了一种家庭仪式。给女子缠足除了满足当时男性的审美外，也是"男主外，女主内"这种观念的体现。即使在当代社会，还存在建构男女不平等的家庭仪式。如在部分地区，女性家庭成员不能进入本家的族谱，或是附庸式记录在父亲的名下，只记录女儿的数量，不记录具体名字。在女子结婚后，进入丈夫家的族谱，也是只记姓，不记名，如李氏、王氏。只有当女性符合封建价值观时，如是烈女、节妇时可能会被记入族谱。在封建思想中，女性属阴，会冒犯祖先，

---

① 司马光. 1985. 居家杂仪. 北京：中华书局.

② 张志仁. 2018. 山西家规家训精选. 太原：三晋出版社：91.

③ 何晏注，邢昺疏. 十三经注疏. 1999. 论语注疏. 北京：北京大学出版社：241.

④ 程树德. 1990. 论语集释. 北京：中华书局：1231-1237.

甚至流传着"女儿不上坟,娘家绝了门"的说法,所以女性也不能进入家族祠堂和参加祭祀祖先的活动。此外,过年家族聚餐时,因为桌子坐不下,只能男性上桌,而女性不能上桌。无论是女子缠足,或是女子不能进入族谱,还是女子不能参加祭祖活动,其本质都是通过这些家庭仪式抬高男性地位,降低女性地位,强化男尊女卑的性别关系。另一方面,家庭仪式强化男女之别。《礼记·曲礼》中提到"男女不杂坐,不同椸枷,不同巾栉,不亲授。嫂叔不通问,诸母不漱裳"①,"外言不入于梱,内言不出于梱。女子许嫁,缨;非有大故,不入其门。姑姊妹女子子,已嫁而反,兄弟弗与同席而坐,弗与同器而食"②。即使是一家人,男性和他的姐妹也不能同席而坐,同器而食,甚至连递东西都不可以,最大限度地阻止女性和丈夫以外的男性有过多交往,维护夫权。

第三节 中国家庭仪式传播

一、中国传统家庭礼仪传播

史蒂文·沃林认为家庭仪式是一个家庭保存其核心范式的机制。③家庭礼仪作为家庭道德规范的载体,也是家庭仪式的重要组成部分。这一点,在西方家庭仪式研究中并没有受到特别关注,但家庭礼仪在中国语境下非常重要。中国是一个礼仪之邦,仪式资源非常丰富。在国家层面,有吉礼、凶礼、军礼、宾礼、嘉礼,这五礼维护着封建统治。在民间,宗规、家训、民约成为族人的言行准则,并衍生出一系列仪式,人们世代相守。家中长辈通过不断重复家风,从而实现对晚辈的教育,可以增强家庭凝聚力,提高人们对家族的认同感,而礼乐文化也是中国智慧中的重要传播媒介。④关于什么是礼,孔子在《论语》里的答案是"恭近于礼",而在《礼记》里的答案是"毋不敬",礼在孔子那

① 陈澔注,余晓东校点.2016.礼记.上海:上海古籍出版社:15.

② 陈澔注,余晓东校点.2016.礼记.上海:上海古籍出版社:15.

③ Wolin S J., Bennett L A. 1984. Family rituals. *Family Process*, 23(3): 401-420.

④ 刘金波.2021.兼性:礼乐文化传播的中国智慧研究.理论月刊,(8):144-150.

里主要是指予人以尊重。①孟子对礼的解释与孔子类似，将"礼"简括为"敬"，称为"恭敬之心"。②所谓敬，既包括了对他人的敬，也包括了对自己的敬，即自尊自爱。③此后，随着中国礼文化的不断发展，形成了一套包括了忠、信、慈、孝、仁、义等在内的伦理道德体系。践行这套伦理道德体系的模式化行为就是仪式，诸如"顿首""稽首""家祭"等具体行为。其中，家庭礼仪在整个中国礼仪文化中占据着重要的位置。汉代学者戴圣编著的《礼记》中就包括了大量家庭礼仪的内容，包括聘礼、婚礼、葬礼、服丧等家庭礼仪的内容。南宋时期，朱熹著《家礼》，对传统的家庭礼仪进行了系统性的总结。此外，一些名门望族有成文的家规家训，如《颜氏家训》《曾国藩家书》中也会涉及家庭礼仪部分。中国传统家庭礼仪按照类型划分，可以分为诞生礼、成年礼、婚娶礼、庆寿礼、丧葬礼和祭祀礼。从家庭关系来划分，也可以分为夫妻礼仪、兄弟礼仪、孝顺礼仪、婆媳礼仪和主仆礼仪。尊祖、孝亲、兄友、弟悌、男女有别、护贞、守节、敬事舅姑、忠主等是中国传统家庭礼仪文化的思想内涵。④

如今，"礼仪"合为一个词，当代礼仪研究者金正昆认为"礼仪，则是对礼节、仪式的统称。它是指的在人际交往之中，自始至终地以一定的、约定俗成的程序、方式来表现的律己、敬人的规范化行为"⑤。但在古代礼和仪是分开的，见（表3-3）。"礼"包括"礼制"和"礼器"等内容，"仪"则是"礼"的具体表现形式，是严格遵循"礼制"形成的一套系统而完整的程序与形式。⑥礼治思想和仪式互为表里，共同构筑中国的礼仪文化。传统中国家庭礼仪和本书论述的家庭仪式传播有共同之处，也有区别。涂尔干在《宗教生活的基本形式》一书中将宗教分为两个基本范畴：信仰和仪式。信仰是舆论的状态，是由各种表现构成的；仪式则是某些确定的行为方式。二者的差别就是思想和行为之间的差别。⑦罗森布勒认为仪式是一种行动，具有明确的外在形式，而不仅

① 金正昆. 2017. 孔子之"礼"新探. 江西社会科学，37(5)：243-249.

② 金正昆，张春雨. 2020. 论孟子之"礼". 江西社会科学，40(3)：234-241.

③ 金正昆. 2017. 传播学视角下的中国当代礼仪教育研究. 中国人民大学教育学刊，(2)：159-169.

④ 李晓东. 2002. 中国封建家礼. 西安：陕西人民出版社：181.

⑤ 金正昆. 2005. 商务礼仪简论. 北京工商大学学报(社会科学版)，(1)：15-20，24.

⑥ 朱筱新. 2004. 中国古代礼仪制度. 北京：商务印书馆：3-4.

⑦ 爱弥尔·涂尔干. 2011. 宗教生活的基本形式. 渠东，汲喆译. 北京：商务印书馆：43.

仅是一种思想。①对照这些仪式定义，就将中国礼仪文化中"礼"的部分给排除在外了。礼仪中的尊老爱幼、勤俭节约等都不能算作是家庭仪式，但体现这些思想的具体仪式行为可以称为家庭仪式，如父母去世后要在重要时间节点祭祀等就是家庭仪式。

表3-3　"礼"与"仪"的区别

类别	主要内涵
礼仪文化中的"礼"	提倡勤俭持家，节俭光荣，浪费可耻；家和万事兴，邻睦百年福；孝敬老人，严教子孙等
礼仪文化中的"仪"	磕头、祭祀、嫁娶仪式、丧葬、祝寿等

二、当代中国家庭仪式传播的类型

史蒂文·沃林将西方家庭仪式分为三类：模式互动仪式、家庭传统仪式和家庭庆祝仪式。模式互动仪式是最经常实施的，但又是最不被察觉的家庭仪式，包括晚餐时间、就寝时间和周末休闲活动。家庭传统仪式是具有家庭独特性的仪式，如每个家庭成员的生日、夫妻结婚纪念日、大家庭的聚餐等都是家庭传统仪式。家庭庆祝仪式指一般性的家庭仪式，在同样的文化背景中，大多数人会在同一天庆祝感恩节、圣诞节等各类节日。②无论是中国社会还是西方社会，人们都非常重视家庭仪式，但中西方的家庭仪式又有所区别。西方的家庭仪式多与宗教相关，如圣诞节、复活节、感恩节等。在中国，家庭仪式则多与传统文化相关。本书根据前期访谈情况，将中国的家庭仪式传播分为日常互动仪式传播、重要事件仪式传播、节日庆祝仪式传播和家庭礼仪传播四类。日常互动仪式传播主要指家庭成员日常生活中模式化、重复性、象征性的互动行为。包括每日一起吃晚餐、家人共同进行休闲娱乐活动，以及家人身处异地时定期电话/视频保持沟通联系等。节日庆祝仪式传播主要指家庭为了庆祝节日而举办的庆祝性仪式，既包括春节、端午节、中秋节这样的传统节日，也包括立秋、春分、冬至这样的节气。在这些节气里，家庭不会像节日那样有诸多庆祝活动，

---

① Rothenbuhler E W. 1998. *Ritual Communication: From Everyday Conversation to Mediated Ceremony.* Thousand Oaks: Sage Publications, Inc. p. 8.

② Wolin S J, Bennett L A. 1984. Family rituals. *Family Process*, 23(3): 401-420.

但也会吃特定的食物。如立春时吃春卷咬春，立秋时吃西瓜送别炎炎夏日，立冬时吃饺子不冻耳朵，腊八喝腊八粥合聚万物、祷祝丰收。在物质匮乏的时代，特定的食物除了能满足人们的物质需求，也可以帮助人们处理天人关系和社会关系。节庆食品在传统社会首先是献给神灵（包括祖先）的祭品，其次才是家庭共享的节日美食。在当今物质充裕时代，这些食物不仅是为了果腹，人们更是看重食物背后的象征意义。重要事件仪式传播主要指家庭成员出生、成年、生日、结婚、死亡、升学、搬家等重大人生事件中的家庭仪式。范·根纳普提出通过仪式由分离、阈限与聚合三部分构成，人们在经历了这样的过关仪式后，就实现了新旧不同性质的转化。[1]重要事件仪式传播也是通过仪式的一种，协助人们实现角色转换，如从孩子到成年人，从未婚到已婚，从某地搬家到另一地的转换，并安抚人们在角色转换时期不安的心理状态。[2]

史蒂文·沃林在分类的时候，并没有提及家庭礼仪传播。通过上一节对传统家庭礼仪的分析，可以发现家庭礼仪在中国有悠久的历史。在现实生活中，传统家庭礼仪不会永远存在下去。按照柯林斯的观点，只有当仪式以一种高度的关注和情感不断重复时，才会有力量。当关注消失和情感减弱时，旧仪式就衰落了。当群体创造了一个新的关注点和形成新的情感时，新的仪式又诞生了。[3]仪式既可以维护原有的关系和符号，又可形成新的社会关系和新符号。[4]谢清国等研究发现家训作为家庭礼仪，在不同历史时期发挥着不同的功用。原始社会时期，家训是知识和权力的传播。到了商周时期，家训的传播成了政治传播的延伸。到了《颜氏家训》的出现，家训已经成了教化工具，对家庭成员的具体行为进行了规范。[5]可以看出，家训等家庭礼仪早期只存在于权贵家庭当中，但随着社会发展，其已经成了一种全社会的规范性行为。到了当代，家庭礼仪的政治倾向和伦理倾向逐渐消退，更加生活化。一方面，部分带有封建

---

① 萧放.2006.春节习俗与岁时通过仪式.北京师范大学学报(社会科学版)，(6)：50-58.

② 王光荣.2004.人生礼仪文化透视.广西右江民族师专学报，(5)：7-13.

③ 兰德尔·柯林斯.2009.互动仪式链.林聚任，王鹏，宋丽君译.北京：商务印书馆：xvii.

④ 兰德尔·柯林斯.2009.互动仪式链.林聚任，王鹏，宋丽君译.北京：商务印书馆：xvi.

⑤ 谢清国，王皓然.2021.以"训"传家：作为一种传播控制实践的家训.新闻与传播研究，28(9)：75-92，127-128.

色彩的家庭礼仪日渐式微。[①]封建时期的家庭礼仪中存在严格的等级思想，甚至为了完成礼仪发生了很多悲剧，如割股疗亲、以死守贞、孀居终身、死作夫鬼等。在当代社会，主仆之礼等一些封建礼仪已经不复存在。另一方面，部分家庭礼仪被保留下来成了家风的重要组成部分。虽然，当代大多数普通家庭没有书面的家规家训，但会有一些不成文的礼仪规范，并通过家庭成员的言传身教和身体力行进行传承。孝道和尊敬长辈一直是我国的优良传统，《弟子规》[②]对青少年提出"父母呼，应勿缓""晨则省，昏则定""出必告，反必面""称尊长，勿呼名""路遇长，疾趋揖"等具有仪式性质的行为规范，与之相关的家庭礼仪被较好地保留下来。

[①] 陆树程，郁蓓蓓. 2015. 家风传承对培育和践行社会主义核心价值观的意义. 苏州大学学报(哲学社会科学版)，36(3)：14-20.

[②] 陈树雷，白平易注译. 1988. 白话注译 弟子规 朱子家训 三字经 千字文. 西安：华岳文艺出版社：4-5，12.

第四章

现代化浪潮中的中国家庭仪式传播

　　家庭现代化理论代表人物古德认为，传统的家庭制度——通常指扩大家庭或联合家庭——正在瓦解，正在向夫妇式家庭制度转变，亲戚群体的继续存在将会阻碍家庭现代化的进程。[①]不过，家庭现代化理论也受到人们的质疑，如在家庭现代化理论提出的初期，家庭结构和家庭规模是判断家庭现代化的重要依据。有研究认为，中世纪的大家庭逐渐演变成了工业革命后的小家庭，家庭规模越来越小是家庭现代化的重要特征。但此后又有研究表明，几百年来家庭规模的变化并不明显，研究者开始探寻家庭现代化更为本质的特征。[②]家庭的传统和现代并不是非此即彼的，尤其是家庭现代化理论是在西方语境下提出的。虽然，部分论断在中国语境也得到了证实，但现实中的家庭是复杂而多元的，不能简单用现代性来概括。国内学者在大量调查的基础上，发现中国城市的核心家庭还与亲属网络保持着密切的联系，形成核心家庭网络化。[③]唐灿等研究发现，年龄、文化程度、城市发展水平等现代化因素并不是亲属亲密关系的阻碍因素，区域文化和个人选择都会对亲属亲密关系产生重要影响。[④]亲属关系并不像经典现代化理论所预示的那样趋于"消失"，亲属间的亲密情感和密切的互动、互助行为在当前依然相当活跃。[⑤]传统家庭文化和家庭现代化之间并不是简单的负向相关关系，而是有自身变化和发展的逻辑。家庭仪式作为传统

---

① 唐灿. 2010. 家庭现代化理论及其发展的回顾与评述. 社会学研究，25(3)：199-222，246.

② 唐灿. 2010. 家庭现代化理论及其发展的回顾与评述. 社会学研究，25(3)：199-222，246.

③ 马春华，石金群，李银河，等. 2011. 中国城市家庭变迁的趋势和最新发现. 社会学研究，25(2)：182-216，246.

④ 唐灿，陈午晴. 2012. 中国城市家庭的亲属关系——基于五城市家庭结构与家庭关系调查. 江苏社会科学，(2)：92-103.

⑤ 陈熙. 2014. 家庭现代化理论与当代中国家庭：一个文献综述. 重庆社会科学，(8)：67-72.

家庭文化中的重要组成部分，不可避免地也受到了现代化的冲击，部分家庭仪式传播走向消亡。正如仪式研究者倡导的一样，不仅要研究仪式功能和象征意义，更要研究仪式在复杂社会中的存在和运用。[①]本章通过问卷调查和焦点小组访谈、深度访谈等方法，探究家庭现代化浪潮下，家庭仪式传播呈现出怎样的特点，又发生了什么样的流变。

第一节　当代中国家庭仪式传播的现状

依据上一章对中国家庭仪式传播的分类，本章将家庭仪式传播分为日常互动仪式传播、节日庆祝仪式传播、重要事件仪式传播和家庭礼仪传播四大类。本书通过深度访谈和焦点小组访谈的方式了解当代中国家庭仪式传播情况，从每类家庭仪式中选取 10～20 个有代表性的仪式传播行为。同时，本书邀请了 3 名擅长仪式传播研究和传播学研究方法的学者对每类仪式传播具体条目及其表述方式进行审核。我们根据学者反馈的意见，在原有的仪式传播行为条目上进行增补，并完善表述方式。例如，原本将家乡所在地设置为西北、华北、东北、西南、华南、华中、华东等 7 个选项，简化为北方和南方两个选项，将家庭年收入由 7 个层级调整为 4 个层级。在题项表述上，将"和不熟悉的亲戚交流、沟通"改成"会被要求和不熟悉的亲戚打招呼、交流"。最终，得到了一份 58 项条目的中国当代家庭仪式传播调查表。让青少年根据自己家庭的实际情况进行填写。本次调研共发放问卷 520 份，排除已婚人群，以及年龄不在 14～28 岁的人群后，最终收回有效问卷 501 份（表 4-1）。在 501 份有效问卷中，性别为男性的有 230 人，占比 45.9%；性别为女性的有 271 人，占比 54.1%，男女比例大体均衡。年龄在 14～17 岁的青少年 176 人，占比 35.1%；年龄在 18～28 岁的青少年 325 人，占比 64.9%。民族为汉族的有 429 人，占比 85.6%；民族为少数民族的有 72 人，占比 14.4%。户籍为城镇户籍的有 363 人，占比 72.5%；户籍为乡村户籍的有 138 人，占比 27.5%。家乡在北方的有 190 人，占比 37.9%；家乡在南方的有 311 人，占比 62.1%。学历为高中及以下的有 190 人，占比 37.9%；

---

① 郭于华. 2000. 仪式与社会变迁. 北京：社会科学文献出版社：2.

学历为本科（含高职高专）的有 267 人，占比 53.3%；学历为研究生的有 44 人，占比 8.8%。家庭年收入在 10 万元以下的有 148 人，占比 29.5%；家庭年收入在 10 万～20 万元的有 187 人，占比 37.3%；家庭年收入在 21 万～30 万元的有 75 人，占比 15.0%；家庭年收入在 30 万元以上的有 91 人，占比 18.2%。家庭结构为核心家庭的有 421 人，占比 84.0%；家庭结构为大家庭的有 71 人，占比 14.2%；家庭结构为其他的有 9 人，占比 1.8%。其中独生子女有 281 人，占比 56.1%；非独生子女有 220 人，占比 43.9%。

表 4-1　问卷调查对象的基本情况描述（*N*=501）

类别		人数/人	占比/%
您的年龄是？	14～17 岁	176	35.1
	18～28 岁	325	64.9
您的性别是？	男	230	45.9
	女	271	54.1
您的民族是？	汉族	429	85.6
	少数民族	72	14.4
您的户籍所在地是？	城镇	363	72.5
	乡村	138	27.5
您的家乡属于	北方	190	37.9
	南方	311	62.1
您的学历层次是？	高中及以下	190	37.9
	大学本科（含高职高专）	267	53.3
	研究生	44	8.8
您的家庭年收入是？	10 万元以下	148	29.5
	10 万～20 万元	187	37.3
	21 万～30 万元	75	15.0
	30 万元以上	91	18.2
您的家庭结构是？	核心家庭	421	84.0
	大家庭	71	14.2
	其他	9	1.8
您是否是独生子女？	是	281	56.1
	否	220	43.9

为了解决定量研究缺少情境性的问题，本书还采用深度访谈和焦点小组访谈的方法收集定性数据，为保护访谈对象个人隐私，本书采用访谈对象姓名首字母代替姓名（附录二）。询问"你们家有哪些家庭仪式？哪些家庭成员会参加家庭仪式？这项家庭仪式发生在哪里？这项家庭仪式多久发生一次？你认同这项家庭仪式吗？为什么？其他家庭成员期待这些家庭仪式吗？为什么期待/不期待？在你的成长过程中，这些家庭仪式是否发生过变化，为什么？"等问题，进一步探究中国当代家庭仪式传播的发生场景、象征意义，以及青少年对这些家庭仪式传播的认同情况。

一、日常互动仪式传播

1. 日常互动仪式传播的现状

本书按照日常互动仪式传播的平均得分进行排序，平均得分越高，表明这项家庭仪式传播行为在当代家庭中越常见。如表 4-2 所示，"我在家时，一家人会一起吃晚餐"这项家庭仪式传播平均值最高，为 4.52。此外，"我在外地时，家人会经常联系我，嘘寒问暖，聊家长里短"这项家庭仪式传播的平均值为 4.26，位列第二。"我在外地时，会主动和家人发信息关心家人"这项家庭仪式传播的平均值为 4.11，位列第三。

> 只要家人都在家，我们肯定会一起吃饭。工作、学习了一天，吃饭的时候就想轻松一点。所以在饭桌上沉重的事都会刻意避开，我爸妈也不想让我知道，沉重的事情他们都会私下说。（YGZ）
>
> 只要我在家，一日三餐就一定要一起吃。虽然，有时候我想点外卖换换口味，但我妈总是说一家人就要在一起吃饭，不能单独各吃各的。（ZXR）

"闲暇时，我们家会一起看电影或看电视节目"的平均值较低，为 3.51，在访谈中发现主要是家庭成员的节目喜好不同，所以大部分时候是各看各的，仅有春晚等少部分节目会一起看。

我妈爱看《中国好声音》，她觉得里面的选手很励志，常用里面一些苦学音乐最终得到导师认可的例子教育我"是金子总会发光的"。我觉得里面的选手故事比较假，就不愿意和她一起看。我爸喜欢看体育比赛，所以平时我们家看电视大多是各看各的，互不干扰。（SGJ）

爸妈比较节俭，一起看电视还可以，但出去看电影就觉得是浪费钱。春节的时候上映的《你好，李焕英》口碑不错，又是反映亲情主题的，我好不容易拉着我妈去电影院看，结果她睡着了，估计以后我是不会再和她一起看电影了。（LMY）

"我们家会定期外出旅游"和"闲暇时，我们家会一起运动"这两项家庭仪式传播的平均值分别为3.14和2.84。与西方家庭将旅游度假作为重要的家庭仪式传播不同，中国旅游度假的家庭仪式传播相对较少，既有中西方消费习惯不同的原因，也有青少年尤其是中学生的学习压力较大，没有时间外出旅游的原因。在当今社会背景下，时间分配对青少年有重要影响，课业负担也是影响青少年参与家庭仪式传播的重要因素。

小时候，每年暑假我爸妈都会带我出去旅游，但高中以后，学习任务重，所以出去旅游的次数就变少了。（HHY）

表4-2　日常互动仪式传播得分表（N=501）

日常互动仪式	最小值	最大值	平均值	标准差
我在家时，一家人会一起吃晚餐	1	5	4.52	0.751
我在外地时，家人会经常联系我，嘘寒问暖，聊家长里短	1	5	4.26	0.958
我在外地时，会主动和家人发信息关心家人	1	5	4.11	1.036
我在外地时，会主动和家人打电话或者视频	1	5	3.96	1.179
我们大家庭（包括亲戚）建有微信群，经常发一些问候话语	1	5	3.86	1.189
我们家亲戚经常会以各种理由聚会（春节等重大节日之外）	1	5	3.61	1.293
闲暇时，我们家会一起逛街	1	5	3.54	1.206
闲暇时，我们家会一起看电影或看电视节目	1	5	3.51	1.241
我们家会定期外出旅游	1	5	3.14	1.394
闲暇时，我们家会一起运动	1	5	2.84	1.247

2. 城乡之间日常互动仪式传播差异比较

为了考察城镇和乡村的家庭中的日常互动仪式是否存在差异，本书将日常互动仪式传播和城乡户籍进行独立样本 t 检验，如表 4-3 所示。在"闲暇时，我们家会一起看电影或看电视节目"这种家庭仪式传播中，城镇家庭的平均值为 3.57，要高于乡村家庭的平均值 3.32，且显著性 $p=0.048<0.05$，即城镇家庭和乡村家庭在看电视或电影这项家庭仪式传播中存在显著差异，城镇家庭更经常一起看电视或电影。在"闲暇时，我们家会一起运动"这项家庭仪式传播中，城镇家庭的平均值为 3.01，而乡村家庭的平均值为 2.34，城镇家庭的平均值高于乡村家庭。且显著性 $p<0.001$，即城镇家庭和乡村家庭在一起运动这项家庭仪式传播中存在显著差异，城镇家庭更经常一起运动。在"闲暇时，我们家会一起逛街"这项家庭仪式传播中，城镇家庭的平均值为 3.64，乡村家庭的平均值为 3.24，城镇家庭的平均值要高于乡村家庭。且显著性 $p<0.001$，即城镇家庭和乡村家庭在一起逛街这项家庭仪式中存在显著差异，城镇家庭更经常一起逛街。在"我们家会定期外出旅游"这项家庭仪式传播中，城镇家庭的平均值为 3.40，要高于乡村家庭的平均值 2.34。且显著性 $p<0.001$，即城镇家庭和乡村家庭在定期外出旅游这项家庭仪式传播中存在显著差异，城镇家庭更经常一起定期外出旅游。在"我们家亲戚经常会以各种理由聚会（春节等重大节日之外）"这项家庭仪式传播中，城镇家庭的平均值为 3.72，要高于乡村家庭的平均值 3.27。且显著性 $p=0.002<0.05$，即城镇家庭和乡村家庭在日常聚会这项家庭仪式传播中存在显著差异，在春节等重大节日外，城镇家庭更经常一起聚会。在"我们大家庭（包括亲戚）建有微信群，经常发一些问候话语"这项家庭仪式中，城镇家庭的平均值为 4.03，要高于乡村家庭的平均值 3.32。且显著性 $p<0.001$，即城镇家庭和乡村家庭在微信群中发问候语这项家庭仪式中存在显著差异，城镇家庭会更经常地在家庭微信群中发问候语。然而，"我在家时，一家人会一起吃晚餐""我在外地时，会主动和家人发信息关心家人""我在外地时，会主动和家人打电话或者视频"等家庭仪式传播中，城镇和乡村家庭虽然平均值有差异，但显著性均大于 0.05，所以这几种仪式，城乡之间没有显著差异。

表 4-3　城乡家庭日常互动仪式差异比较（N=501）

日常互动仪式	类别	个案数/个	平均值	标准差	t 值	p 值
我在家时，一家人会一起吃晚餐	城镇	363	4.50	0.754	-1.097	0.273
	乡村	138	4.59	0.735		
闲暇时，我们家会一起看电影或看电视节目	城镇	363	3.57	1.245	1.984	0.048
	乡村	138	3.32	1.203		
闲暇时，我们家会一起运动	城镇	363	3.01	1.258	5.299	<0.001
	乡村	138	2.34	1.054		
闲暇时，我们家会一起逛街	城镇	363	3.64	1.166	3.223	<0.001
	乡村	138	3.24	1.270		
我们家会定期外出旅游	城镇	363	3.40	1.300	7.790	<0.001
	乡村	138	2.34	1.360		
我在外地时，会主动和家人发信息关心家人	城镇	363	4.13	0.996	1.030	0.303
	乡村	138	4.02	1.141		
我在外地时，会主动和家人打电话或者视频	城镇	363	3.98	1.166	0.603	0.564
	乡村	138	3.90	1.211		
我在外地时，家人会经常联系我，嘘寒问暖，聊家长里短	城镇	363	4.29	0.919	0.123	0.216
	乡村	138	4.17	1.061		
我们家亲戚经常会以各种理由聚会（春节等重大节日之外）	城镇	363	3.72	1.227	3.179	0.002
	乡村	138	3.27	1.420		
我们大家庭（包括亲戚）建有微信群，经常发一些问候话语	城镇	363	4.03	1.032	6.003	<0.001
	乡村	138	3.32	1.445		

注：显著性 p 值<0.05 代表不同组别的数据存在显著差异。

3. 北方与南方家庭日常互动仪式传播差异比较

如表 4-4 所示，在"我们家会定期外出旅游"这项家庭仪式传播中，北方家庭的平均值为 3.34，要高于南方家庭的平均值 3.04，且显著性 p=0.020<0.05，即北方家庭和南方家庭在定期外出旅游这项家庭仪式传播中存在显著差异，定期外出旅游这项家庭仪式传播在北方家庭更常见。其他日常互动仪式传播的南北方显著性均大于 0.05，即南北方家庭不存在显著差异。

表 4-4　南北方家庭日常互动仪式差异比较（*N*=501）

日常互动仪式	类别	个案数/个	平均值	标准差	*t* 值	*p* 值
我在家时，一家人会一起吃晚餐	北方	190	4.53	0.812	0.098	0.922
	南方	311	4.52	0.714		
闲暇时，我们家会一起看电影或看电视节目	北方	190	3.58	1.228	0.899	0.369
	南方	311	3.47	1.245		
闲暇时，我们家会一起运动	北方	190	2.9	1.302	0.718	0.473
	南方	311	2.81	1.213		
闲暇时，我们家会一起逛街	北方	190	3.61	1.182	0.897	0.370
	南方	311	3.51	1.215		
我们家会定期外出旅游	北方	190	3.34	1.339	2.332	0.020
	南方	311	3.04	1.409		
我在外地时，会主动和家人发信息关心家人	北方	190	4.19	1.068	1.260	0.208
	南方	311	4.06	1.013		
我在外地时，会主动和家人打电话或者视频	北方	190	3.97	1.182	0.113	0.910
	南方	311	3.95	1.175		
我在外地时，家人会经常联系我，嘘寒问暖，聊家长里短	北方	190	4.24	1.113	-0.453	0.651
	南方	311	4.28	0.860		
我们家亲戚经常会以各种理由聚会（春节等重大节日之外）	北方	190	3.71	1.319	1.283	0.200
	南方	311	3.56	1.274		
我们大家庭（包括亲戚）建有微信群，经常发一些问候话语	北方	190	3.88	1.212	0.349	0.727
	南方	311	3.84	1.174		

4. 不同收入的家庭日常互动仪式传播差异比较

如表 4-5 所示，不同收入水平对"一家人会一起吃晚餐""家人一起看电影/电视节目""家人一起运动""家人一起逛街""家人定期外出旅游""在外地时，会主动和家人发信息关心家人""我在外地时，家人会经常联系我""家庭微信群里经常发一些问候话语"等日常互动仪式有显著影响。在此基础上，进行下一步的事后比较，组内没有显著差异不标注字母，组内存在显著差异用字母 a、b、c 标注（没有相同字母代表两组数据存在显著差异）。在"一家人会一起吃晚餐"的仪式传播中，年收入 21 万～30 万元的家庭的平均值显著低于其他年收入水平的家庭。在"家人一起看电影/电视节目"这项仪式传播中，家庭年收入 10 万元以下、21 万～30 万元的平均值显著低于家庭年收入 10 万～20 万元和 30 万元以上的家庭。在"家人一起运动"这项家庭仪式传播中，10 万元以下的家庭的平均值显著低于其他年收入水平的家庭。在"家人一起逛街"这项家庭仪式传播中，家庭年收入在 10 万元以下和 21 万～30 万元的平均值显著低于年收入 10 万～20 万元和 30 万元以上的家庭。在"家人定期外出旅游"这项家庭仪式传播中，家庭年收入 10 万元以下的平均值显著低于其他年收入水平的家庭。在"我在外地时，会主动和家人发信息关心家人"这项家庭仪式传播中，家庭年收入 21 万～30 万元的平均值显著低于年收入 10 万～20 万元的家庭。在"我在外地时，家人会经常联系我"这项家庭仪式传播中，家庭年收入 30 万元以上的家庭的平均值显著低于年收入 10 万～20 万元和 21 万～30 万元的家庭。在"家庭微信群里经常发一些问候话语"这项家庭仪式传播中，家庭年收入 10 万元以下的家庭的平均值显著低于其他年收入水平的家庭。

表 4-5　不同年收入的家庭日常互动仪式差异比较（N=501）

日常互动仪式	平均值				F 值	p 值
	10 万元以下	10 万～20 万元	21 万～30 万元	30 万元以上		
我在家时，一家人会一起吃晚餐	4.60b	4.61b	4.19a	4.50b	6.628	<0.001
闲暇时，我们家会一起看电影或看电视节目	3.18a	3.69b	3.46a	3.66b	5.163	0.002
闲暇时，我们家会一起运动	2.40a	2.98b	2.96b	3.09b	8.428	<0.001
闲暇时，我们家会一起逛街	3.24a	3.73b	3.35a	3.75b	6.218	<0.001
我们家会定期外出旅游	2.20a	3.19b	3.73b	3.91b	44.064	<0.001
我在外地时，会主动和家人发信息关心家人	4.11ab	4.27b	3.88a	3.97ab	3.330	0.019
我在外地时，会主动和家人打电话或者视频	4.02	4.03	4.00	3.69	2.121	0.097
我在外地时，家人会经常联系我，嘘寒问暖，聊家长里短	4.16ab	4.44b	4.35b	4.00a	5.459	<0.001
我们家亲戚经常会以各种理由聚会（春节等重大节日之外）	4.37	3.73	3.50	3.68	1.328	0.247
我们大家庭（包括亲戚）建有微信群，经常发一些问候话语	3.53a	4.02b	3.88b	3.97b	4.904	0.002

5. 青少年对日常互动仪式的认同情况

在早期的传播学研究中盛行魔弹论，认为大众媒介拥有不可抵抗的强大力量，媒介所传递的信息就像子弹打到人的身体，可以产生直接的、快速的、强大的效果。随着研究的深入，学者们发现这种理论忽视了受众的能动性。在仪式传播研究中，不仅要考虑到家庭仪式的传播，还要考虑到青少年对家庭仪式传播的接受情况。本书按照青少年日常互动仪式的认同得分进行排序（表4-6）。发现青少年较为认同"主动和家人发消息关心家人情况"（平均值4.51）、"主动和家人打电话/视频"（平均值4.45）等家庭仪式传播行为，但对于"大家庭要建微信群，并在群里经常彼此问候"的仪式传播（平均值3.59），以及"亲戚之间要多聚会"的仪式传播认同度相对较低（平均值3.36）。

我们家有一个家族微信群，就是一些长辈在里面聊天，或晒去哪里玩、吃了什么美食，基本就是炫耀。我们年轻人都觉得没什么意思，基本从来不在里面插话，只是过年的时候会在家族微信群里抢红包。（ZL）

我爸家的兄弟姐妹都不在我们市，所以平时很少来往，只有过年的时候可以见到。我妈有个哥哥和我们住得很近，但外公比较重男轻女，所以我们家和舅舅家关系不好，只是过年的时候能见到，平时也见不到。亲戚之间关系也不是很亲密，还不如朋友，所以我觉得亲戚之间没什么必要走动，最多过年的时候见一下就行。（HQ）

表4-6　青少年对家庭日常互动仪式的认同得分（N=501）

家庭日常互动仪式	最小值	最大值	平均值	标准差
您是否赞同在外地时，主动和家人发消息关心家人情况	1	5	4.51	0.783
您是否赞同在外地时，主动和家人打电话/视频	1	5	4.45	0.802
您是否赞同一家人要一起吃晚餐	1	5	4.37	0.899
您是否赞同在外地时，家人经常联系我，嘘寒问暖，聊家长里短	1	5	4.25	0.901
您是否赞同一家人定期外出旅游	1	5	4.14	0.931
您是否赞同闲暇时，一家人一起逛街	1	5	3.93	0.987
您是否赞同闲暇时，一家人一起看电影或看电视节目	1	5	3.86	1.084
您是否赞同闲暇时，一家人一起运动	1	5	3.66	1.115
您是否赞同大家庭要建微信群，并在群里经常彼此问候	1	5	3.59	1.097
您是否赞同亲戚之间要多聚会	1	5	3.36	1.166

通过问卷和访谈发现，青少年普遍对大家庭的仪式传播认可度偏低（表4-6），其中有多方面原因：一方面，现在人口流动比较频繁，亲戚很多都不在同一座城市生活；另一方面，亲戚之间关系的好坏也是影响青少年对家庭聚会仪式传播认可度的重要因素。亲戚之间关系不佳，家庭聚会就很少，甚至会不欢而散。亲戚关系融洽的大家庭里，家庭聚会仪式传播非常频繁。在非重要节日时，也会以工作升职、子女回家等各种理由一起聚餐、旅游，这本身就传递了家庭关系融洽的信息。

> 我爸有两个姐姐，我们住得距离不远。三家经常轮流做东请吃饭。比如我寒暑假回家，姑姑就会请我们吃饭，给我接风洗尘。（ZY）

二、节日庆祝仪式传播

1. 节日庆祝仪式传播现状

按照节日庆祝仪式传播的平均得分进行排序，得到表 4-7，发现"除夕，我们全家一起吃团圆饭"这项家庭仪式传播是中国当代家庭中平均得分最高的家庭仪式，平均值为 4.78。此外，"春节时，长辈给晚辈发红包"这项家庭仪式传播的平均值为 4.74 位列第二。"春节时，我们家要贴春联"这项家庭仪式传播的平均值为 4.48，位列第三。排名前三的家庭仪式传播均与春节有关，可以看出春节依旧是我国目前最重要的节日。"重阳节时，我们家会看望老人""腊八节时，我们家会喝腊八粥""春节时，家里晚辈给长辈行跪拜礼"这三项家庭仪式传播平均值较低，为最后三项，分别为 3.20、3.04 和 1.70。其中，春节跪拜礼已经逐渐消失，即使保留跪拜礼的地方，青少年也大多不再参加。

> 我老家还是有春节给长辈磕头的仪式。全村就是一个大家族，一家一家的，形成一个大队伍，挨个去磕头。然后家里有长辈的家庭会在家门口放个蒲团，准备烟酒糖。我不参加，出去磕头只有家里顶梁柱去，比如我们家就是我爸作为代表出门去给长辈磕头。我家的辈分还是比较高的，比如一些亲戚会来我们家给我爷爷磕头，作为礼尚往来的方式，我爸也会作为我们家的代表去给别人家的长辈磕头。不过，

年轻的一辈都不磕头了。长辈们大年初一早上六七点就要出门去磕头拜年，年轻人都还在床上睡着呢。（YQY）

对于一些至亲，比如爷爷奶奶，关系比较好的叔叔阿姨，我们还是会去拜年，双手抱拳，嘴上说着给您拜年。长辈都会说免了免了，然后拿出糖果给我们这些来拜年的小辈吃。（YSH）

表 4-7　节日庆祝仪式传播得分表（N=501）

节日庆祝仪式	最小值	最大值	平均值	标准差
除夕，我们全家一起吃团圆饭	1	5	4.78	0.652
春节时，长辈给晚辈发红包	2	5	4.74	0.610
春节时，我们家要贴春联	1	5	4.48	0.941
每年端午节，我们家会吃粽子	1	5	4.47	0.861
每年中秋节，我们家都会吃月饼	1	5	4.44	0.887
每年元宵节，我们家都会吃元宵	1	5	4.26	1.011
母亲节时，我会给母亲送礼物或发祝福信息	1	5	4.15	0.984
春节时，我们家的亲戚互相串门拜年	1	5	4.11	1.016
春节前，我们家很用心地置办年货	1	5	4.11	0.945
春节时，一家人一起看春晚	1	5	4.11	1.170
冬至时，我们家会吃特定食物（如饺子、汤圆、羊肉汤等）	1	5	3.97	1.151
父亲节时，我会给父亲送礼物或发祝福信息	1	5	3.9	1.124
我小的时候，父母会给我过"六一"儿童节	1	5	3.73	1.370
"三八"妇女节，我们会给女性送上祝福或礼物	1	5	3.42	1.246
小年时（腊月二十三或腊月二十四），我们家会除尘、祭灶神等	1	5	3.27	1.361
重阳节时，我们会看望老人	1	5	3.20	1.242
腊八节时，我们家会喝腊八粥	1	5	3.04	1.376
春节时，家里晚辈给长辈行跪拜礼	1	5	1.70	1.125

2. 城乡之间节日庆祝仪式传播差异

如表 4-8 所示，在"春节时，家里晚辈给长辈行跪拜礼"这项家庭仪式传播中，城镇家庭的平均值为 1.63，要低于乡村家庭的平均值 1.93，且显著性 p=0.01<0.05，即城镇家庭和乡村家庭在春节行跪拜礼这项家庭仪式传播中存在显著差异，春节晚辈向长辈行跪拜礼的家庭仪式传播在乡村家庭更为常见。在

"春节时，一家人一起看春晚"这项家庭仪式传播中，城镇家庭的平均值为 4.23，要高于乡村家庭的平均值 3.73，且显著性 $p<0.001$，即城镇家庭和乡村家庭在春节看春晚这项家庭仪式传播中存在显著差异，春节看春晚的家庭仪式在城镇家庭更为常见。在"每年端午节，我们家会吃粽子"这项家庭仪式中，城镇家庭的平均值为 4.57，要高于乡村家庭的平均值 4.17，且显著性 $p<0.001$，即城镇家庭和乡村家庭在端午节吃粽子这项家庭仪式中存在显著差异，端午节吃粽子的家庭仪式在城镇家庭更为常见。在"每年中秋节，我们家都会吃月饼"这项家庭仪式传播中，城镇家庭的平均值为 4.53，要高于乡村家庭的平均值 4.17，且显著性 $p<0.001$，即城镇家庭和乡村家庭在中秋节吃月饼这项家庭仪式传播中存在显著差异，中秋节吃月饼的家庭仪式传播在城镇家庭更为常见。在"每年元宵节，我们家都会吃元宵"这项家庭仪式中，城镇家庭的平均值为 4.35，要高于乡村家庭的平均值 4.00，且显著性 $p<0.001$，即城镇家庭和乡村家庭在元宵节吃元宵这项家庭仪式传播中存在显著差异，元宵节吃元宵的家庭仪式传播在城镇家庭更为常见。在"腊八节时，我们家会喝腊八粥"这项家庭仪式传播中，城镇家庭的平均值为 3.11，要高于乡村家庭的平均值 2.80，且显著性 $p=0.031<0.05$，即城镇家庭和乡村家庭在腊八节喝腊八粥这项家庭仪式中存在显著差异，腊八节喝腊八粥的家庭仪式传播在城镇家庭更为常见。在"重阳节时，我们家会看望老人"这项家庭仪式传播中，城镇家庭的平均值为 3.29，要高于乡村家庭的平均值 2.93，且显著性 $p=0.005<0.05$，即城镇家庭和乡村家庭在重阳节看望老人这项家庭仪式传播中存在显著差异，重阳节看望老人的家庭仪式在城镇家庭更为常见。在"我小的时候，父母会给我过'六一'儿童节"这项家庭仪式传播中，城镇家庭的平均值为 3.95，要高于乡村家庭的平均值 3.05，且显著性 $p<0.001$，即城镇家庭和乡村家庭在给孩子过"六一"儿童节这项家庭仪式传播中存在显著差异，给孩子过"六一"儿童节的家庭仪式传播在城镇家庭更为常见。在"'三八'妇女节，我们家会给女性送上祝福或礼物"这项家庭仪式传播中，城镇家庭的平均值为 3.60，要高于乡村家庭的平均值 2.85，且显著性 $p<0.001$，即城镇家庭和乡村家庭在给家中女性过"三八"妇女节这项家庭仪式传播中存在显著差异，给家中女性过"三八"妇女节的家庭仪式在城镇家庭更为常见。然而，"除夕，我们全家一起吃团圆饭""春节时，我们家的亲戚互相串门拜年""春节前，我们家很用心地置办年货""春节时，我们家

要贴春联""春节时，长辈给晚辈发红包""小年时（腊月二十三或腊月二十四），我们家会除尘、祭灶神等""冬至时，我们家会吃特定食物（如饺子、汤圆、羊肉汤等）""父亲节时，我会给父亲送礼物或发祝福信息""母亲节时，我会给母亲送礼物或发祝福信息"等家庭仪式传播，虽然城镇和乡村在平均值上略有不同，但显著性 p 值均大于 0.05，即不存在显著差异。

表 4-8　城乡家庭节日庆祝仪式传播差异比较（ N=501）

节日庆祝仪式	类别	个案数/个	平均值	标准差	t 值	p 值
除夕，我们全家一起吃团圆饭	城镇	363	4.81	0.574	1.876	0.061
	乡村	138	4.68	0.843		
春节时，家里晚辈给长辈行跪拜礼	城镇	363	1.63	1.119	−2.582	0.010
	乡村	138	1.93	1.117		
春节时，我们家的亲戚互相串门拜年	城镇	363	4.09	1.048	−0.791	0.429
	乡村	138	4.17	0.912		
春节前，我们家很用心地置办年货	城镇	363	4.08	0.932	−1.430	0.153
	乡村	138	4.22	0.98		
春节时，我们家要贴春联	城镇	363	4.48	0.933	0.212	0.832
	乡村	138	4.46	0.969		
春节时，长辈给晚辈发红包	城镇	363	4.76	0.570	1.113	0.267
	乡村	138	4.68	0.717		
春节时，一家人一起看春晚	城镇	363	4.23	1.108	4.172	<0.001
	乡村	138	3.73	1.274		
每年端午节，我们家会吃粽子	城镇	363	4.57	0.751	3.812	<0.001
	乡村	138	4.17	1.084		
每年中秋节，我们家都会吃月饼	城镇	363	4.53	0.795	3.407	<0.001
	乡村	138	4.17	1.084		
每年元宵节，我们家都会吃元宵	城镇	363	4.35	0.955	3.361	<0.001
	乡村	138	4.00	1.131		
腊八节时，我们家会喝腊八粥	城镇	363	3.11	1.377	2.171	0.031
	乡村	138	2.80	1.353		
小年时（腊月二十三或腊月二十四），我们家会除尘、祭灶神等	城镇	363	3.21	1.372	−1.823	0.069
	乡村	138	3.46	1.314		

节日庆祝仪式	类别	个案数/个	平均值	标准差	t 值	p 值
冬至时，我们家会吃特定食物（如饺子、汤圆、羊肉汤等）	城镇	363	3.98	1.117	0.197	0.844
	乡村	138	3.95	1.254		
重阳节时，我们家会看望老人	城镇	363	3.29	1.224	2.821	0.005
	乡村	138	2.93	1.262		
我小的时候，父母会给我过"六一"儿童节	城镇	363	3.95	1.279	6.280	<0.001
	乡村	138	3.05	1.419		
"三八"妇女节，我们家给女性送上祝福或礼物	城镇	363	3.60	1.170	5.995	<0.001
	乡村	138	2.85	1.304		
父亲节时，我会给父亲送礼物或发祝福信息	城镇	363	3.91	1.100	0.297	0.767
	乡村	138	3.88	1.198		
母亲节时，我会给母亲送礼物或发祝福信息	城镇	363	4.18	0.939	1.311	0.190
	乡村	138	4.05	1.108		

3. 北方与南方节日庆祝仪式传播差异比较

如表 4-9 所示，在"春节时，家里晚辈给长辈行跪拜礼"这项家庭仪式传播中，北方家庭的平均值为 2.20，要高于南方家庭的平均值 1.43，且显著性 $p<0.001$，即北方家庭和南方家庭在春节行跪拜礼这项家庭仪式传播中存在显著差异，春节行跪拜礼这项家庭仪式传播在北方家庭更常见。在"春节时，我们家的亲戚互相串门拜年"这项家庭仪式传播中，北方家庭的平均值为 3.97，要低于南方家庭的平均值 4.19，且显著性 $p=0.021<0.05$，即北方家庭和南方家庭在春节亲戚之间互相拜年这项家庭仪式传播中存在显著差异，春节亲戚之间互相拜年这项家庭仪式传播在南方家庭更常见。在"春节时，长辈给晚辈发红包"这项家庭仪式传播中，北方家庭的平均值为 4.61，要低于南方家庭的平均值 4.81，且显著性 $p<0.001$，即北方家庭和南方家庭在春节长辈给晚辈发红包这项家庭仪式传播中存在显著差异，春节发红包这项家庭仪式传播在南方家庭更常见。在"春节时，一家人一起看春晚"这项家庭仪式传播中，北方家庭的平均值为 4.29，要高于南方家庭的平均值 4.01，且显著性 $p=0.011<0.05$，即北方家庭和南方家庭在春节看春晚这项家庭仪式传播中存在显著差异，春节看春晚这项家庭仪式传播在北方家庭更常见。在"每年中秋节，我们家都会吃月饼"这

项家庭仪式传播中，北方家庭的平均值为 4.61，要高于南方家庭的平均值 4.35，且显著性 $p<0.001$，即北方家庭和南方家庭在中秋节吃月饼这项家庭仪式传播中存在显著差异，中秋节吃月饼这项家庭仪式传播在北方家庭更常见。在"每年元宵节，我们家都会吃元宵"这项家庭仪式传播中，北方家庭的平均值为 4.59，要高于南方家庭的平均值 4.08，且显著性 $p<0.001$，即北方家庭和南方家庭在元宵节吃元宵这项家庭仪式传播中存在显著差异，元宵节吃元宵这项家庭仪式传播在北方家庭更常见。在"腊八节时，我们家会喝腊八粥"这项家庭仪式传播中，北方家庭的平均值为 3.68，要高于南方家庭的平均值 2.69，且显著性 $p<0.001$，即北方家庭和南方家庭在腊八节喝腊八粥这项家庭仪式传播中存在显著差异，腊八节喝腊八粥这项家庭仪式传播在北方家庭更常见。在"冬至时，我们家会吃特定食物（如饺子、汤圆、羊肉汤等）"这项家庭仪式传播中，北方家庭的平均值为 4.37，要高于南方家庭的平均值 3.75，且显著性 $p<0.001$，即北方家庭和南方家庭在冬至吃特定食物这项家庭仪式传播中存在显著差异，冬至吃特定食物这项家庭仪式传播在北方家庭更常见。在"我小的时候，父母会给我过'六一'儿童节"这项家庭仪式传播中，北方家庭的平均值为 3.44，要低于南方家庭的平均值 3.89，且 $p<0.001$，即北方家庭和南方家庭在给孩子过"六一"儿童节这项家庭仪式传播中存在显著差异，给孩子过"六一"儿童节这项家庭仪式传播在南方家庭更常见。其他节日庆祝仪式传播，如"除夕，我们全家一起吃团圆饭""每年端午节，我们家会吃粽子"等南北方显著性 p 值均大于 0.05，即南北方不存在显著差异。

表 4-9　南北方家庭节日庆祝仪式传播差异比较（$N=501$）

节日庆祝仪式	类别	个案数/个	平均值	标准差	t 值	p 值
除夕，我们全家一起吃团圆饭	北方	190	4.71	0.762	−1.566	0.119
	南方	311	4.81	0.581		
春节时，家里晚辈给长辈行跪拜礼	北方	190	2.20	1.416	6.731	<0.001
	南方	311	1.43	0.809		
春节时，我们家的亲戚互相串门拜年	北方	190	3.97	1.107	−2.317	0.021
	南方	311	4.19	0.955		
春节前，我们家很用心地置办年货	北方	190	4.07	1.009	−0.805	0.421
	南方	311	4.14	0.909		

续表

节日庆祝仪式	类别	个案数/个	平均值	标准差	t 值	p 值
春节时，我们家要贴春联	北方	190	4.46	1.017	−0.376	0.707
	南方	311	4.49	0.899		
春节时，长辈给晚辈发红包	北方	190	4.61	0.762	−3.223	<0.001
	南方	311	4.81	0.494		
春节时，一家人一起看春晚	北方	190	4.29	1.061	2.565	0.011
	南方	311	4.01	1.215		
每年端午节，我们家会吃粽子	北方	190	4.44	0.946	−0.622	0.535
	南方	311	4.49	0.812		
每年中秋节，我们家都会吃月饼	北方	190	4.61	0.826	3.230	<0.001
	南方	311	4.35	0.907		
每年元宵节，我们家都会吃元宵	北方	190	4.59	0.828	5.959	<0.001
	南方	311	4.08	1.057		
腊八节时，我们家会喝腊八粥	北方	190	3.68	1.350	8.052	<0.001
	南方	311	2.69	1.261		
小年时（腊月二十三或腊月二十四），我们家会除尘、祭灶神等	北方	190	3.25	1.339	−0.185	0.853
	南方	311	3.28	1.375		
冬至时，我们家会吃特定食物（如饺子、汤圆、羊肉汤等）	北方	190	4.37	0.824	6.717	<0.001
	南方	311	3.75	1.243		
重阳节时，我们家会看望老人	北方	190	3.24	1.158	0.463	0.644
	南方	311	3.19	1.287		
我小的时候，父母会给我过"六一"儿童节	北方	190	3.44	1.409	−3.475	<0.001
	南方	311	3.89	1.324		
"三八"妇女节，我们家会给女性送上祝福或礼物	北方	190	3.46	1.310	0.510	0.610
	南方	311	3.40	1.211		
父亲节时，我会给父亲送礼物或发祝福信息	北方	190	3.90	1.118	0.376	0.901
	南方	311	3.91	1.128		
母亲节时，我会给母亲送礼物或发祝福信息	北方	190	4.07	1.074	−1.321	0.187
	南方	311	4.19	0.929		

4. 不同收入水平家庭节日庆祝仪式传播差异比较

如表 4-10 所示，不同收入水平对"除夕，我们全家一起吃团圆饭""春节时，长辈给晚辈发红包""腊八节时，我们家会喝腊八粥""冬至时，我们家会吃特定食物（如饺子、汤圆、羊肉汤等）""我小的时候，父母会给我过'六一'儿童节""'三八'妇女节，我们家会给女性送上祝福或礼物""父亲节时，我会给父亲送礼物或发祝福信息""母亲节时，我会给母亲送礼物或发祝福信息"等家庭节日庆祝仪式传播有显著影响。由进一步的事后比较可知，在"除夕，我们全家一起吃团圆饭"这项家庭仪式传播中，家庭年收入在 10 万元以下的家庭平均值显著低于其他收入水平的家庭。在"春节时，长辈给晚辈发红包"这项家庭仪式传播中，家庭年收入在 21 万~30 万元的家庭平均值显著高于年收入为 10 万元以下和 10 万~20 万元的家庭。在"腊八节时，我们家会喝腊八粥"这项家庭仪式传播中，家庭年收入在 30 万元以上的家庭平均值显著高于年收入在 10 万元以下的家庭。在"我小的时候，父母会给我过'六一'儿童节"这项家庭仪式传播中，家庭年收入水平在 21 万~30 万元的家庭平均值显著高于家庭年收入在 10 万元以下的家庭。在"'三八'妇女节，我们家会给女性送上祝福或礼物"这项家庭仪式传播中，家庭年收入在 21 万~30 万元的家庭平均值显著高于年收入在 10 万元以下和 30 万元以上的家庭。在"父亲节时，我会给父亲送礼物或发祝福信息"这项仪式传播中，家庭年收入在 21 万~30 万元、30 万元以上的家庭平均值显著高于家庭年收入在 10 万元以下的家庭。在"母亲节时，我会给母亲送礼物或发祝福信息"这项仪式传播中，家庭年收入在 21 万~30 万元的家庭平均值显著高于其他收入水平的家庭。

表 4-10　不同年收入家庭节日庆祝仪式传播差异比较（N=501）

节日庆祝仪式	平均值				F 值	p 值
	10 万元以下	10 万~20 万元	21 万~30 万元	30 万元以上		
除夕，我们全家一起吃团圆饭	4.56a	4.88b	4.81b	4.88b	7.721	<0.001
春节时，家里晚辈给长辈行跪拜礼	1.51	1.89	1.54	1.72	3.709	0.121
春节时，我们家的亲戚互相串门拜年	4.07	4.2	4.08	4	1.021	0.383
春节前，我们家很用心地置办年货	4.18	4.02	4.12	4.22	1.294	0.276
春节时，我们家要贴春联	4.47	4.45	4.62	4.44	0.663	0.575

续表

节日庆祝仪式	平均值				F 值	p 值
	10 万元以下	10 万~20 万元	21 万~30 万元	30 万元以上		
春节时,长辈给晚辈发红包	4.71a	4.66a	4.92b	4.81ab	4.183	0.006
春节时,一家人一起看春晚	4.04	4.09	4.38	4	1.878	0.132
每年端午节,我们家会吃粽子	4.33	4.56	4.42	4.53	2.122	0.096
每年中秋节,我们家都会吃月饼	4.29	4.52	4.46	4.5	1.941	0.122
每年元宵节,我们家都会吃元宵	4.27	4.33	4.08	4.28	1.158	0.325
腊八节时,我们家会喝腊八粥	2.84a	2.94ab	3.23ab	3.34b	3.366	0.018
小年时(腊月二十三或腊月二十四),我们家会除尘、祭灶神等	3.36	3.16	3.12	3.5	1.883	0.131
冬至时,我们家会吃特定食物(如饺子、汤圆、羊肉汤等)	4.18	3.89	3.81	3.97	2.305	0.076
重阳节时,我们家会看望老人	3.09	3.13	3.23	3.5	2.498	0.059
我小的时候,父母会给我过"六一"儿童节	3.47a	3.73ab	4.12b	3.78ab	3.829	<0.001
"三八"妇女节,我们家会给女性送上祝福或礼物	3.16a	3.48ab	3.77b	3.38a	4.37	0.005
父亲节时,我会给父亲送礼物或发祝福信息	3.67a	3.91ab	4.12b	4.06b	3.62	0.013
母亲节时,我会给母亲送礼物或发祝福信息	4.07a	4.11a	4.42b	4.13a	4.37	<0.001

5. 青少年对节日庆祝仪式的认同情况

问卷还是以家庭节日庆祝仪式传播为题项,调查青少年的认同情况,并按照平均得分进行排序得到表 4-11。调研发现,青少年对大多数家庭节日庆祝仪式传播的认同度较高,平均值最高的是"除夕全家一起吃团圆饭",为 4.84。春节仪式传播中的"春节时,长辈给晚辈发红包"(平均值 4.68)、"春节时贴春联"(平均值 4.62)等仪式传播行为的认同度较高。除此之外,"每年端午节吃粽子"(平均值 4.54)、"每年中秋节吃月饼"(平均值 4.51)等家庭仪式传播的认同度也较高。民以食为天,食物在中国有更多的象征意义。几乎每个传统节日都会有特定的食物,如春节吃饺子,中秋节吃月饼,端午节吃粽子,冬至吃饺子,等等。

过节最有仪式感的就是那些食物，每种食物都有自己的寓意。春节最明显，饺子寓意平平安安，清蒸鳜鱼寓意年年有余，圆子寓意团团圆圆，年糕寓意年年高。尤其，我是北方人，基本上所有节日都会吃饺子。小时候饺子馅就只有猪肉白菜和猪肉萝卜两种，现在条件好了，饺子馅的花样也更多了，芹菜的、韭菜的、马蹄的、玉米加鲜肉的、虾仁的、香菇的，等等。（CRS）

在当今物质充裕时代，以往只有重大节日才能吃到的食物已经非常普通。但这些食物不仅是为了果腹，人们更是看重食物背后的象征意义，在食物分享中，家人的感情得到巩固。除了上述青少年认同度较高的仪式传播，还有一些仪式传播的认同度较低。如表 4-11 所示，同样是春节庆祝仪式传播，"春节时亲戚互相串门拜年""春节时，晚辈给长辈行跪拜礼"的认同度就比较低，平均值分别为 4.01 和 1.87。此外，"每年腊八节时喝腊八粥""小年时（腊月二十三或腊月二十四）除尘、祭灶神"的平均值也较低，分别为 4.00 和 3.80。

不太接受过年拜年，串门比较尴尬，因为我们一直在上学，其实和家里的这些亲戚联系也比较少，突然去拜年甚至磕头，还是比较尴尬的，所以比较排斥。但父母又非要带着去拜年，然后亲戚不熟，却问有没有谈恋爱这些个人问题，很尴尬。（ZL）

表 4-11　青少年对节日庆祝仪式传播的认同表（ N=501 ）

节日庆祝仪式	最小值	最大值	平均值	标准差
除夕全家一起吃团圆饭	1	5	4.84	0.469
春节时，长辈给晚辈发红包	2	5	4.68	0.678
春节时贴春联	1	5	4.62	0.689
每年端午节吃粽子	1	5	4.54	0.749
每年中秋节吃月饼	1	5	4.51	0.766
母亲节时会给母亲送礼物或发祝福信息	1	5	4.50	0.766
每年元宵节吃元宵	1	5	4.47	0.861
父亲节时给父亲送礼物或发祝福信息	1	5	4.44	0.831
春节前置办年货	1	5	4.37	0.794
"三八"妇女节，我们家会给女性送上祝福或礼物	1	5	4.34	0.881

续表

节日庆祝仪式	最小值	最大值	平均值	标准差
要给孩子过"六一"儿童节	1	5	4.33	0.970
冬至时要吃特定食物（如饺子、汤圆、羊肉汤等）	1	5	4.26	0.910
重阳节时要如看望老人	1	5	4.25	0.852
春节时，一家人一起看春晚	1	5	4.22	1.005
春节时亲戚互相串门拜年	1	5	4.01	1.036
每年腊八节时喝腊八粥	1	5	4.00	1.045
小年时（腊月二十三或腊月二十四）除尘、祭灶神等	1	5	3.80	1.019
春节时，晚辈给长辈行跪拜礼	1	5	1.87	1.227

三、重要事件仪式传播

1. 重要事件仪式传播的现状

如表 4-12 所示，"我过生日时，我的家人会送上礼物或祝福"这项家庭仪式传播在重要事件仪式传播中平均值最高，为 4.47。此外，"我母亲过生日时，我会送上礼物或祝福"这项仪式传播的平均值为 4.39，位列第二。"我们家会定期祭祀祖先"这项家庭仪式传播的平均值为 4.37，位列第三。"家中会摆祖先的祭台/照片""长辈给你取名时，考虑了辈分因素""长辈给你取名时，考虑了五行因素（金木水火土）"这三项的平均值最低，分别为 2.49、2.21 和 2.19。生日是当代家庭中最重视的家庭仪式传播之一，父母想办法给孩子营造美好的回忆，孩子也尽自己所能为父母庆祝生日，以表达感恩之情。

父母很重视我的生日，每次在我生日的时候都会送我礼物，小的时候是玩具，长大一点后是课外书，表达对我的期许。每年过生日也会一起合影，他们希望给我留下一个美好的回忆，现在看到这些照片还能想到当时的场景。（HCM）

我爸那一辈基本上还是按照辈分取名字，我和我的堂兄弟名字都没有再按照辈分的要求取了，现在就是什么名字好听取什么名字。（ZH）

表 4-12　重要事件仪式传播得分表（*N*=501）

重要事件仪式	最小值	最大值	平均值	标准差
我过生日时，我的家人会送上礼物或祝福	1	5	4.47	0.854
我母亲过生日时，我会送上礼物或祝福	1	5	4.39	0.882
我们家会定期祭祀祖先	1	5	4.37	0.933
我父亲过生日时，我们家人送上礼物或祝福	1	5	4.20	1.017
我们家很重视给祖辈过寿	1	5	4.01	0.998
我们家在亲人去世后会很重视葬礼	1	5	3.98	0.942
在我升学/成年礼时，家人专门进行庆祝	1	5	3.84	1.301
我们家非常重视婚礼宴会仪式	1	5	3.50	1.153
我们家搬家时会挑选吉日	1	5	3.43	1.357
我们家装修时会讲究位置和朝向	1	5	3.30	1.217
我们家亲戚结婚迎亲时要严格遵守当地文化习俗（祭祖、敬茶等）	1	5	3.27	1.317
有重大事情时，家人会去祈福	1	5	3.09	1.402
我们家人在婚姻方面强调彩礼、嫁妆的重要性	1	5	2.92	1.119
较为亲近的亲戚（叔叔婶婶之类）生日，我们家会一起庆祝	1	5	2.90	1.308
我们搬新家时要挂辟邪摆件	1	5	2.69	1.282
父母会过结婚纪念日	1	5	2.60	1.305
我们家人会强调属相、生辰八字等在婚配中的作用	1	5	2.53	1.184
家中会摆祖先的祭台/照片	1	5	2.49	1.385
长辈给你取名时，考虑了辈分因素	1	5	2.21	1.341
长辈给你取名时，考虑了五行因素（金木水火土）	1	5	2.19	1.398

2. 城乡重要事件仪式传播差异比较

如表 4-13 所示，在"我们家亲戚结婚迎亲时要严格遵守当地文化习俗（祭祖、敬茶等）"这项家庭仪式传播中，城镇家庭的平均值为 3.13，要低于乡村家庭的平均值 3.68，且显著性 *p*<0.001，即城镇家庭和乡村家庭在结婚时严格遵循当地习俗这项家庭仪式中存在显著差异，结婚时严格遵循当地习俗的家庭仪式在乡村家庭更为常见。在"我们家非常重视婚礼宴会仪式"这项家庭仪式中，城镇家庭的平均值为 3.40，要低于乡村家庭的平均值 3.78，且显著性 *p*<0.001，即城镇家庭和乡村家庭在婚礼宴会这项家庭仪式传播中存在显著差异，乡村家

庭更加重视婚礼宴会仪式传播。在"我们家人在婚姻方面强调彩礼、嫁妆的重要性"这项家庭仪式传播中，城镇家庭的平均值为2.79，要低于乡村家庭的平均值3.32，且显著性 $p<0.001$，即城镇家庭和乡村家庭在彩礼嫁妆这项家庭仪式传播中存在显著差异，乡村家庭更加重视彩礼、嫁妆。在"我们家人会强调属相、生辰八字等在婚配中的作用"这项家庭仪式中，城镇家庭的平均值为2.44，要低于乡村家庭的平均值2.80，且显著性 $p=0.003<0.05$，即城镇家庭和乡村家庭在婚配中强调属相和生辰八字这项家庭仪式传播中存在显著差异，乡村家庭更加重视婚配中的属相和生辰八字。在"家中会摆祖先的祭台/照片"这项家庭仪式传播中，城镇家庭的平均值为2.41，要低于乡村家庭的平均值2.71，且显著性 $p=0.040<0.05$，即城镇家庭和乡村家庭在家中会摆祖先的祭台/照片这项家庭仪式传播中存在显著差异，家中会摆祖先的祭台/照片的家庭仪式传播在乡村家庭更为常见。在"我过生日时，我的家人会送上礼物或祝福"这项家庭仪式传播中，城镇家庭的平均值为4.54，要高于乡村家庭的平均值4.27，且显著性 $p=0.005<0.05$，即城镇家庭和乡村家庭在给孩子过生日这项家庭仪式传播中存在显著差异，城镇家庭更重视给孩子过生日的家庭仪式传播。在"我母亲过生日时，我会送上礼物或祝福"这项家庭仪式传播中，城镇家庭的平均值为4.44，要高于乡村家庭的平均值4.22，且显著性 $p=0.014<0.05$，即城镇家庭和乡村家庭在给母亲过生日这项家庭仪式传播中存在显著差异，城镇家庭更重视给母亲过生日的家庭仪式传播。在"父母会过结婚纪念日"这项家庭仪式传播中，城镇家庭的平均值为2.75，要高于乡村家庭的平均值2.15，且显著性 $p<0.001$，即城镇家庭和乡村家庭在父母庆祝结婚纪念日这项家庭仪式传播中存在显著差异，城镇家庭更重视结婚纪念日的家庭仪式传播。"在我升学/成年礼时，家人专门进行庆祝"这项家庭仪式传播中，城镇家庭的平均值为3.93，要高于乡村家庭的平均值3.59，且显著性 $p=0.018<0.05$，即城镇家庭和乡村家庭在庆祝升学/成年这项家庭仪式传播中存在显著差异，城镇家庭更重视孩子升学或成年的家庭仪式传播。然而，"我们家搬家时会挑选吉日""我们家装修时会讲究位置和朝向""我们搬新家时要挂辟邪摆件""我们家在亲人去世后会很重视葬礼""我们家会定期祭祀祖先""我父亲过生日时，我们家人送上礼物或祝福""我们家很重视给祖辈过寿""较为亲近的亲戚（叔叔婶婶之类）生日，我们家会一起庆祝""有重大事情时，家人会去祈福""长辈给你取名时，考虑了辈

分因素"等家庭仪式传播，虽然城镇和乡村在平均值上略有不同，但显著性 p 值均大于 0.05，即不存在显著差异。

表 4-13　城乡家庭重要事件仪式传播差异比较（$N=501$）

重要事件仪式	类别	个案数/个	平均值	标准差	t 值	p 值
我们家搬家时会挑选吉日	城镇	363	3.37	1.380	-1.510	0.132
	乡村	138	3.59	1.273		
我们家装修时会讲究位置和朝向	城镇	363	3.33	1.222	0.838	0.403
	乡村	138	3.22	1.205		
我们搬新家时要挂辟邪摆件	城镇	363	2.65	1.288	-1.158	0.247
	乡村	138	2.80	1.259		
我们家亲戚结婚迎亲时要严格遵守当地文化习俗（祭祖、敬茶等）	城镇	363	3.13	1.319	-4.072	<0.001
	乡村	138	3.68	1.224		
我们家非常重视婚礼宴会仪式	城镇	363	3.40	1.171	-3.343	<0.001
	乡村	138	3.78	1.052		
我们家人在婚姻方面强调彩礼、嫁妆的重要性	城镇	363	2.79	1.126	-4.667	<0.001
	乡村	138	3.32	1.003		
我们家人会强调属相、生辰八字等在婚配中的作用	城镇	363	2.44	1.193	-3.022	0.003
	乡村	138	2.80	1.114		
我们家在亲人去世后会很重视葬礼	城镇	363	3.97	0.952	-0.324	0.746
	乡村	138	4.00	0.914		
我们家会定期祭祀祖先	城镇	363	4.41	0.894	1.747	0.081
	乡村	138	4.24	1.035		
家中会摆祖先的祭台/照片	城镇	363	2.41	1.360	-2.056	0.040
	乡村	138	2.71	1.441		
我过生日时，我的家人会送上礼物或祝福	城镇	363	4.54	0.804	2.811	0.005
	乡村	138	4.27	0.967		
我父亲过生日时，我们家人送上礼物或祝福	城镇	363	4.24	1.013	1.564	0.118
	乡村	138	4.07	1.026		
我母亲过生日时，我会送上礼物或祝福	城镇	363	4.44	0.851	2.469	0.014
	乡村	138	4.22	0.954		
我们家很重视给祖辈过寿	城镇	363	4.03	0.977	0.779	0.437
	乡村	138	3.95	1.062		

续表

重要事件仪式	类别	个案数/个	平均值	标准差	t 值	p 值
较为亲近的亲戚（叔叔婶婶之类）生日，我们家会一起庆祝	城镇	363	2.91	1.305	0.434	0.664
	乡村	138	2.85	1.322		
父母会过结婚纪念日	城镇	363	2.75	1.333	5.042	<0.001
	乡村	138	2.15	1.099		
在我升学/成年礼时，家人专门进行庆祝	城镇	363	3.93	1.250	2.396	0.018
	乡村	138	3.59	1.420		
有重大事情时，家人会去祈福	城镇	363	3.09	1.394	−0.700	0.944
	乡村	138	3.10	1.434		
长辈给你取名时，考虑了辈分因素	城镇	363	2.17	1.303	−1.191	0.235
	乡村	138	2.34	1.448		
长辈给你取名时，考虑了五行因素（金木水火土）	城镇	363	2.16	1.401	−0.923	0.357
	乡村	138	2.29	1.389		

3. 北方与南方重要事件仪式传播差异比较

如表 4-14 所示，在"我们家搬家时会挑选吉日"这项家庭仪式传播中，北方家庭的平均值为 3.00，要低于南方家庭的平均值 3.66，且显著性 $p<0.001$，即北方家庭和南方家庭在搬家时考虑吉日这项家庭仪式传播中存在显著差异，搬家时考虑吉日这项家庭仪式传播在南方家庭更常见。在"我们家装修时会讲究位置和朝向"这项家庭仪式传播中，北方家庭的平均值为 2.90，要低于南方家庭的平均值 3.52，且显著性 $p<0.001$，即北方和南方家庭在装修时讲究风水这项家庭仪式传播中存在显著差异，装修时讲究风水这项家庭仪式传播在南方家庭更常见。在"我们搬新家时要挂辟邪摆件"这项家庭仪式传播中，北方家庭的平均值为 2.17，要低于南方家庭的平均值 2.97，且显著性 $p<0.001$，即北方家庭和南方家庭在搬家时挂辟邪摆件这项家庭仪式传播中存在显著差异，搬家时挂辟邪摆件这项家庭仪式传播在南方家庭更常见。在"我们家会定期祭祀祖先"这项家庭仪式传播中，北方家庭的平均值为 4.14，南方家庭的平均值为 4.50，且显著性 $p<0.001$，即定期祭祀祖先这项家庭仪式传播在南北方家庭中存在显著差异，在南方家庭中更为常见。在"家中会摆祖先的祭台/照片"这项家庭仪式传播中，北方家庭的平均值为 2.05，要低于南方家庭的平均值 2.72，且显著性

p<0.001，即北方家庭和南方家庭在家中会摆祖先的祭台/照片这项家庭仪式传播中存在显著差异，家中会摆祖先的祭台/照片这项家庭仪式传播在南方家庭更常见。在"我母亲过生日时，我会送上礼物或祝福"这项家庭仪式传播中，北方家庭的平均值为4.24，要低于南方家庭的平均值4.47，且显著性 *p*=0.010<0.05，即北方家庭和南方家庭在给母亲过生日这项家庭仪式传播中存在显著差异，给母亲过生日这项家庭仪式传播在南方家庭更常见。在"我们家很重视给祖辈过寿"这项家庭仪式传播中，北方家庭的平均值为3.83，要低于南方家庭的平均值 4.11，且显著性 *p*=0.006<0.05，即北方家庭和南方家庭在给祖辈过寿这项家庭仪式传播中存在显著差异，给祖辈过寿这项家庭仪式传播在南方家庭更常见。"较为亲近的亲戚（叔叔婶婶之类）生日，我们家会一起庆祝"这项家庭仪式传播在北方家庭的平均值为 2.66，在南方家庭的平均值为 3.03，且显著性 *p*=0.003<0.05，即给较为亲近的亲戚庆祝生日在南北家庭中存在显著差异，在南方家庭中更为常见。在"父母会过结婚纪念日"这项家庭仪式传播中，北方家庭的平均值为2.90，要高于南方家庭的平均值2.44，且显著性 *p*<0.001，即北方家庭和南方家庭在父母会过结婚纪念日这项家庭仪式传播中存在显著差异，父母会过结婚纪念日这项家庭仪式传播在北方家庭更常见。在"有重大事情时，家人会去祈福"这项家庭仪式传播中，北方家庭的平均值为 2.47，要低于南方家庭的平均值3.43，且显著性 *p*<0.001，即北方家庭和南方家庭在重大事件祈福这项家庭仪式传播中存在显著差异，重大事件祈福这项家庭仪式传播在南方家庭更常见。在"长辈给你取名时，考虑了辈分因素"这项家庭仪式传播中，北方家庭的平均值为1.95，要低于南方家庭的平均值2.35，且显著性 *p*<0.001，即北方家庭和南方家庭在取名考虑辈分因素这项家庭仪式传播中存在显著差异，取名考虑辈分因素这项家庭仪式传播在南方家庭更常见。在"长辈给你取名时，考虑了五行因素（金木水火土）"这项家庭仪式传播中，北方家庭的平均值为1.92，要低于南方家庭的平均值2.34，且显著性 *p*<0.001，即北方家庭和南方家庭在取名考虑五行因素这项家庭仪式传播中存在显著差异，取名考虑五行因素这项家庭仪式传播在南方家庭更常见。其他重要事件仪式传播，如"我过生日时，我的家人会送上礼物或祝福""我父亲过生日时，我们家人送上礼物或祝福""在我升学/成年礼时，家人专门进行庆祝"等，南北方显著性 *p* 值均大于0.05，即南北方不存在显著差异。

表 4-14　南北方家庭重要事件仪式传播差异比较（N=501）

重要事件仪式	类别	个案数/个	平均值	标准差	t 值	p 值
我们家搬家时会挑选吉日	北方	190	3.00	1.418	−5.149	<0.001
	南方	311	3.66	1.265		
我们家装修时会讲究位置和朝向	北方	190	2.90	1.262	−5.444	<0.001
	南方	311	3.52	1.136		
我们搬新家时要挂辟邪摆件	北方	190	2.17	1.140	−7.016	<0.001
	南方	311	2.97	1.267		
我们家亲戚结婚迎亲时要严格遵守当地文化习俗（祭祖、敬茶等）	北方	190	3.17	1.396	−1.257	0.209
	南方	311	3.32	1.270		
我们家非常重视婚礼宴会仪式	北方	190	3.56	1.127	0.894	0.372
	南方	311	3.46	1.168		
我们家人在婚姻方面强调彩礼、嫁妆的重要性	北方	190	3.02	1.160	1.491	0.137
	南方	311	2.86	1.094		
我们家人会强调属相、生辰八字等在婚配中的作用	北方	190	2.46	1.215	−0.969	0.333
	南方	311	2.56	1.167		
我们家在亲人去世后会很重视葬礼	北方	190	3.93	0.921	−0.770	0.442
	南方	311	4.00	0.954		
我们家会定期祭祀祖先	北方	190	4.14	1.160	−3.769	<0.001
	南方	311	4.50	0.753		
家中会摆祖先的祭台/照片	北方	190	2.05	1.203	−5.593	<0.001
	南方	311	2.72	1.422		
我过生日时，我的家人会送上礼物或祝福	北方	190	4.41	0.962	−1.212	0.226
	南方	311	4.51	0.789		
我父亲过生日时，我们家人送上礼物或祝福	北方	190	4.20	1.089	−0.094	0.925
	南方	311	4.19	0.978		
我母亲过生日时，我会送上礼物或祝福	北方	190	4.24	1.066	−2.600	0.010
	南方	311	4.47	0.752		
我们家很重视给祖辈过寿	北方	190	3.83	1.170	−2.792	0.006
	南方	311	4.11	0.876		
较为亲近的亲戚（叔叔婶婶之类）生日，我们家会一起庆祝	北方	190	2.66	1.274	−3.204	0.003
	南方	311	3.03	1.311		

续表

重要事件仪式	类别	个案数/个	平均值	标准差	t 值	p 值
父母会过结婚纪念日	北方	190	2.90	1.415	3.605	<0.001
	南方	311	2.44	1.214		
在我升学/成年礼时，家人专门进行庆祝	北方	190	3.73	1.380	−1.430	0.154
	南方	311	3.91	1.253		
有重大事情时，家人会去祈福	北方	190	2.47	1.271	−7.667	<0.001
	南方	311	3.43	1.357		
长辈给你取名时，考虑了辈分因素	北方	190	1.95	1.244	−3.224	<0.001
	南方	311	2.35	1.372		
长辈给你取名时，考虑了五行因素（金木水火土）	北方	190	1.92	1.270	−0.923	<0.001
	南方	311	2.34	1.443		

4. 不同年收入家庭重要事件仪式传播差异比较

如表 4-15 所示，不同收入水平对"我们搬新家时要挂辟邪摆件""我们家非常重视婚礼宴会仪式""我们家人在婚姻方面强调彩礼、嫁妆的重要性""我们家人会强调属相、生辰八字等在婚配中的作用""我们家会定期祭祀祖先""我父亲过生日时，我们家人送上礼物或祝福""我母亲过生日时，我会送上礼物或祝福""我们家很重视给祖辈过寿""较为亲近的亲戚（叔叔婶婶之类）生日，我们家会一起庆祝""父母会庆祝结婚纪念日""有重大事情时，家人会去祈福""长辈给你取名时，考虑了辈分因素""长辈给你取名时，考虑了五行因素（金木水火土）"等重要事件仪式传播有显著影响。在"我们搬新家时要挂辟邪摆件"这项家庭仪式传播中，年收入在 30 万元以上的家庭平均值显著高于其他年收入水平的家庭。在"我们家非常重视婚礼宴会仪式"这项家庭仪式传播中，年收入在 10 万元以内的家庭平均值最高，年收入在 30 万元以上的平均值最低。在"我们家人在婚姻方面强调彩礼、嫁妆的重要性"这项家庭仪式传播中，年收入在 10 万元以内的家庭平均值最高，年收入在 30 万元以上的平均值最低。在"我们家人会强调属相、生辰八字等在婚配中的作用"这项家庭仪式传播中，年收入在 21 万~30 万元的家庭平均值显著低于其他年收入水平的家庭。在"我们家会定期祭祀祖先"这项家庭仪式传播中，年收入在 10

万～20万元和21万～30万元的家庭平均值显著高于家庭年收入10万元以内的家庭。在"我父亲过生日时，我们家人送上礼物或祝福"这项家庭仪式传播中，年收入在21万～30万元和30万元以上的家庭平均值显著高于家庭年收入10万元以内的家庭。在"我母亲过生日时，我会送上礼物或祝福"这项家庭仪式传播中，收入在21万～30万元和30万元以上的家庭平均值显著高于家庭年收入10万元以内的家庭。在"我们家很重视给祖辈过寿"这项家庭仪式传播中，收入在10万～20万元、21万～30万元和30万元以上的家庭平均值显著高于家庭年收入10万元以内的家庭。在"较为亲近的亲戚（叔叔婶婶之类）生日，我们家会一起庆祝"这项家庭仪式传播中，收入在10万～20万元、21万～30万元和30万元以上的家庭平均值显著高于家庭年收入10万元以内的家庭。在"父母会庆祝结婚纪念日"这项家庭仪式传播中，收入在30万元以上的家庭平均值显著高于其他收入水平的家庭。在"有重大事情时，家人会去祈福"这项家庭仪式传播中，收入在10万～20万元的家庭平均值显著低于其他收入水平的家庭。在"长辈给你取名时，考虑了辈分因素"这项家庭仪式传播中，收入在10万～20万元的家庭平均值显著低于其他收入水平的家庭。在"长辈给你取名时，考虑了五行因素（金木水火土）"这项家庭仪式传播中，收入在21万～30万元的家庭平均值显著低于其他收入水平的家庭。

表4-15 不同年收入家庭重要事件仪式传播差异比较（$N=501$）

重要事件仪式	平均值				F值	p值
	10万元以下	10万～20万元	21万～30万元	30万元以上		
我们家搬家时会挑选吉日	3.40	3.27	3.69	3.56	2.253	0.081
我们装修时会讲究位置和朝向	3.33	3.16	3.27	3.56	2.451	0.063
我们搬新家时要挂辟邪摆件	2.78ab	2.44a	2.77ab	3.00b	4.771	0.003
我们家亲戚结婚迎亲时要严格遵守当地文化习俗（祭祖、敬茶等）	3.56	3.17	3.15	3.16	2.948	0.052
我们家非常重视婚礼宴会仪式	3.84c	3.38ab	3.58bc	3.19a	7.510	<0.001
我们家人在婚姻方面强调彩礼、嫁妆的重要性	3.40c	2.78b	3.00b	2.44a	16.787	<0.001
我们家人会强调属相、生辰八字等在婚配中的作用	2.91b	2.48a	2.19a	2.34b	7.985	<0.001
我们家在亲人去世后会很重视葬礼	4.16	3.86	3.88	4.03	3.006	0.050

续表

重要事件仪式	平均值				F 值	p 值
	10 万元以下	10 万～20 万元	21 万～30 万元	30 万元以上		
我们家会定期祭祀祖先	4.16a	4.52b	4.54b	4.25ab	5.459	<0.001
家中会摆祖先的祭台/照片	2.47	2.38	2.46	2.75	1.586	0.189
我过生日时，我的家人会送上礼物或祝福	4.44	4.47	4.46	4.53	0.204	0.893
我父亲过生日时，我们家人送上礼物或祝福	3.96a	4.22ab	4.31b	4.41b	4.310	0.005
我母亲过生日时，我会送上礼物或祝福	4.18a	4.41ab	4.54b	4.53b	4.265	0.005
我们家很重视给祖辈过寿	3.76a	4.08b	4.08b	4.19b	4.442	0.004
较为亲近的亲戚（叔叔婶婶之类）生日，我们家会一起庆祝	2.56a	2.97b	3.00b	3.16b	4.781	0.003
父母会庆祝结婚纪念日	2.27a	2.61a	2.50a	3.16b	9.347	<0.001
在我升学/成年礼时，家人专门进行庆祝	3.80	3.95	3.96	3.58	1.909	0.127
有重大事情时，家人会去祈福	3.24b	2.75a	3.19b	3.47b	7.028	<0.001
长辈给你取名时，考虑了辈分因素	2.76ab	2.44a	3.04b	3.13b	4.019	0.008
长辈给你取名时，考虑了五行因素（金木水火土）	2.13ab	2.30b	1.81a	2.47b	7.418	<0.001

5. 青少年对重要事件仪式传播的认同情况

如表 4-16 所示，青少年对庆祝生日的家庭仪式传播的认同度普遍较高，"家人给母亲过生日""家人给父亲过生日""家人给祖辈过寿""家人给自己过生日"这几项家庭仪式传播的平均值为 4.46、4.44、4.32 和 4.29，排在前几位。"定期祭祀祖先"这项仪式传播的认同度也较高，平均值为 4.11。

> 我第一个月工资虽然也不多，但我们家一般都会用第一个月的工资给父母和祖辈买东西。平时，父亲节、母亲节也会给父母发红包。虽然他们也不缺钱，但他们收到了还是很开心。我也很有满足感，以前上学的时候没挣钱，即使给父母买礼物，也觉得还是用父母的钱。现在自己能挣钱了，父母过生日也会给他们买礼物，买过衣服、手镯、电器，能回馈父母，这种感觉很好。（LJ）

"彩礼、嫁妆非常重要""长辈给晚辈取名时，考虑了五行因素（金木水火土）""属相、生辰八字在婚配中很重要"这几项家庭仪式传播的平均值分别为 2.47、2.38 和 2.11，青少年的认同度较低。

> 现代婚姻只要相爱就好，那些彩礼嫁妆都是男女不平等带来的产物，生辰八字也是封建迷信残留。（PW）

表 4-16　青少年对重要事件仪式传播的认同表（N=501）

重要事件仪式	最小值	最大值	平均值	标准差
家人给母亲过生日	1	5	4.46	0.803
家人给父亲过生日	1	5	4.44	0.809
家人给祖辈过寿	1	5	4.32	0.911
家人给自己过生日	1	5	4.29	0.956
定期祭祀祖先	1	5	4.11	0.919
父母过结婚纪念日	1	5	4.03	0.982
在我升学/成年礼时，家人专门进行庆祝	1	5	3.69	1.205
葬礼中的礼数非常重要	1	5	3.53	1.189
给较为亲近的亲戚（叔叔婶婶之类）过生日	1	5	3.35	1.133
搬家时要挑选吉日	1	5	2.99	1.192
婚礼宴会仪式非常重要	1	5	2.97	1.212
家装修时要讲究风水	1	5	2.94	1.163
结婚迎亲时要严格遵守当地文化习俗（祭祖、敬茶等）	1	5	2.77	1.142
家中摆祖先的祭台/照片	1	5	2.71	1.181
搬家时要挂辟邪摆件	1	5	2.53	1.100
长辈给晚辈取名时，考虑了辈分因素	1	5	2.49	1.078
彩礼、嫁妆非常重要	1	5	2.47	1.089
长辈给晚辈取名时，考虑了五行因素（金木水火土）	1	5	2.38	1.038
属相、生辰八字在婚配中很重要	1	5	2.11	1.064

四、家庭礼仪传播

1. 家庭仪式传播的现状

从表 4-17 可以看出，"每次离家要和父母打招呼"这项仪式传播的平均值最高，为4.02。"会被要求和不熟悉的亲戚打招呼、交流"这项家庭仪式传播的平均值为3.88，位列第二。"家庭聚餐时不许提前离席，或打招呼后再离席""在家会对父母使用请、谢谢、您等词""在家时每天对父母道早安、晚安"这三项仪式传播的平均值最低，分别为2.86、2.26和2.23。其中，餐桌礼仪是中国当代家庭中较为常见的仪式传播。

> 我们家餐桌上的规矩很多，比如吃饭时嘴巴不可以发出声音，筷子扒拉碗底的声音也不可以有，我妈觉得这样不文明。诸如此类的礼仪还有很多，比如筷子不能插在饭上，要不然会不吉利。餐盘里还剩最后一块菜晚辈不能夹走，要留给长辈。我们家餐桌上面有可以旋转的玻璃圆盘，但我不能随意转动这个盘子，哪怕面前的菜不爱吃，也不能随意转动。我们三代人每次吃饭的座位也是固定的，外公外婆坐上座，先落座，我和我弟弟最后坐在最靠外的座位。家里来了客人，也会根据客人的辈分，来安排座位。（ZXR）

表 4-17　家庭礼仪传播得分表（N=501）

家庭礼仪	最小值	最大值	平均值	标准差
每次离家要和父母打招呼	1	5	4.02	1.101
会被要求和不熟悉的亲戚打招呼、交流	1	5	3.88	1.015
每次回家要和父母打招呼	1	5	3.81	1.282
会被要求经常看望，或电话问候家中老人	1	5	3.63	1.162
家庭聚餐时会强调主次座位	1	5	2.92	1.324
家庭聚餐时要主动给长辈敬酒	1	5	2.88	1.376
家庭聚餐时必须要等长辈先动筷子	1	5	2.87	1.333
家庭聚餐时不许提前离席，或打招呼后再离席	1	5	2.86	1.346
在家会对父母使用请、谢谢、您等词	1	5	2.26	1.210
在家时每天对父母道早安、晚安	1	5	2.23	1.273

2. 城乡家庭礼仪传播的差异比较

如表4-18所示，在"家庭聚餐时要主动给长辈敬酒"这种家庭仪式传播中，城镇家庭的平均值为2.97，要高于乡村家庭的平均值2.61且$p=0.012<0.05$，即城镇家庭和乡村家庭在家庭聚餐中给长辈敬酒这项家庭仪式传播中存在显著差

异，城镇家庭更重视家庭聚餐中给长辈敬酒的家庭仪式传播。"在家时每天对父母道早安、晚安"这种家庭仪式传播中，城镇家庭的平均值为 2.33，要高于乡村家庭的平均值 1.95 且 $p<0.001$，即城镇家庭和乡村家庭在每天向父母道早安、晚安这项家庭仪式传播中存在显著差异，城镇家庭更重视每天向父母道早安、晚安的家庭仪式传播。在"每次回家要和父母打招呼"这种家庭仪式传播中，城镇家庭的平均值为 3.71，要低于乡村家庭的平均值 4.10，且 $p<0.001$，即城镇家庭和乡村家庭在每次回家要和父母打招呼这项家庭仪式传播中存在显著差异，乡村家庭更重视每次回家要和父母打招呼的家庭仪式传播。在"每次离家要和父母打招呼"这种家庭仪式传播中，城镇家庭的平均值为 3.96，要低于乡村家庭的平均值 4.22，且显著性 $p=0.012<0.05$，即城镇家庭和乡村家庭在每次离家要和父母打招呼这项家庭仪式传播中存在显著差异，乡村家庭更重视每次离家要和父母打招呼的家庭仪式传播。其他家庭礼仪，诸如"家庭聚餐时必须要等长辈先动筷子""家庭聚餐时会强调主次座位""家庭聚餐时不许提前离席，或打招呼后再离席""会被要求经常看望，或电话问候家中老人""会被要求和不熟悉的亲戚打招呼、交流""在家会对父母使用请、谢谢、您等词"等是城乡家庭共同遵循的家庭礼仪传播，没有显著差异。

表 4-18　城乡家庭家庭礼仪传播差异比较（$N=501$）

家庭礼仪	类别	个案数/个	平均值	标准差	t 值	p 值
家庭聚餐时必须要等长辈先动筷子	城镇	363	2.90	1.332	0.898	0.370
	乡村	138	2.78	1.340		
家庭聚餐时会强调主次座位	城镇	363	2.98	1.308	1.604	0.109
	乡村	138	2.76	1.363		
家庭聚餐时不许提前离席，或打招呼后再离席	城镇	363	2.90	1.375	1.007	0.314
	乡村	138	2.76	1.250		
家庭聚餐时要主动给长辈敬酒	城镇	363	2.97	1.410	2.523	0.012
	乡村	138	2.61	1.232		
会被要求经常看望，或电话问候家中老人	城镇	363	3.60	1.164	−1.132	0.258
	乡村	138	3.73	1.153		
会被要求和不熟悉的亲戚打招呼、交流	城镇	363	3.93	1.018	1.874	0.062
	乡村	138	3.73	0.992		

续表

家庭礼仪	类别	个案数/个	平均值	标准差	t 值	p 值
在家会对父母使用请、谢谢、您等词	城镇	363	2.22	1.248	-1.144	0.253
	乡村	138	2.37	1.081		
在家时每天对父母道早安、晚安	城镇	363	2.33	1.340	3.317	<0.001
	乡村	138	1.95	0.991		
每次回家要和父母打招呼	城镇	363	3.71	1.352	-3.394	<0.001
	乡村	138	4.10	0.987		
每次离家要和父母打招呼	城镇	363	3.96	1.145	-2.533	0.012
	乡村	138	4.22	0.928		

3. 北方与南方家庭礼仪传播差异比较

如表 4-19 所示，所有家庭礼仪传播在南北方家庭显著性 p 值均大于或等于 0.05，即家庭礼仪传播在南北方不存在显著差异。传统的家庭礼仪文化为中华民族所共有，南北方没有显著差异。

表 4-19　南北方家庭家庭礼仪传播差异比较（$N=501$）

家庭礼仪	类别	个案数/个	平均值	标准差	t 值	p 值
家庭聚餐时必须要等长辈先动筷子	北方	190	2.98	1.375	1.351	0.177
	南方	311	2.81	1.308		
家庭聚餐时会强调主次座位	北方	190	2.95	1.337	0.337	0.736
	南方	311	2.91	1.318		
家庭聚餐时不许提前离席，或打招呼后再离席	北方	190	2.78	1.407	-1.016	0.310
	南方	311	2.91	1.311		
家庭聚餐时要主动给长辈敬酒	北方	190	2.73	1.404	-1.825	0.069
	南方	311	2.96	1.356		
会被要求经常看望，或电话问候家中老人	北方	190	3.63	1.209	-0.023	0.982
	南方	311	3.63	1.137		
会被要求和不熟悉的亲戚打招呼、交流	北方	190	3.78	1.183	-1.522	0.129
	南方	311	3.94	0.907		
在家会对父母使用请、谢谢、您等词	北方	190	2.25	1.233	0.044	0.965
	南方	311	2.26	1.199		

续表

家庭礼仪	类别	个案数/个	平均值	标准差	t 值	p 值
在家时每天对父母道早安、晚安	北方	190	2.39	1.370	2.038	0.050
	南方	311	2.15	1.210		
每次回家要和父母打招呼	北方	190	3.95	1.350	1.821	0.069
	南方	311	3.73	1.239		
每次离家要和父母打招呼	北方	190	4.14	1.174	1.629	0.104
	南方	311	3.96	1.055		

4. 不同年收入家庭家庭礼仪传播差异比较

如表 4-20 所示，不同收入水平对"会被要求和不熟悉的亲戚打招呼、交流""在家会对父母使用请、谢谢、您等词"等家庭礼仪传播有显著影响。在"会被要求和不熟悉的亲戚打招呼、交流"这项家庭仪式传播中，年收入在 30 万元以上的家庭平均值显著低于其他收入水平的家庭。"在家会对父母使用请、谢谢、您等词"这项家庭仪式传播中，年收入在 21 万～30 万元和 30 万元以上的家庭平均值显著高于家庭年收入 10 万元以内的家庭。

表 4-20　不同年收入家庭家庭礼仪传播差异比较（N=501）

家庭礼仪	平均值				F 值	p 值
	10 万元以下	10 万～20 万元	21 万～30 万元	30 万元以上		
家庭聚餐时必须要等长辈先动筷子	2.98	2.81	2.65	3.03	1.568	0.196
家庭聚餐时会强调主次座位	2.84	2.95	2.92	2.97	0.229	0.876
家庭聚餐时不许提前离席，或打招呼后再离席	2.69	2.89	3.00	2.94	1.149	0.329
家庭聚餐时要主动给长辈敬酒	2.69	2.94	3.00	2.94	1.235	0.296
会被要求经常看望，或电话问候家中老人	3.71	3.67	3.62	3.44	1.186	0.314
会被要求和不熟悉的亲戚打招呼、交流	3.96b	3.95b	3.92b	3.59a	3.218	**0.023**
在家会对父母使用请、谢谢、您等词	2.00a	2.30ab	2.38b	2.44b	3.142	**0.025**
在家时每天对父母道早安、晚安	2.13	2.23	2.31	2.31	0.489	0.691
每次回家要和父母打招呼	3.87	3.97	3.65	3.53	3.004	0.050
每次离家要和父母打招呼	4.07	4.09	3.92	3.91	0.909	0.436

5. 青少年对家庭礼仪传播的认同情况

研究发现，大部分青少年都认为有些家庭礼仪是必要的。如表 4-21 所示，青少年对"每次离家要和父母打招呼""每次回家要和父母打招呼""经常看望，或电话问候家中老人"的家庭仪式传播认同度较高，平均值为 4.28、4.13 和 4.12，排在前几位。

> 父母虽然从来没有说过要孝敬老人之类的话，但总是身教重于言传。以前，读中学的时候，家里只要烧了什么好菜，父母总会让我给爷爷奶奶送一些过去。后来，读了大学，每周让我给爷爷奶奶打个电话问候一下，回家后都会第一时间让我去看看爷爷奶奶。现在回想起来，就是把孝道教育融于这些日常小事中。（JKY）

但青少年并不是对所有的家庭礼仪都持认同态度，比如"在家对父母使用请、谢谢、您等词""家庭聚餐时要主动给长辈敬酒"两项家庭仪式传播的平均值为 2.65 和 2.56，青少年的认同度较低。

> 礼貌用语在公共场合使用更合适，在家里对父母还是可以随意一些。不过，有时候，我妈妈还会因为这个生气，说我不尊重长辈，我也很无奈。（WZH）

> 家庭聚餐时总让孩子给不熟悉的长辈敬酒，感觉孩子成了工具人。（LT）

表 4-21　青少年对家庭礼仪传播的认同表（*N*=501）

家庭礼仪	最小值	最大值	平均值	标准差
每次离家要和父母打招呼	1	5	4.28	0.908
每次回家要和父母打招呼	1	5	4.13	0.995
经常看望，或电话问候家中老人	1	5	4.12	0.868
家庭聚餐时必须要等长辈先动筷子	1	5	3.20	1.176
在家时每天对父母道早安、晚安	1	5	3.03	1.246
和不熟悉的亲戚打招呼、交流	1	5	2.87	1.104
家庭聚餐时会强调主次座位	1	5	2.84	1.112
家庭聚餐时不许提前离席	1	5	2.68	1.175
在家对父母使用请、谢谢、您等词	1	5	2.65	1.306
家庭聚餐时要主动给长辈敬酒	1	5	2.56	1.203

第二节 当代中国家庭仪式传播的流变

一、传统家庭仪式传播的传承与创新——以春节庆祝为例

1. 春节仪式传播的传承

当代社会里，现代生活方式与传统节日仪式的碰撞是民俗学研究者关注的核心问题。在当代都市语境下，传统节日的传承被紧张的生活节奏所挤压，部分传统的节日仪式也在消亡。[①]春节是中国人最重视的一个传统节日，春节期间的家庭仪式也是最丰富的，但因为部分节日仪式的消失，常有人感慨年味越来越淡。通过访谈发现，春节仪式传播并不是笼统地越来越少，而是在不同的情况下呈现出不同的特征。

首先，相对于传统的春节家庭仪式，现代春节仪式在保留核心要素的情况下有所简化。中国有俗语叫"过了腊八就是年"，在过去，整个正月都可以算在年内，甚至连具体到某一天要干什么，也都有讲究，比如"二十三，糖瓜儿粘；二十四，扫房日；二十五，炸豆腐；二十六，炖白肉；二十七，宰公鸡；二十八，把面发；二十九，蒸馒头……"尽管当代已经很少有家庭完全按照这个流程来做春节准备工作了，但重要的庆祝春节的仪式得到了灵活保留。

> 我们家对春节还是很重视的，保留了不少传统仪式，比如大年三十和大年初一的垃圾不能倒掉，大年初二才可以倒垃圾。老一辈认为这样会把财气和福气倒掉，甚至连扫帚都不能动，否则会把扫帚星请回家。虽然，我觉得这些仪式也不一定有什么依据，但做起来也不麻烦，所以每年也会照着这个老传统来做。不过，现在这些仪式相比于之前也没有那么严格了，可以灵活变通。比如我们家那边一般说是大年三十不能外出吃饭。不过，有一年我是先在外面和朋友吃了一顿，然后再回家吃年夜饭的，也没有关系。我觉得，一些细枝末节的仪式

---

① 徐赣丽. 2020. 当代城市空间中的民俗变异：以传统节日为对象. 杭州师范大学学报(社会科学版)，42(3)：98-105.

能遵守就行，如果实在因为一些特殊情况不能遵守也没有关系。但最重要的几个习俗，一定是要遵守的。比如年夜饭和包饺子就是我们家过年最重要的事，我们家一般吃完年夜饭后一起包饺子，大年初一早上就是吃饺子。虽然，现在买速冻饺子也很方便，但我们还是会一家人坐在一起包饺子，一边包饺子一边聊天，很有过年气氛。（ZH）

部分传统仪式中还有一些民间信仰的成分，如认为"如果大年初一碰了扫帚，新的一年就会遇到扫帚星"。这个习俗的起源，可能只是源于谐音，但这一传统习俗依旧世代流传。如果我们认为家庭仪式代表着传统，而如今的家庭生活是现代化的，那么我们就会将传统和现代对立起来。但如果我们把现代看作是传统的延续，那么家庭仪式和现代生活则不再对立。长期以来，人们认为随着现代化程度的提高，民间信仰会走向衰落。实际上，如日本、韩国的现代化程度虽然较高，但民间信仰依旧非常盛行。[1]随着科学的普及，人们不一定会相信这些习俗背后有着神灵力量，但依旧会继承这些习俗，把它们当作一种祝福和希望。如今，春节给晚辈发压岁钱不再是为了辟邪，而演变为长辈对晚辈祝福的一种载体。

还有一些春节的家庭仪式传播因为国家政策等被彻底取消。例如，燃放烟花爆竹是中国春节的传统仪式。但随着"禁放令"的全面推行，大多数地方都禁止过年期间燃放烟花爆竹。因为不能放鞭炮，很多人因此感觉到年味的缺失，并尝试找回这种家庭仪式传播的记忆。

我反正是还相信通过放鞭炮的方式可以除旧迎新。小时候最喜欢过年就是因为可以放爆竹。老早就买好各式各样的爆竹，有挂炮、冲天炮等，就等着除夕晚上放。不光放起来好看，而且总感觉听着爆竹的声音就是和去年告别，扫除前一年的坏运气，迎接新的一年。现在不放爆竹，一点年味都没有。所以，今年在网上买了电子鞭炮，肯定还是比不上真正的鞭炮，但电子鞭炮声音、灯光都可以调节，环保又不破坏规定，过年更热闹些。（CZP）

---

[1] 郭于华. 2000. 仪式与社会变迁. 北京：社会科学文献出版社：250.

传统的春节庆祝都会吃丰盛的大餐，买新衣服。现在，过年吃的饭菜平时都能吃上了，新衣服随时都能买了。另外，也有一些家庭开始选择在春节的时候外出旅行，通过旅行的方式过年。正如鲍曼提出的，所有表演都有新生性（emergent quality），即仪式表演不是僵化不变的，而是兼具惯常性和创造性。[①]

> 小时候，是一个大家庭一起吃年夜饭，后来爷爷奶奶去世了，就是各个小家各自吃年夜饭了。最近几年我们直接去外地旅行过年，也成了一个习惯，感觉也不错。本来去年是准备去长沙旅行过年的，但因为疫情，改成在家过年了。我们虽然在外地过年，但一般出去之前，我们还是会在家里贴好对联和福字。（QLH）

2. 春节仪式传播的创新

春晚的出现就是春节仪式传播的一种创新。传播学研究者很早就意识到了看电视是一种当代家庭仪式。戴扬和卡茨认为在重要时间节点收看重大媒介事件的直播，将家庭转变成了一个仪式场所[②]，把大众庆典变成家庭庆典。[③]媒介事件把仪式场地从广场和体育场转移到起居室。[④]不光重大节日的电视收视是一种家庭仪式，每天晚上或周末一家人在一起看电视即戴扬等人所说的固定收视，同样是一种家庭仪式。这时一家人一起看电视不仅仅是为了获取信息，还起到了放松娱乐、增进感情、提供聊天话题等作用。国内研究者也发现以电视为主体的传播艺术实际上承担了当代图腾的神圣角色。[⑤]电视媒体可以有效凝聚以家庭为单位的情感共同体，并促进家庭成员在关于电视内容的分享、对话和互动中稀释现实分歧。[⑥]春晚更是一种当代仪式。吕新雨认为随着现代化的

① 理查德·鲍曼. 2008. 作为表演的口头艺术. 杨利慧，安德明译. 桂林：广西师范大学出版社：41.

② 丹尼尔·戴扬，伊莱休·卡茨. 2000. 媒介事件：历史的现场直播. 麻争旗译. 北京：北京广播学院出版社：149.

③ 丹尼尔·戴扬，伊莱休·卡茨. 2000. 媒介事件：历史的现场直播. 麻争旗译. 北京：北京广播学院出版社：165.

④ 丹尼尔·戴扬，伊莱休·卡茨. 2000. 媒介事件：历史的现场直播. 麻争旗译. 北京：北京广播学院出版社：245.

⑤ 杜桦. 1999. 多种目光的审视——关于《现代传播艺术——一种日常生活的仪式》. 现代传播-北京广播学院学报，(1)：64-65.

⑥ 战迪，李凯山. 2016. 仪式感的重建与情感共同体的凝聚：电视文化未来想象. 中国出版，(14)：13-16.

发展，传统家族仪式有所衰落，而春晚弥补了这个结构性的仪式缺失。[①]春晚这种仪式不仅有娱乐功能，还可以构建国家认同。[②]虽然，如今的春晚的收视率已经比不上之前，但依旧保持在一个较高的水平上，2021 年春晚的综合收视率 23.262%，综合收视份额高达 68.356%[③]，人们依旧将看春晚作为一个守岁时的伴随性行为。

> 虽然，现在很多人吐槽春晚，但我还是会很认真地看完春晚，甚至 12 点以后的那 30 分钟也会看完。倒不是有多喜欢里面的节目，就是觉得这是春节的一部分。（CXY）

> 看春晚最喜欢的就是语言类节目，很怀念以前赵本山的小品，感觉很有现实意义。虽然，现在春晚没有以前好看了，但我们家过年还是会放着春晚作为背景音乐。主要是我们要守岁，就会一边玩手机、聊天，一边看春晚。（XYJ）

在调研中发现，北方更喜欢看春晚，而南方因为方言、习俗等差异看春晚的家庭更少。库尔德里提出媒介仪式理论，跳出功能主义的视角，批评媒介建构一个原本并不存在的社会中心，即"媒介化中心的迷思"[④]。在春晚最为鼎盛的时候，一些原本不知名的演艺人员，因为上了一次春晚就立刻可以成为家喻户晓的明星，足见春晚带来的光辉。如今，春晚为了吸引年轻人看，通常会找过去一年里大红大紫的流量明星。

> 现在，春晚吸引我的就是自己喜欢的明星。今年春晚，我喜欢的明星客串了一个小品里的角色，虽然这个小品也并不是很好笑，但在春晚舞台上看到他还是很开心，我看完他的节目后就去睡觉了，没有把整场春晚看完。（QL）

---

① 吕新雨. 2006. 仪式、电视与意识形态. 读书, (8): 121-130.

② 王娟. 2021. 从仪式传播到主流意识形态培养——央视春晚对国家认同的建构. 当代传播, (2): 64-65, 96.

③ 裴晋奕. 2021 "春晚" 收视报告出炉：全国 "春晚" 超 60 台，央视收视率超 23%，语言类节目依然 "最香". https://www.sohu.com/a/451769964_120388781,（2021-02-21）.

④ 尼克·库尔德里. 2016. 媒介仪式：一种批判的视角. 崔玺译. 北京: 中国人民大学出版社: 53-54.

二、社交媒体环境中的新型家庭仪式传播——以大学生亲子视频为例

罗森布勒认为，家庭会创造出各种各样的仪式形式，用以强化家庭成员之间关系，使家庭关系免受时间和距离的威胁。[①]随着人口流动的加剧，家庭成员分居两地成为一种普遍现象。西方研究者苏珊·亚伯梳理了媒介环境中的家庭仪式研究，发现媒介使用在异地家庭互动中起到了家庭仪式的作用。分居两地的家庭成员定期做出家人线上日常问候和在线游戏等家庭仪式性行为，有助于维系远距离亲密关系，其中既包括亲子关系，也包括夫妻/情侣间的浪漫关系。[②]大学生因为学校和家乡的空间距离阻隔，常回家看看成了一种奢望。新媒体成了与家人保持联系的重要手段，其中网络视频这种方式兼具声音和图像，能最大程度上拉近与家人的距离，被大学生及家人广泛使用，视频聊天就成了一种新型的家庭仪式。库尔德里将仪式的特点归纳为三个方面：习惯性的行为、形式化的行为、涉及某种更广义价值观的行为。[③]大学生与父母的视频行为也有以上仪式性特点。

1. 常态化：亲子视频聊天融入大学生的家庭生活

西方人类学研究者科泽曾说过，新仪式的出现并不依凭于发明者的心血来潮，而是取决于那些参与仪式之中的人们所存在的社会环境。[④]20 世纪，大学生外出求学，只能依靠书信和电话与家人联系。随着新媒体技术的发展，大学生和家人的联系越来越方便，其中视频聊天是最全面的一种方式，不仅可以听见声音，还可以看见家人的状态和表情，具有虚拟在场的感受。但相比于电话和微信，视频聊天对环境的要求更高，需要有一个没有干扰且网络稳定的环境。大学生有课业负担，父母也有工作任务，视频聊天的时间通常需要提前协商。

---

① Rothenbuhler E W. 1998. *Ritual Communication: From Everyday Conversation to Mediated Ceremony*. Thousand Oaks: Sage Publications, Inc. p. 108.

② Abel S, Machin T, Brownlow C. 2021. Social media, rituals, and long-distance family relationship maintenance: A mixed-methods systematic review. *New Media & Society*, 23(3). pp. 632-654.

③ 尼克·库尔德里. 2016. 媒介仪式：一种批判的视角. 崔玺译. 北京：中国人民大学出版社：3.

④ 大卫.科泽. 2015. 仪式、政治与权力. 王海洲译. 南京：江苏人民出版社：13.

　　刚到大学的那两个月，爸妈担心我在学校不适应，就隔三差五地想和我视频聊天。后来，我渐渐适应了学校生活，又报了一个周末的英语学习班，课余时间还要参加学院篮球队的训练，生活忙碌起来。父母为了不打扰我学习，就商量每周通过视频聊天见一次面。渐渐地就固定下来，每周日晚上7~8点都视频聊天一个小时左右。周一到周五爸妈要上班，我要上课，我爸周六有时候会加班，所以周日这个时间最合适。选择晚上聊天，主要考虑时间充裕、不受干扰，可以聊久一点，而7~8点这个时间又不算太晚，不会打扰室友休息。（XYC）

　　相比于打电话、发短信等沟通方式，亲子视频充分借助传播媒介实现身体的虚拟在场。亲子视频聊天不仅是语言上的交流，彼此也可以观察到对方的身体状态、精神状态和所处环境，参与感更强。对于长期不能见面的家人来说，亲子视频聊天是一种理想的远程家庭仪式。

　　我爸妈和我视频聊天的时候都会观察我精神状态好不好，有没有变胖，然后督促我加强锻炼，而语音或者电话就没有办法看到对方。彼此可能隐瞒一些事情，比如生病了瞒着对方，不利于交流。（BZR）

　　虽然，视频聊天时父母都会参与其中，但在访谈中我们发现，大多数家庭中都是母亲和孩子交流较多，父亲和孩子的交流相对较少。

　　我妈比较操心，我爸相对不善言辞。每次视频聊天的时候，爸妈都会参与，但都是我妈说得多，会问我生活情况，我爸就偶尔插几句话让我好好学习。（LYF）

2. 模式化：报喜不报忧与嘘寒问暖

　　"自我表露"（self-disclosure）一词由心理学家西尼·朱拉德于1958年提出，他认为自我表露就是让目标人了解有关自己的信息的过程。[①] 已有研究发现，青少年对父母的自我表露程度较低，而与朋友之间的自我表露程度较高。[②]

---

① Jourard S M, Lasakow P. 1958. Some factors in self-disclosure. *The Journal of Abnormal and Social Psychology*, 56(1). p. 91.

② Kito M. 2005. Self-disclosure in romantic relationships and friendships among American and Japanese college students. *The Journal of Social Psychology*, 145(2). pp. 127-140.

本书得出了类似结论，大学生与父母视频聊天时自我表露程度较低，并且在不同话题上有所偏好，总体来说报喜不报忧。

> 视频聊天时一般和父母报喜不报忧，读博压力挺大，但一般不和他们抱怨。比如，论文投稿被拒就不会和他们说。毕竟他们也解决不了问题，知道了反而会担心。（GT）

> 学习上的事情一般不会去和父母说，但今年找工作的时候发现自己缺少社会经验，有时候想问题太简单。所以，在职业选择拿不定主意的时候会向爸妈寻求帮助。（ZZY）

可以看出，整体上大学生对父母的自我表露程度不高。但大学生完成从学生向社会人的转变过程中，不可避免地会遇到困难。在遇到父母有能力解决的问题时，大学生还是愿意向父母请求帮助。

家长里短和嘘寒问暖是大学生亲子视频的主要内容。

> 自己的日常学习生活、父母状态和亲戚朋友动态是我们家视频聊天的主要内容。另外，爸妈每次都会叮嘱我及时增减衣服、好好学习、不要熬夜之类。我也会关心爸妈的身体健康，叮嘱他们要坚持锻炼，让爸爸少喝酒。即使视频聊天时没什么重要事情要说，但这个形式不能缺，这些关心让我感到很温暖。（JKY）

冉雅璇等认为仪式不具备直接的功能性目的[1]，如春节时一定要回家吃年夜饭，不是因为这顿饭本身多丰盛可口，而是象征了家庭团圆。米哈埃拉·内德尔库等研究发现身处异地的家庭成员之间，利用新媒体联系的具体内容不是最重要的，而联系本身更加重要，是强化代际联系的纽带。[2]大学生的亲子视频同样功能性较弱，形式比内容更重要，其主要目的并不是要通过视频这种形式传递什么重要信息，而是希望通过这种方式保持和家人的联络。

---

① 冉雅璇，卫海英，李清，等.2018. 心理学视角下的人类仪式：一种意义深远的重复动作. 心理科学进展，26(1)：169-179.

② Nedelcu M, Wyss M. 2016. "Doing family" through ICT-mediated ordinary co-presence: Transnational communication practices of Romanian migrants in Switzerland. *Global Networks*, 16(2): 202-218.

奶奶住我家，不会用微信之类的东西，就是靠每周视频聊天的时候看看我。我和奶奶每次聊的时间不长，聊天的话题也都差不多，就是她问我在学校吃得好不好，我也会关心她的身体状况。虽然，话题比较单调重复，但我不会觉得啰唆。每次奶奶看到我都会很开心，我也希望通过这种方式让她心情更好一点。（HCM）

3. 象征意义：报平安与亲情流动

罗森布勒认为仪式最重要的特征就是行为所包含的象征意义超过了行为本身。[1]西方家庭仪式研究者也认为象征性家庭仪式和家庭常规行为最大的区别在于，家庭常规是直接可见的，而家庭仪式通常和象征意义紧密相连。[2]自古以来，家人之间的远距离沟通就充满象征意味。在封建时代，家书是家庭远距离沟通的重要形式。李清照的词"云中谁寄锦书来，雁字回时，月满西楼"，淋漓尽致地表现了家书寄托思念的作用。在战争期间，家书的价值更能凸显，杜甫有诗云"烽火连三月，家书抵万金"，战乱期间，家人生死未卜，收到一封家书就代表着家人平安。当今，随着通信技术的发展，家书这种传播形式渐渐退出历史舞台，网络视频等成了游子与家人保持联系的重要手段。子女尚未成家，一个人在外地求学，父母常常会比较担心，看见子女的真实状态对父母而言就显得非常重要。亲子视频可以缓解父母对子女的牵挂，让父母放心。

我每周六下午会去西安下面的一个县的艺考培训机构代课，爸妈比较担心我的安全。所以每次周六晚上代课回学校后都要和我视频聊天，一是看我有没有安全回来，二是聊一聊最近的事情。（WMY）

我有时候觉得其实打电话也行，也不用找耳机整理头发啥的，但我爸妈觉得见见面体验更好。有时候爸妈和我视频聊天是想看看我晚上有没有回到宿舍，如果很晚还在外面玩，他们就会很担心。（BZR）

视频聊天不仅让父母放心，也满足了远在外地求学的大学生的情感需求，

---

① Rothenbuhler E W. 1998. *Ritual Communication: From Everyday Conversation to Mediated Ceremony.* Thousand Oaks: Sage Publications, Inc. p. 26.

② Fiese B H, Foley K P, Spagnola M. 2006. Routine and ritual elements in family mealtimes: Contexts for child well-being and family identity. *New Directions for Child and Adolescent Development*, (11). pp. 67-89.

尤其是在传统节日时，视频聊天也是缓解思念的重要方式。

> 我觉得视频聊天可以拉近我和爸妈的距离，稳固亲人间的情感吧。因为上学很长时间不在家里陪伴爸妈，通过视频聊天的方式表达关心也是尽自己一份孝心，聊完天觉得爸妈就像在身边一样。（ZZY）
>
> 一般中秋节、端午节在学校过，那天晚上我的叔叔伯伯们会去我家聚餐，晚饭的时候爸妈就会和我视频聊天。这样，我和家里每个人都能聊几句，感觉就像回家了一样。（PW）

柯林斯在提出互动仪式链理论时强调亲身在场的重要性，而网络视频已经实现了柯林斯所强调的实时互动交流，让身处异地的大学生和他们的家人可以看到彼此，共同参与到家庭沟通中。在这个过程中，身体在场不再是仪式传播的必要条件，通过网络视频聊天，大学生同样可以和家人产生情感互动和情感能量。对大学生及其父母而言，视频聊天的形式比内容本身更加重要，象征意义大于沟通实质意义。视频聊天具有报平安和稳固亲情的象征性意义，是一种表达关心和思念的仪式。

第五章

家庭仪式传播对青少年幸福感影响机制研究

第一节　研究假设和理论模型

一、家庭仪式传播对青少年主观幸福感的影响

通过之前的文献分析可知，影响青少年幸福感的因素中既包括主观因素，也包括客观因素。家庭因素是影响青少年幸福感的重要客观因素之一，包含了家庭结构、父母管教方式、家庭活动等诸多方面。在现代社会中，青少年的很大一部分时间是指向结构化的活动的，如学校活动以及朋友之间的社交活动，这些活动可以促使他们未来在竞争激烈的劳动力市场上获得成功。然而，当青少年将越来越多的精力投入这些活动时，可能会减少他们与家人在一起的时间。[①]在这种情况下，利用青少年有限的家庭活动时间，创造良好的家庭关系，就显得尤其重要。西方家庭仪式传播研究表明家庭仪式传播可以降低青少年的抑郁程度，提升青少年的满足感、幸福感以及健康水平。芭芭拉·菲斯等认为仪式感较强的晚餐非常重要，仪式性的家庭晚餐有利于儿童家庭身份的认同和幸福感的获得。[②]提勒斯拉·西蒙斯等认为家庭仪式有构建青少年的身份、调整父母

---

① Offer S. 2013. Family time activities and adolescents' emotional well-being. *Journal of Marriage and Family*, 75(1). pp. 26-41.

② Fiese B H, Foley K P, Spagnola M. 2006. Routine and ritual elements in family mealtimes: Contexts for child well-being and family identity. *New Directions for Child and Adolescent Development*, (11). pp. 67-89.

和孩子之间关系的作用。[1]代云·金等研究发现孩子的自尊水平与他们的手机使用成瘾情况呈负相关，孩子的自尊与手机使用成瘾之间的关系受到共度周末家庭仪式的调节。定期与家人共度周末的家庭仪式可以为孩子提供家庭生活的安全感，减轻孩子压力，从而降低孩子过度使用智能手机的风险。[2]莎拉·马奎斯等研究发现家庭仪式与青少年的社会联系呈正相关，与青少年的抑郁情况呈负相关。[3]达里奥·派斯等研究发现家庭圣诞节庆祝仪式和新年庆祝仪式有助于减少人们的孤独感，提升社会支持及主观幸福感。[4]这项研究也注意到了家庭仪式传播和幸福感的关系是需要分情境讨论的，例如圣诞节和新年庆祝仪式期间发生家庭矛盾会增加人们的消极情绪，减少主观幸福感。卡拉·克雷斯波等进行了间隔一年的 2 次调研，发现第一年调研得到的家庭凝聚力和家庭仪式的强弱情况，可以预测一年后孩子的幸福感程度。[5]凯利·缪泽科等在控制了家庭结构、家庭子女数量、家庭年收入、父母教育和母亲就业情况等一系列变量后，发现家庭晚餐仪式依旧和青少年幸福感以及健康情况显著相关。与之相对应，家庭仪式过少则不利于家庭关系和谐及青少年心理健康。[6]埃琳娜·康潘等通过对比有心理疾病的青少年和心理健康的青少年，发现有心理疾病的青少年的家庭仪式活动较少，对家庭功能的感知满意度较低。[7]目前，大部分研究都立足于西方社会背景，论证家庭仪式传播对青少年幸福感的影响，而中国的

---

① Simões T A, Alberto I M. 2019. Family rituals and routines in the developmental trajectory of urban southern Angolan families. *Journal of Black Psychology*, 45(6-7). pp. 454-493.

② Kim D, Jahng K E. 2019. Children's self-esteem and problematic smartphone use: The moderating effect of family rituals. *Journal of Child and Family Studies*, 28(12). pp. 3446-3454.

③ Malaquias S, Crespo C, Francisco R. 2015. How do adolescents benefit from family rituals? Links to social connectedness, depression and anxiety. *Journal of Child and Family Studies*, 24(10). pp. 3009-3017.

④ Páez D, Bilbao M Á, Bobowik M, et al. 2011.Merry Christmas and Happy New Year! The impact of Christmas rituals on subjective well-being and family's emotional climate. *Revista de Psicología Social*, 26(3). pp.373-386.

⑤ Crespo C, Kielpikowski M, Pryor J, et al. 2011. Family rituals in New Zealand families: Links to family cohesion and adolescents' well-being. *Journal of Family Psychology*, 25(2). p. 184.

⑥ Musick K, Meier A. 2012. Assessing causality and persistence in associations between family dinners and adolescent well-being. *Journal of Marriage and Family*, 74(3): 476-493.

⑦ Compañ E, Moreno J, Ruiz M T, et al. 2002. Doing things together: Adolescent health and family rituals. *Journal of Epidemiology & Community Health*, 56(2). pp. 89-94.

家庭仪式传播形式和西方有较大不同。据此，本书提出第一个研究假设。

H1：家庭仪式传播强度越高，青少年的主观幸福感越强。

二、家庭亲密度的中介效应

家庭亲密度一般是指家庭成员相互间的情感关系[①]，反映了家庭成员亲近关系及积极家庭氛围的综合指标，指个体觉察到与家庭成员之间的情感联结程度，是家庭成员之间独立与联结的平衡。[②]家庭系统理论认为，家庭亲密度越高的家庭，家庭功能可以得到更充分的发挥。[③]良好的家庭关系中，青少年更愿意和父母沟通，并表达自我，家庭矛盾更少。家庭亲密度和焦虑、孤独等消极情绪之间呈负相关。[④]家庭亲密度和适应性均与青少年主观幸福感显著正相关，个体在家庭中所感受到的亲密度越高，越容易感到幸福。[⑤]家庭亲密度的影响因素主要来自两个方面：一方面，人格特征因素对家庭亲密度会产生影响，乐群、稳定的人格特征与家庭亲密度有正相关关系，而怀疑、紧张的人格特征和家庭亲密度呈负相关关系，[⑥]子女对母亲性格的喜好程度对家庭亲密度有显著正向影响[⑦]；另一方面，家庭生活也会对家庭亲密度产生影响，家庭余暇活动对分居两地家庭成员间的亲密度有正向影响[⑧]，留守生活带来的孤独感会对家庭亲密度产生负向影响。[⑨]另外，大量实证研究表明，家庭仪式传播有助于

① 李兵宽，刘启辉. 2012. 大学生人格特征与家庭亲密度、适应性的关系. 中国特殊教育，(1)：81-84.

② 刘世宏，李丹，刘晓洁，等. 2014. 青少年的学校适应问题：家庭亲密度、家庭道德情绪和责任感的作用. 心理科学，37(3)：617-624.

③ 李合群，沈彬. 2004. 青少年神经症的家庭亲密度及父母教养方式研究. 中国行为医学科学，(3)：89-90.

④ 阳德华. 2001. 家庭亲密度和适应性与初中生抑郁、焦虑情绪的关系. 健康心理学杂志，(6)：417-419.

⑤ 李文华，王丽萍，苑杰. 2014. 大学生主观幸福感与家庭亲密度和适应性的关系. 中国健康心理学杂志，22(7)：1067-1070.

⑥ 李兵宽，刘启辉. 2012. 大学生人格特征与家庭亲密度、适应性的关系. 中国特殊教育，(1)：81-84.

⑦ 万晶晶，方晓义，邓林园，等. 2007. 青少年期母子性格与家庭亲密度的关系：性格喜好的作用. 心理学探新，(2)：63-68.

⑧ 刘玉琼. 2010. 父母在家庭余暇活动的参与对分隔家庭的家庭凝聚力的影响. 青年研究，(6)：55-62，95-96.

⑨ 杨青，易礼兰，宋薇. 2016. 农村留守儿童孤独感与家庭亲密度、学校归属感的关系. 中国心理卫生杂志，30(3)：197-201.

增强家庭亲密度。欧内斯特·伯吉斯等认为家庭仪式是影响家庭和睦的八大因素之一，家庭仪式越丰富，家庭关系越亲密。[①]露丝·西格尔也强调家庭仪式是一种象征性的活动形式，传达了家庭成员的身份和归属感。[②]例如，人们很早就认识到，吃饭不仅仅是为了分享食物，更是为了通过沟通与家庭成员建立联系。家庭聚餐构成了一个重要的仪式和社交聚会的主要场所，让青少年和他们的父母有机会交谈，表达他们的感情，并为彼此提供支持，产生家庭团聚的感觉。[③]玛丽·斯帕尼奥利等认为家庭仪式维系和加强了家庭成员之间的依恋和联系，可以为家人之间建立牢固的情感纽带，建构了家庭文化或家庭认同感，有利于家庭成员产生积极情感，对家庭幸福感有特殊意义。[④]罗兰·马克等研究了信仰犹太教家庭的安息日仪式对家庭关系的影响，发现安息日仪式凝聚了家人，也给了孩子力量。[⑤]相反，如果这种仪式遭到破坏，如一家人不在一起吃晚饭了，而是各自吃各自的，会损害这种家庭晚餐仪式传播仪式感，进而可能减少家庭的凝聚力。基于既有研究，本书提出以下假设。

H2：家庭仪式传播强度越高，青少年的家庭亲密度越高。

H3：家庭亲密度越高，青少年主观幸福感越强。

H4：家庭仪式传播会通过家庭亲密度对青少年主观幸福感产生影响。

三、抗逆力的中介效应

抗逆力（resilience，又翻译为弹性、复原力、心理韧性）指个体（或组织）在逆境中克服困难，展示积极适应逆境的能力。[⑥]面临压力时，不同人的处理

---

① Burgess E W, Locke H J. 1948. *The Family*. New York: American Book Company. pp. 337, 345-346.

② Segal R. 2004. Family routines and rituals: A context for occupational therapy interventions. *American Journal of Occupational Therapy*, 58(5): 499-508.

③ Paezi D M, Bilbao A, Bobowik M, et al. 2011. Merry Christmas and Happy New Year! The impact of Christmas rituals on subjective well-being and family's emotional climate. *Revista de Psicología Social*, 26(3). pp. 373-386.

④ Spagnola M, Fiese B H. 2007. Family routines and rituals: A context for development in the lives of young children. *Infants & Young Children*, 20(4). pp. 284-299.

⑤ Marks L D, Hatch T G, Dollahite D C. 2018. Sacred practices and family processes in a Jewish context: Shabbat as the weekly family ritual par excellence. *Family Process*, 57(2). pp. 448-461.

⑥ 刘玉兰. 2011. 西方抗逆力理论：转型、演进、争辩和发展. 国外社会科学，(6)：67-74.

方式不同，有人在面临压力时会退缩，但另外一些人在面临压力时会迎难而上。这种不同的压力应对方式会对其幸福感产生影响。抗逆力在逆境情况（遭遇重大疾病、亲人去世、离婚等）下作用明显，但也有研究者认为抗逆力同样适用于正常家庭的非逆境状态中。研究发现，在没有遭受创伤和面对生活压力条件下，抗逆力也会发挥积极的作用，促进幸福感的提升。[1]青少年处于一个转型时期，一方面面临繁重的学业压力，另一方面，要开始独自在情感、职业等方面进行探索。青少年在成长阶段，不可避免会遇到很多挫折和问题，这会增加青少年的负面情感，从而降低主观幸福感。抗逆力是重要的保护性因素，有助于提升青少年的主观幸福感。有部分研究也发现了抗逆力对幸福感的积极影响，济纳特·迈赫迪安等研究发现社会支持通过抗逆力对幸福感产生影响。[2]国内研究者也在不同群体中发现抗逆力对幸福感的影响，杨姣等研究发现体育锻炼可以提升老年人的抗逆力，进而提升老年人的幸福感。[3]吴九君研究发现，积极的心理干预，可以提升大学生群体的抗逆力，进而提升大学生的幸福感。[4]郑玉等在新冠肺炎疫情期间，做了一次对照组实验。发现通过提升学生的抗逆力，可以减少其对新冠肺炎疫情的恐惧，提升积极情绪。[5]西方家庭仪式传播研究发现，家庭仪式就是家庭在逆境中的稳定器，在一个家庭处在逆境或遇到困难时，家庭仪式可以帮助家庭适应困境，提升家庭抗逆力。叶塞·尹等研究发现家庭晚餐仪式传播是家庭重要的保护机制，为家庭营造了稳定感和认同感，家庭仪式传播可以缓解父母遭遇压力对子女心理情况的负面影响。[6]马约莉·帕

---

① 蔡蓉. 2017. 大学生抗逆力与主观幸福感的关系研究——以北京某高校为例. 教书育人(高教论坛), (18): 64-66.

② Mahdian Z, Ghaffari M. 2016. The mediating role of psychological resilience, and social support on the relationship between spiritual well-being and hope in cancer patients. *Journal of Fundamentals of Mental Health*, 18(3). pp. 130-138.

③ 杨姣, 任玉嘉, 李亚敏, 等. 体育锻炼对老年人精神幸福感的影响: 心理弹性的中介作用. 中国临床心理学杂志, 2021, 29(1): 191-194, 208.

④ 吴九君. 2019. 积极心理干预对大学生心理和谐、抗逆力、总体幸福感及抑郁的影响. 首都师范大学学报(社会科学版), (4): 178-188.

⑤ 郑玉, 关远, 向德平. 2021. 疫情防控常态化下流动儿童抗逆力提升的小组干预: 一项随机对照试验. 社会工作, (3): 40-52, 108.

⑥ Yoon Y, Newkirk K, Perry-Jenkins M. 2015. Parenting stress, dinnertime rituals, and child well-being in working-class families. *Family Relations*, 64(1). pp. 93-107.

特等发现在离婚和再婚家庭中保持日常生活仪式可以促进孩子更好地适应新生活，为他们提供家庭生活的安全感和稳定性。[①]玛丽·怀特塞德的研究发现再婚家庭的关系更加复杂，血缘关系、姻亲关系、前姻亲关系和继亲关系相互交织，而家庭仪式对再婚家庭形成新的家庭身份认同有促进作用。[②]苏珊娜·桑托斯和马克森·赛米亚等研究者发现家庭仪式对于孩子患有哮喘的家庭来说是一种保护性因素，在孩子患有哮喘的家庭中，越重视家庭仪式，孩子焦虑程度更低，家庭凝聚力越强，生活满意度越高，出现情绪和行为问题的可能性越小。家庭仪式有助于孩子更好地适应患病后的生活。[③④]莎拉·柯蒂斯研究发现家庭仪式有助于自闭症儿童的病情缓解。[⑤]苏珊娜·桑托斯等研究了孩子患有癌症的 19 个家庭，发现孩子被诊断出癌症后，家庭仪式也会随之发生变化，包括调整原有家庭仪式、创建新家庭仪式和恢复曾经的家庭仪式。家长们改变家庭仪式，从而起到对患病孩子的保护作用。[⑥]在苏珊娜·桑托斯等的另一项研究中发现，在孩子患有癌症的家庭中，越重视家庭仪式，孩子的生活越有希望，家庭凝聚力越强，生活满意度越高。[⑦]卡拉·克雷斯波等梳理了慢性病背景下的家庭仪式，认为一个家庭成员患病会影响家庭仪式的性质和频率。家庭仪式能为病人提供感情支持，并有利于病情好转。[⑧]在父母酗酒的家庭中，家庭仪式

---

① Pett M A, Lang N, Gander A. 1992. Late-life divorce: Its impact on family rituals. *Journal of Family Issues*, 13(4). pp. 526-552.

② Whiteside M F. 1989. Family rituals as a key to kinship connections in remarried families. *Family Relations*. 38(1). pp. 34-39.

③ Santos S, Crespo C, Silva N, et al. 2012. Quality of life and adjustment in youths with asthma: The contributions of family rituals and the family environment. *Family Process*, 51(4). pp. 557-569.

④ Markson S, Fiese B H. 2000. Family rituals as a protective factor for children with asthma. *Journal of Pediatric Psychology*, 25(7). pp. 471-480.

⑤ Curtiss S L. 2018. Integrating family ritual and sociocultural theories as a framework for understanding mealtimes of families with children on the autism spectrum. *Journal of Family Theory & Review*, 10(4). pp. 749-764.

⑥ Santos S, Crespo C, Canavarro M C, et al. 2018. Family rituals when children have cancer: A qualitative study. *Journal of Family Psychology*, 32(5). p. 643.

⑦ Santos S, Crespo C, Canavarro C, et al. 2015. Family rituals and quality of life in children with cancer and their parents: The role of family cohesion and hope. *Journal of pediatric psychology*, 40(7). pp. 664-671.

⑧ Crespo C, Santos S, Canavarro M C, et al. 2013. Family routines and rituals in the context of chronic conditions：A review. *International Journal of Psychology*, 48(5). pp. 729-746.

是一种保护性因素，越重视家庭仪式，其子女焦虑程度越低。[①]与之相对应，如果家庭仪式因为外界因素被打破，会给青少年的成长带来不利影响。凯瑟琳·霍金斯研究发现如果家庭因为家长有酗酒行为，而中断了家庭仪式，如父母因为酗酒不再和孩子一起吃晚饭，其子女更有可能出现药物滥用、反社会行为和心理问题（抑郁和焦虑等）。家庭仪式行为的中断会在其中起到中介效应。[②]通过研究低收入的非裔美国人家庭，埃里卡·巴克利克发现家庭仪式可以缓解创伤经历带来的应激反应，减少儿童痛苦情绪。[③]基于已有研究，本书提出下列假设。

H5：家庭仪式传播强度越高，青少年抗逆力越高。

H6：青少年的抗逆力越高，其主观幸福感越强。

H7：家庭仪式传播会通过抗逆力对青少年主观幸福感产生影响。

四、文化认同的中介效应

文化认同，就是指对人们之间或个人同群体之间的共同文化的确认。[④]使用相同的文化符号是文化认同的重要基础，文化符号既包括语言文字，也包括仪式符号。诸多研究表明，文化生活和文化认同有显著相关关系。何金璐等研究发现参观文化遗址可以增加游客的文化认同。[⑤]冉华等研究发现互联网使用的时间、频率和依赖度与大学生文化认同有显著相关关系。[⑥]汪秋云研究发现，听国风音乐有助于增强青少年的传统文化认同。[⑦]在前现代社会，人口流动较

---

① Fiese B H. 1993. Family rituals in alcoholic and nonalcoholic households: Relations to adolescent health symptomatology and problem drinking. *Family Relations*, 42(2). pp. 187-192.

② Hawkins C A. 1997. Disruption of family rituals as a mediator of the relationship between parental drinking and adult adjustment in offspring. *Addictive Behaviors*, 22(2). pp. 219-231.

③ Bocknek E L. 2017. Family rituals in low-income African American families at risk for trauma exposure and associations with toddlers' regulation of distress. *Journal of Marital and Family Therapy*, 44(4). pp. 702-715.

④ 崔新建. 2004. 文化认同及其根源. 北京师范大学学报(社会科学版)，(4)：102-104，107.

⑤ 何金璐，艾少伟. 2021. 大明宫国家考古遗址公园旅游体验对游客文化认同影响研究. 地域研究与开发，40(3)：99-103，108.

⑥ 冉华，邓倩. 2012. 从互联网使用到文化身份认同：以大学生为例的定量研究. 现代传播(中国传媒大学学报)，34(6)：115-118.

⑦ 汪秋云. 2020. 国风音乐用户收听动机与行为对传统文化认同的影响研究(硕士学位论文). 暨南大学.

少，社会结构封闭，文化认同不是一个引人关注的问题。但随着现代化的加剧，不同文化发生交流和碰撞。中西方文化交融碰撞，文化认同成了一个备受关注的话题，而家庭仪式传播与文化认同关系密切。首先，仪式本身就是由文化传统来维系的。[1]另外，家庭仪式传播还可以促进文化认同。研究者很早就认识到，仪式在人类群体的融合中起着重要的作用，涂尔干将其作为机械团结理论的重要组成部分。在现代和传统的家庭中，仪式被认为是一个重要的组成部分。社会仪式是一种象征性的行为，是在群体中发展起来的，参与者从中可以获得意义和满足感，因而会不断重复。然而，尽管它很重要，参与者可能不能理智地说他们从中得到了什么或功能是什么，因为这种作用不是简单的工具理性（zweck-rational）。[2]闫伊默研究发现，促进认同是仪式传播的核心价值之一，仪式传播有助于促进自我认同、集体认同和社会认同。[3]王晓丹认为仪式作为文化传承的载体，能够强化民族与国家的认同感。[4]民族（族群）认同的内容与实质决定了民族认同与幸福感息息相关。社会认同理论指出，群体（族群）认同是人们获得自尊的重要来源，能够满足个体的归属感等心理需要，而自尊、归属感是幸福感的重要来源。另外，民族（族群）认同作为一种社会认同，是一个双向的过程，个体通过自我归类过程认识到他归属于特定的民族，他所获得的这一民族身份会赋予他一定的情感和价值意义，情感意义在很大程度上由血缘关系所决定，而价值意义更多由民族文化所决定。[5]有研究者发现，在少数民族群体中，文化认同与群体主观幸福感具有显著正相关关系。[6]在留学生群体中，主族文化认同和客族文化认同均对群体主观幸福感有显著影响。[7]基于已有研究，本书提出下列假设。

H8：家庭仪式传播强度越高，青少年传统文化认同度越高。

---

① 李启波. 2014. 大学仪式研究(硕士学位论文). 南京师范大学.

② Klapp O E. 1959. Ritual and family solidarity. *Social Forces*, 3. pp. 212-214.

③ 闫伊默. 2014. 仪式传播与认同研究. 北京：知识产权出版社.

④ 王晓丹. 2015. 论旅游中的仪式与仪式感(硕士学位论文). 东北财经大学.

⑤ 赵科，杨丽宏. 2019. 民族认同、民族文化认同和主流文化认同对少数民族学生幸福感的影响. 民族教育研究，30(5)：147-152.

⑥ 赵科，杨丽宏. 2019. 民族认同、民族文化认同和主流文化认同对少数民族学生幸福感的影响. 民族教育研究，30(5)：147-152.

⑦ 郑雪，王磊. 2005. 中国留学生的文化认同、社会取向与主观幸福感. 心理发展与教育，(1)：48-54.

H9：青少年的传统文化认同度越高，其主观幸福感越强。

H10：家庭仪式传播会通过文化认同对青少年主观幸福感产生影响。

五、互依型自我构念的调节作用

东西方在文化基础上的整体差异常常用个人主义和集体主义来区分。黑兹尔·马库斯提出了"自我构念"（self-construal）这个概念来解释东西方文化的差异对自我建构的影响。独立型自我（independent self-construal）和互依型自我（interdependent self-construal）分别是西方个人主义文化和东方集体文化下的典型的自我表征。[①]独立型自我的特点是分离性和独特性，个体通过社会比较巩固其自我的独特性和内在特质，独特性是其自尊的重要基础，在不同情境下保持同一性以及坚定自信地与他人沟通是独立自我成熟的标志。互依型自我体现的是个体与他人联系的方式，个体随着情境改变自身行为以适应集体，调节情绪以维持集体的和谐是互依型自我成熟的标志。[②]有学者意识到中国人的幸福感和西方人的幸福感有诸多差异，互依型自我构念是导致这些差异的重要原因。[③]大体而言，在个人主义文化下，人们关注狭隘的感官享乐，而在集体主义文化中，人们认为维系和谐的人际关系更重要。邹琼认为个人情感是西方幸福感中的主要因素，而在儒家文化中则有不同。如范仲淹的"先天下之忧而忧，后天下之乐而乐"；孟子提出的君子三乐"父母俱存，兄弟无故，一乐也；仰不愧于天，俯不怍于人，二乐也；得天下英才而教育之，三乐也"[④]。由此可见，中国传统的幸福观认为幸福不仅是个人基本物欲的满足，更是通过与他人、与社会、与自然的和谐相处而获得的心灵的安宁。[⑤]在集体主义文化中，个人的幸福，不仅仅是满足个人基本生活和情感体验需求，还要实现家庭

---

① Markus H R, Kitayama S. 1991. Culture and the self: Implications for cognition, emotion, and motivation. *Psychological Review*, 98(2). pp. 224-253.

② 邹璐，姜莉，张西超，等. 2014. 自我构念对主观幸福感的影响机制分析：自我效能感和关系和谐的中介作用. 心理与行为研究，12(1)：107-114，135.

③ Lu L, Gilmour R, Kao S F. 2001. Cultural values and happiness: An East-West dialogue. *The Journal of Social Psychology*, 141(4), 477-493.

④ 万丽华，蓝旭译注. 2016. 孟子. 北京：中华书局，297-298.

⑤ 邹琼. 2005. 主观幸福感与文化的关系研究综述. 心理科学，(3)：632-633，631.

价值和社会价值。这种结论不仅是一种思辨性的思考，也有大量实证研究予以验证。达林·麦克马洪研究发现关系是否和谐在集体主义文化中是影响幸福感的重要变量。在强调个人主义的西方，幸福被认为是多快乐少痛苦或者是活力、激活和自我实现。[①]中国强调集体主义，个人幸福离不开其他人，比如家庭成员。[②]有研究者进行了一项幸福感的跨文化研究，发现人际关系的和谐对集体主义文化环境下的人幸福感的影响比对个人主义文化环境下的人（美国人）幸福感的影响更强。[③]温迪·兰等研究了香港家庭对和谐、幸福和健康的认知，通过对41个香港华人家庭进行访谈，发现家庭和谐包括良好的沟通、相互尊重、尽可能少的冲突和长时间的陪伴，而这些与家庭健康和幸福紧密相关，和谐是家庭运转的核心要素。[④]有研究者认为儒家哲学的前提是每个人的生命是这个人家庭血统中的一个环节，每个人都是他或她的祖先的延续，要将家族置于一个人生活的核心地位，家庭或家族的集体利益高于个人利益。[⑤]大量实证研究证明，在个人主义文化中，人们倾向于区分自己与他人，个人所体验到的情感是自己独特的体验与自我相关的情感，因此自尊等因素对幸福感有较大影响。集体主义取向的文化，个人的主要目的并非区分自己与他人，而是与他人保持和谐统一。因此，个人感觉不是决定性因素，与他人的关系则会对幸福感产生显著影响。[⑥]不过，个人主义和集体主义并不是完全对立的。尤其是在世界交流日益密切的今天，不能再简单地认为西方国家都信奉个人主义，而中国、日本、韩国等深受儒家文化影响的东亚国家都信奉集体主义。本书认为，互依型自我构念在家庭仪式传播对青少年的影响方面会产生差异性的影响。具体而言，

① McMahon D M. 2004. From the happiness of virtue to the virtue of happiness: 400 BC-AD 1780. *Daedalus*, 133(2), 5-17.

② Lu L, Gilmour R, Kao S F. 2001. Cultural values and happiness: An East-West dialogue. *The Journal of Social Psychology*, 141(4). pp. 477-493.

③ Kwan V S, Bond M H, Singelis T M. 1997. Pancultural explanations for life satisfaction: Adding relationship harmony to self-esteem. *Journal of Personality and Social Psychology*, 73(5). p. 1038.

④ Lam W W T, Fielding R, McDowell I, et al. 2012. Perspectives on family health, happiness and harmony (3H) among Hong Kong Chinese people: a qualitative study. *Health Education Research*, 27(5). pp. 767-779.

⑤ Gilmour R, Kao S F, Lu L. 2001. Cultural values and happiness: An East-West dialogue. *The Journal of Social Psychology*, 141(8). pp. 477-493.

⑥ 苗元江. 2003. 心理学视野中的幸福(博士学位论文). 南京师范大学.

对互依型自我构念强的青少年而言，家庭仪式传播更有可能带来幸福感；对互依型自我构念较弱的青少年而言，家庭仪式传播对他们的幸福感影响较小。据此，本书提出下列假设。

H11：互依型自我构念调节家庭仪式传播强度对青少年主观幸福感的影响，即互依型自我构念越强，家庭仪式传播对青少年主观幸福感的影响越强烈。

六、理论模型

在整合了以上研究假设的基础上，本书构建了中国家庭仪式传播对青少年主观幸福感影响的理论模型，如图 5-1 所示。

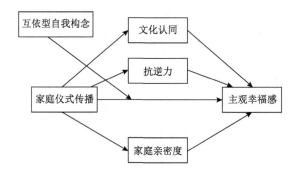

图 5-1　中国家庭仪式传播对青少年主观幸福感影响的理论模型

第二节　问卷设计和预测试

为了研究中国家庭仪式传播对青少年主观幸福感的影响机制，本章采用问卷调查为主，质性访谈为辅的研究方法。调查问卷是本书获取研究数据至关重要的方式和手段。科学设计和制定调查问卷是研究任务完成、研究目标实现的基本提前。在问卷设计过程中，首先要根据研究问题确定要测量的变量，然后，再寻找合适的测量工具。本章根据前期的文献阅读，确定测量维度，再结合已有量表以及焦点小组访谈的结果设计题目，并请专家进行内容效度的评价，得到初测问卷。然后进行预调查，对预调查的结果进行信度和效度的检验，根据结果调整优化问卷题目，形成最终调查问卷。本书的预调查的时间是 2021 年 7 月，根据预调查的结果对问卷进行了修改，2021 年 8～10 月发放正式的调查问卷。具体步骤如下。

细化研究问题——维度选择——设计题目——专家评价——预调查——信度与效度检验——调整题目——形成最终问卷——执行调查——质性访谈对问卷调查结果进一步补充。

一、题目设计

依据第二章的文献综述，本章构建了家庭仪式传播参与的影响模型，认为青少年的家庭仪式传播参与对幸福感的影响主要通过家庭亲密度、文化认同和抗逆力三个中介变量实现。因此，本章结合研究对象的特点，从以下九个方面设计问卷：人口统计学特征、日常互动仪式参与、节日庆祝仪式传播的参与、重要事件仪式传播的参与、家庭礼仪传播的传播、家庭亲密度、抗逆力、文化认同、主观幸福感。家庭亲密度、抗逆力、文化认同和主观幸福感有较为成熟的量表，本章直接借鉴，并进行效度和信度检测。家庭仪式传播量表参照西方的家庭仪式量表，结合研究问题和访谈得到的质性资料，设计得到本章的家庭仪式传播量表。

1. 个人基本信息

由于研究的是家庭仪式传播，和家庭密切相关，因此，个人基本信息包括了个体信息和家庭信息，具体包括年龄、性别、婚姻状态、民族、城乡、学历、家庭所在区域（南方或北方）、家庭年收入、家庭结构、是否独生子女共 10 个问题。其中，本章选取的研究对象是广义上的青少年，指 14～28 岁的未婚人群。因此，本章通过婚姻状态这一题项排除已婚人群。在年龄这一题项中，分为成年（18～28 岁）和未成年（14～17 岁）两个群体。

2. 家庭仪式传播量表

芭芭拉·菲斯等设计了家庭仪式量表，包括家庭庆祝、家庭传统和常规的家庭沟通三种类别。具体针对仪式，从频率、角色、规律性、出席、情感、象征意义等 8 个方面，考察家庭仪式强度。[1]根据第四章的访谈和问卷调查，本章从日常互动仪式传播、节日庆祝仪式传播、重要事件仪式传播和家庭礼仪传播四大类中选取了得分较高的、较为典型的几种家庭仪式传播进行测量，具体包括家庭晚餐仪式传播、家庭娱乐仪式传播、远距离视频聊天仪式传播、传统节日庆祝仪式传播、生日庆祝仪式传播、看望祖辈仪式传播。每类家庭仪式传播从发生、象征意义、情感和模式化 4 个方面进行测量，共 24 道题。问卷中所有测量项均采用利克特量表，1 表示完全不符合，5 表示完全符合。

3. 家庭亲密度量表

本章参照了费立鹏等翻译、修改的家庭环境量表中文版（FES-CV）。该量表最初由鲁道夫·莫斯等编制，后被翻译、改良为适合测量中国家庭的量表。该量表共 90 道题，包括亲密度（cohesion）、情感表达、矛盾性等 10 个维度，每个维度有 9 个问题。[2]因为本章主要是考察亲子视频和家庭亲密度的关系，因此只选取该量表中关于家庭亲密度的题项，包括 "我们家庭成员总是互相给予最大的帮助和支持" "和家人一起，我很少感到无聊" 等 9 个问题。

4. 主观幸福感量表

主观幸福感是指人们对其生活质量所做的情感性和认知性的整体评价。心理学领域从被研究者的主观感受和立场来探讨人们的幸福感，自陈量表法是目前国际通用的幸福感的测量方法。其中，国内外研究者最为广泛引用的是美国伊利诺伊大学心理学教授埃德·迪纳的研究成果，他认为主观幸福感包括三个测量维度：积极情感、消极情感和生活满意度。[3]本章对积极情绪和消极情绪的测量采用布莱德布恩·诺曼的情感量表，积极情绪包括 "我对现在的生活感到舒适和快乐" "很满意现在的生活状态" 等 5 个问题，消极情绪测量包括 "时常觉得生活可悲、沮丧" "时常觉得孤独和不安" 等 5 个问题。[4]对生活满意

---

① Fiese B H, Kline C A. 1993. Development of the Family Ritual Questionnaire: Initial reliability and validation studies. *Journal of Family Psychology*, 6(3): 290-299.

② 汪向东，王希林，马弘. 1999. 心理卫生评定量表手册 (增订版). 北京：中国心理卫生杂志社：267-283.

③ Diener E. 1984. Subjective well-being. *Psychological Bulletin*, (95). pp. 542-575.

④ Bradburn N M. 1969. *The Structure of Psychological Well-Being*. Chicago: Aldine.

度的测量采用埃德·迪纳的生活满意度量表，包括"我的生活接近理想状态""我的生活情况很好"等 5 个问题。[1]

5. 抗逆力量表

由凯瑟琳·康纳等设计的抗逆力量表主要测量个体适应逆境的心理品质。[2]于肖楠和张建新修订的中文版抗逆力量表（也称心理韧性量表），包括坚韧、力量、乐观 3 个维度。[3]劳拉·坎贝尔-西尔斯等从中提取 10 个条目，构成了 CD-RISC 的简化版。[4]10 个条目的简化版 CD-RISC 中文版由王立等翻译修订，并以中国的教师群体作为研究对象发放问卷，对收集回来的数据进行了信效度分析，其中内部一致性系数 $\alpha=0.91$，间隔 2 周的重测信度为 0.90，说明该量表适合在我国成人中应用。[5]此后，又有研究者将该量表应用于大学生群体，同样发现有良好的信效度。[6]另外，还有研究者发现情绪创造力与心理弹性有显著相关关系，同样采用了此简化量表。[7]本书采用简化版抗逆力量表，包括"当事情发生变化时，我能够适应""无论人生路途中发生任何事情，我都能处理它"等 10 个问题。

6. 文化认同量表

美国学者琼斯·菲尼编制的多民族群体民族身份认同量表（MEIM），通

---

① Diener E D, Emmons R A, Larsen R J, et al. 1985. The satisfaction with life scale. *Journal of Personality Assessment*, 49(1). pp. 71-75.

② Connor K M, Davidson J R T. 2003. Development of a new resilience scale: The Connor-Davidson resilience scale (CD-RISC). *Depression and Anxiety*, 18(2). pp. 76-82.

③ 于肖楠，张建新. 2007. 自我韧性量表与 Connor-Davidson 韧性量表的应用比较. 心理科学，(5)：1169-1171.

④ Campbell-Sills L, Stein M B. 2007. Psychometric analysis and refinement of the connor–davidson resilience scale (CD-RISC): Validation of a 10-item measure of resilience. *Journal of Traumatic Stress: Official Publication of The International Society for Traumatic Stress Studies*, 20(6). pp. 1019-1028.

⑤ Wang L, Shi Z, Zhang Y, et al. 2010. Psychometric properties of the 10-item Connor-Davidson Resilience Scale in Chinese earthquake victims. *Psychiatry and Clinical Neurosciences*, 64(5). pp. 499-504.

⑥ 赵宁，彭大松. 2019. 大学生抗逆力的外部影响因素分析——以北京市高校为例. 学术论坛，42(6)：134-142.

⑦ 李玉丽，谭莉明，刘佳佳，等. 2013. 大学生一般自我效能感在情绪创造力与心理弹性关系中的中介效应探讨. 护理研究，27(32)：3630-3632.

过因子分析进一步得出民族依恋和归属、民族认同的认知、民族认同行为三个维度，并发现民族文化认同和自尊有显著相关关系。[①]国内学者也在这个基础上开发了我国的文化认同量表，冉华等研究者设计了文化身份认同量表，包括归属承诺和文化认同两个维度共 12 个题项。[②]汪秋云设计了传统文化认同量表，包括文化认知、文化情感、文化行为意向 3 个维度，该量表侧重于测量人们对传统文化的认同，具体包括古典文学、古典技艺、传统节日庆祝仪式传播等 12 个题项。[③]秦向荣等设计的民族认同量表既包括中华民族身份认同，也包括本民族身份认同。[④]从上文的分析可知，家庭仪式传播既包括传统文化，也包括现代的家庭文化，如家人不在一起时，彼此通过视频聊天等方式保持沟通和联系。这虽然不属于传统文化，但依旧体现中国的家庭文化。本章选择冉华等改良后的文化认同量表，包括"我为自己是中华民族成员而感到高兴""我会花时间去更多地了解中华文化"等 12 道题目。

7. 互依型自我构念

1994 年，西奥多·辛格里斯（Theodore Singelis）等学者设计了英文版自我构念量表，包括独立型自我构念和互依型自我构念。其中，互依型自我构念 12 题，包括"我的快乐取决于周围的人；我会在公交车上给我的老师让座；如果一个群体需要我，即使不开心我也会待在那里"等[⑤]。此后，侯雨在博士学位论文中将该量表翻译、改编为中文版的自我构念量表。其中，互依型自我构念为 5 个题项，具体包括"对我来说，与他人维持一种融洽的关系非常重要；我的快乐取决于周围人的快乐；为了集体的利益，我会牺牲自己的利益；如果我所在的群体需要我，即使我待得不开心，我仍然会和他们在一起；我认为保持

① Phinney J S. 1992. The multigroup ethnic identity measure: A new scale for use with diverse groups. *Journal of Adolescent Research*, 7(2). pp. 156-176.

② 冉华，邓倩. 2012. 从互联网使用到文化身份认同：以大学生为例的定量研究. 现代传播(中国传媒大学学报)，34(6)：115-118.

③ 汪秋云. 2020. 国风音乐用户收听动机与行为对传统文化认同的影响研究(硕士学位论文). 暨南大学.

④ 秦向荣，佐斌. 2007. 民族认同的心理学实证研究——11~20 岁青少年民族认同的结构和状况. 湖北民族学院学报(哲学社会科学版)，(6)：37-41，155.

⑤ Singelis T M. 1994. The measurement of independent and interdependent self-construals. *Personality and Social Psychology Bulletin*, 20(5). pp. 580-591.

良好的人际关系比我自己取得成功更重要"[①]。经检验，该量表信效度良好，故本章采用该中文版量表测量青少年的互依型自我构念。

二、预测试

为了确保问卷调查科学合理，本书课题组在发放最终问卷前，先进行了一次预测试。通常认为，预测试样本数量需要满足 3 个条件：一是样本数必须大于变量数；二是最少得有 50 个样本；三是预试样本数最好是量表题项数的 5 倍。[②]本次预测试发放了 150 份问卷，回收有效问卷 144 份，有效问卷率 96%。

1. 家庭仪式传播量表的探索性因子分析

由于家庭仪式传播量表属于改编后的量表，故先对其做探索性因子分析，旋转后的因子载荷矩阵如表 5-1 所示。由此可知，节日庆祝仪式传播与生日庆祝仪式传播、看望祖辈仪式传播均有相似的载荷，故删除节日庆祝仪式传播维度，保留其余 5 个维度。

表 5-1 旋转后的因子载荷矩阵

题项	因子 1	因子 2	因子 3	因子 4	因子 5
家庭晚餐 1	—	—	—	—	0.778
家庭晚餐 2	—	—	—	—	0.775
家庭晚餐 3	—	—	—	—	0.716
家庭晚餐 4	—	—	—	—	0.621
家庭娱乐 1	—	0.848	—	—	—
家庭娱乐 2	—	0.856	—	—	—
家庭娱乐 3	—	0.841	—	—	—
家庭娱乐 4	—	0.672	—	—	—
视频联系 1	—	—	—	0.842	—
视频联系 2	—	—	—	0.858	—

---

① 侯雨. 2020. 跨文化粉丝圈：分化、认同与冲突——基于迪玛希粉丝社群的传播学考察(博士学位论文). 武汉大学.

② Hair J F, Black W C, Babin B J, et al. 2013. *Multivariate Data Analysis (7th Edition)*. London: Pearson Education Limited. p. 100.

续表

题项	因子 1	因子 2	因子 3	因子 4	因子 5
视频联系 3	—	—	—	0.811	—
视频联系 4	—	—	—	0.558	—
生日庆祝 1	—	—	0.766	—	—
生日庆祝 2	—	—	0.762	—	—
生日庆祝 3	—	—	0.733	—	—
生日庆祝 4	—	—	0.491	—	—
节日庆祝 1	0.567	—	0.541	—	—
节日庆祝 2	0.652	—	0.547	—	—
节日庆祝 3	0.669	—	0.412	—	—
节日庆祝 4	0.623	—	—	—	—
看望祖辈 1	0.779	—	—	—	—
看望祖辈 2	0.759	—	—	—	—
看望祖辈 3	0.787	—	—	—	—
看望祖辈 4	0.571	—	—	—	—

2. 项目分析

对回收的 144 份预测量表进行项目分析，先计算出各个量表的总分，然后从高到低对总分进行重新排序。最后选取得分前 27% 的研究对象作为高分组，选取得分后 27% 的研究对象当作低分组，并对高分组和低分组进行独立样本 t 检验。结果表明每个项目的 p 值均小于 0.001，说明该量表的每个项目都具有较好的鉴别力，如表 5-2 所示。

表 5-2　预测量表项目鉴别力分析

题项	t 值	题项	t 值
家庭晚餐 1	-8.445^{***}	家庭娱乐 3	-11.770^{***}
家庭晚餐 2	-8.891^{***}	家庭娱乐 4	-8.685^{***}
家庭晚餐 3	-10.602^{***}	视频联系 1	-11.763^{***}
家庭晚餐 4	-7.129^{***}	视频联系 2	-10.851^{***}
家庭娱乐 1	-11.764^{***}	视频联系 3	-9.739^{***}
家庭娱乐 2	-12.286^{***}	视频联系 4	-10.607^{***}

续表

题项	t 值	题项	t 值
生日庆祝 1	−9.994***	看望祖辈 1	−11.914***
生日庆祝 2	−11.088***	看望祖辈 2	−11.874***
生日庆祝 3	−10.459***	看望祖辈 3	−11.046***
生日庆祝 4	−9.908***	看望祖辈 4	−11.041***

注：***表示 $p<0.001$，相关性显著。

对每个项目与其总分进行相关性检验，如表 5-3 所示，每个项目与总分之间均呈现显著相关。

表 5-3　各项目与量表总分的相关性分析

题项	r（相关系数）	题项	r（相关系数）
家庭晚餐 1	0.662**	视频联系 3	0.688**
家庭晚餐 2	0.653**	视频联系 4	0.640**
家庭晚餐 3	0.712**	生日庆祝 1	0.706**
家庭晚餐 4	0.550**	生日庆祝 2	0.745**
家庭娱乐 1	0.711**	生日庆祝 3	0.756**
家庭娱乐 2	0.727**	生日庆祝 4	0.663**
家庭娱乐 3	0.705**	看望祖辈 1	0.712**
家庭娱乐 4	0.631**	看望祖辈 2	0.745**
视频联系 1	0.660**	看望祖辈 3	0.663**
视频联系 2	0.681**	看望祖辈 4	0.668**

注：**表示 $p<0.01$，相关性显著。

3. 信度检验

信度是检验问卷可靠性和一致性的指标，本书用克龙巴赫 α 系数（Cronbach's α coefficient）检验问卷的信度，克龙巴赫 α 系数值越高，表示测验的结果稳定性高、一致性强，问卷的信度越好，克龙巴赫 α 系数值的求解公式为 $\alpha = \dfrac{K}{K-1}\left(1 - \dfrac{\sum \sigma^2}{\sigma^2}\right)$。吴明隆认为当克龙巴赫 α 系数值大于 0.8 时，量表具有较高的信度水平。[①]在实际研究中，往往包含多个量表，因此，除了测量整体

---

① 吴明隆. 2010. 问卷统计分析实务—SPSS 操作与应用. 重庆：重庆大学出版社：237.

信度外，也要测量不同变量的信度。经检查，本章的家庭仪式传播、文化认同等 8 个变量的克龙巴赫 α 系数值均大于 0.85，问卷调查中各个变量的信度良好（表 5-4）。

表 5-4　可靠性统计量

维度	克龙巴赫 α 系数值	基于标准化项的克龙巴赫 α 系数值	项数/项
家庭仪式传播	0.940	0.940	20
文化认同	0.962	0.965	12
抗逆力	0.948	0.949	10
家庭亲密度	0.942	0.943	9
互依型自我构念	0.853	0.854	5
生活满意度	0.905	0.911	5
积极情绪	0.944	0.944	5
消极情绪	0.929	0.930	5

4. 因子分析

信度分析是检验测量结果的稳定性，而效度检验是检验测量结果的准确性。检验效度包括内容效度、效标效度、结构效度。因为本章的量表借鉴了西方成熟的量表，并请该领域专家进行了评估，保证了内容效度，因此，本章采取因子分析的方法检验预测试数据的结构效度。结构效度表征研究假设或理论构思的合理性与科学性，检验的是实际获得数据与假设或理论构思的一致性程度，测量结果与考察内容越吻合，说明效度越高。[①]使用因子分析的前提条件是不同题目之间有一定的相关性，可以通过巴特利特球形检验和 KMO（凯撒·迈耶·奥尔金检验，一般用 KMO 表示）检验进行判断。凯撒·迈耶·奥尔金认为 KMO 取样适切性量数至少大于 0.50，才可以进行因子分析。当 KMO 取样适切性量数大于 0.80，表示题目之间的相关性高，非常适合进行因子分析。本书使用 SPSS26.0 对预测试样本进行分析，发现各变量的 KMO 取样适切性量数为 0.794～0.946，巴特利特球形检验的显著性 $p<0.001$，表明该问卷适合进行因子分析（表 5-5）。经验证可以进行因子分析后，本书采用主成分分析法进行分析，

① 梅士伟. 2020. 基于扎根理论的高校腐败治理机制研究(博士学位论文). 吉林大学.

各维度分别提取一个共同要素。因子载荷值越高，说明该题项与变量相关性越强。统计学中，因子载荷在 0.4 时为可接受的数值，因子载荷达到 0.6 为良好。在本问卷中，因子载荷最低的题项为 0.579，大多数题项的因子载荷大于 0.7。累计方差解释率的区间在 63.146%～86.017%，有较好的结构效度（表 5-6）。

表 5-5　KMO 取样适切性量数和巴特利特球形检验

题项	KMO 取样适切性量数	巴特利特球形检验		
		近似卡方	自由度	p 值
家庭仪式传播	0.889	2204.174	190	<0.001
文化认同	0.925	2589.638	66	<0.001
抗逆力	0.919	1220.884	45	<0.001
家庭亲密度	0.946	1082.183	36	<0.001
互依型自我构念	0.794	302.174	10	<0.001
生活满意度	0.836	520.086	10	<0.001
积极情绪	0.814	729.611	10	<0.001
消极情绪	0.884	617.044	10	<0.001

表 5-6　因子分析效度结果

变量	题项	因子载荷	累计方差解释率/%
	家庭晚餐 1	0.795	
	家庭晚餐 2	0.765	
	家庭晚餐 3	0.714	
	家庭晚餐 4	0.680	
	家庭娱乐 1	0.841	
	家庭娱乐 2	0.863	
家庭仪式传播	家庭娱乐 3	0.848	75.397
	家庭娱乐 4	0.669	
	视频联系 1	0.840	
	视频联系 2	0.867	
	视频联系 3	0.824	
	视频联系 4	0.609	
	生日庆祝 1	0.796	

变量	题项	因子载荷	累计方差解释率/%
家庭仪式传播	生日庆祝 2	0.700	
	生日庆祝 3	0.747	
	生日庆祝 4	0.679	
	看望祖辈 1	0.811	75.397
	看望祖辈 2	0.821	
	看望祖辈 3	0.786	
	看望祖辈 4	0.579	
文化认同	归属承诺 1	0.940	
	归属承诺 2	0.949	
	归属承诺 3	0.941	
	归属承诺 4	0.886	
	归属承诺 5	0.730	
	归属承诺 6	0.755	86.017
	归属承诺 7	0.781	
	认同行为 1	0.718	
	认同行为 2	0.819	
	认同行为 3	0.908	
	认同行为 4	0.897	
	认同行为 5	0.822	
抗逆力	抗逆力 1	0.818	
	抗逆力 2	0.798	
	抗逆力 3	0.826	
	抗逆力 4	0.839	
	抗逆力 5	0.805	
	抗逆力 6	0.810	68.473
	抗逆力 7	0.837	
	抗逆力 8	0.863	
	抗逆力 9	0.856	
	抗逆力 10	0.820	

续表

变量	题项	因子载荷	累计方差解释率/%
家庭亲密度	家庭亲密度 1	0.748	
	家庭亲密度 2	0.594	
	家庭亲密度 3	0.805	
	家庭亲密度 4	0.892	
	家庭亲密度 5	0.894	69.538
	家庭亲密度 6	0.908	
	家庭亲密度 7	0.864	
	家庭亲密度 8	0.888	
	家庭亲密度 9	0.862	
互依型自我构念	互依型自我构念 1	0.758	
	互依型自我构念 2	0.764	
	互依型自我构念 3	0.793	63.146
	互依型自我构念 4	0.840	
	互依型自我构念 5	0.816	
生活满意度	生活满意度 1	0.882	
	生活满意度 2	0.890	
	生活满意度 3	0.903	73.929
	生活满意度 4	0.850	
	生活满意度 5	0.765	
积极情绪	积极情绪 1	0.912	
	积极情绪 2	0.906	
	积极情绪 3	0.926	81.783
	积极情绪 4	0.884	
	积极情绪 5	0.893	
消极情绪	消极情绪 1	0.917	
	消极情绪 2	0.922	
	消极情绪 3	0.896	78.592
	消极情绪 4	0.926	
	消极情绪 5	0.761	

第三节 样本数据收集

经过前期预测试，对预测试信效度进行检验后，本书形成中国家庭仪式传播对青少年主观幸福感的影响机制研究的正式调查问卷，研究设计 8 个变量，71 个测量题项。本问卷的调查对象是 14～28 岁的青少年，选取了北方的 4 所高校，南方的 4 所高校以及 2 所中学进行问卷发放，高校类型包括双一流高校，也包括高职高专，中学包括 1 所省重点高中和 1 所职业高中。为了保证问卷来源的多样性，还通过滚雪球的方式在 18～28 岁中已经参加工作的人群中进行问卷发放。最终收回问卷 848 份，排除答案过于规律性的问卷，以及年龄不在 14～28 岁，已经结婚的调研对象，获得有效问卷 755 份，有效回收率 89.03%。另外，采取深度访谈法收集质性数据，以对问卷数据进行进一步的解释。

一、样本容量分析

为了保证正式问卷调研的科学性、普适性和严谨性，需要较大的样本量。当样本量大时，统计分析的稳定性、外推性及适配度指标拟合优良的可能性也相对较高。但是样本量的增加，必然带来人力、财力、物力及时间的消耗，当科研经费有限时，无限制增加样本量是不现实的，也很难真正实现。故样本量是否能适应后续分析，成为数据分析前首先要解决的问题。多数学者认为样本量在 200～500 比较合适，既能满足数据的基本需求，又不会因数量过多导致绝对适配度指标显著。[1]另外，还有一些学者认为需要样本的最低数量是动态的，取决于量表的题目数量。如吴明隆认为样本数量应该是题目最多的量表所包括题目数的 5 倍以上[2]，也有研究者认为这个倍数关系应该是 10～15 倍。

本书的问卷调查包括家庭仪式传播、文化认同、抗逆力、家庭亲密度、互依型自我构念、生活满意度、积极情绪、消极情绪 8 个维度，涉及 71 个测量指标，题目数量最多的家庭仪式传播量表包括 20 道题目，最终获取 755 份有效样

---

① 屈小爽. 2018. 家庭旅游互动行为与体验价值研究(博士学位论文). 中南财经政法大学.

② 吴明隆. 2010. 结构方程模型——AMOS 的操作与应用. 重庆：重庆大学出版社.

本量。无论从以上何种观点看，本书样本容量均符合要求，可以达到结构方程模型分析要求。

二、基本信息描述

本次填写有效问卷数为 755 份，基本信息统计结果如表 5-7 所示。可知年龄方面，成年人（18～28 岁）人数较多，为 576 人，占比为 76.3%；未成年人（14～17 岁）的人数 179 人，占比为 23.7%。性别方面比例相当，女性相对人数较多，为 403 人，占比 53.4%；男性 352 人，占比为 46.6%。民族方面，汉族人数占比超过 95%。

表 5-7　被调查者基本信息统计

人口学变量	类别	样本量/个（构成比/%）
年龄	14～17 岁（未成年）	179（23.7）
	18～28 岁（成年）	576（76.3）
性别	男	352（46.6）
	女	403（53.4）
民族	汉族	742（98.3）
	少数民族	13（1.7）
城乡	城镇	241（31.9）
	乡村	514（68.1）
南北方	北方	292（38.7）
	南方	463（61.3）
学历层次	高中以下	15（2.0）
	高中（包括中专）	189（25.0）
	大学本科（包括高职高专）	530（70.2）
	研究生（包括硕士、博士）	21（2.8）
父亲学历	高中以下	464（61.5）
	高中（包括中专）	206（27.3）
	大学（包括高职高专）	81（10.7）
	研究生（包括硕士、博士）	4（0.5）

人口学变量	类别	样本量/个（构成比/%）
母亲学历	高中以下	518（68.6）
	高中（包括中专）	167（22.1）
	大学（包括高职高专）	67（8.9）
	研究生（包括硕士、博士）	3（0.4）
家庭年收入	10万元以内	411（54.4）
	10万～20万元	253（33.5）
	21万～30万元	53（7.0）
	30万元以上	38（5.0）①
家庭结构	核心家庭（父母与未成家子女生活在一起）	527（69.8）
	大家庭（祖孙三代生活在一起）	180（23.8）
	其他	48（6.4）
家庭组成	完整家庭	667（88.3）
	单亲家庭	64（8.5）
	重组家庭	19（2.5）
	其他	5（0.7）
独生子女	是	291（38.5）
	否	464（61.5）

地域方面，有463人（61.3%）来自南方，292人来自北方（38.7%）。城乡方面，来自乡村人数较多为514人（68.1%），来自城镇241人（31.9%）。学历方面，被调查者学历占比最高为大学本科（包括高职高专），有530人，占比为70.2%；父亲与母亲学历占比最高选项均为高中以下，人数分别为464人和518人，占比分别为61.5%和68.6%。家庭年收入方面，占比超过一半（54.4%）的家庭年收入为10万元以内，家庭年收入为10万～20万元的家庭超过了1/3（33.5%）。家庭结构和组成方面，超过2/3（69.8%）为核心家庭居住，不到1/3（23.8%）为大家庭居住，完整家庭占到了绝大多数（88.3%）。超过60%的人群为非独生子女。

---

① 因四舍五入，计算所得部分数值与实际数值有些微出入，特此说明。

三、模型变量描述性统计分析

1. 整体描述

各量表整体上的平均值、标准差、偏度和峰度等描述性统计量如表 5-8 所示。统计学中认为偏度绝对值小于 3，峰度绝对值小于 10，表明样本基本服从正态分布。本次调研中的各量表的偏度的绝对值小于 2.5，峰度绝对值小于 8，满足基本要求，可以认为数据基本服从正态分布。另外，所有量表的平均值均超过 3.5（消极情绪除外），表明本次调研中家庭仪式传播、文化认同、抗逆力、家庭亲密度、互依型自我构念、生活满意度、积极情绪、青少年主观幸福感水平处于中等偏上。

表 5-8　量表整体的描述性统计

题项	统计资料		偏度		峰度	
	平均值	标准差	偏度绝对值	标准误	峰度绝对值	标准误
家庭仪式传播	3.89	0.80	0.686	0.089	0.351	0.178
文化认同	4.56	0.62	2.242	0.089	0.132	0.178
抗逆力	3.95	0.77	0.448	0.089	0.152	0.178
家庭亲密度	4.07	0.86	0.781	0.089	0.172	0.178
互依型自我构念	3.77	0.83	0.206	0.089	0.301	0.178
生活满意度	3.49	0.95	0.137	0.089	0.352	0.178
积极情绪	3.90	0.89	0.620	0.089	0.156	0.178
消极情绪	2.57	1.09	0.307	0.089	0.561	0.178
青少年主观幸福感	4.83	2.37	0.243	0.089	0.016	0.178

2. 分题项描述

每道题目的平均值、标准差、偏度和峰度等描述性统计量如表 5-9～表 5-14 所示，同样满足偏度绝对值小于 3，峰度绝对值小于 10 的要求，表明样本的每一道题项都基本服从正态分布。

表 5-9　家庭仪式传播测量题项的描述性统计

题项	统计资料		偏度		峰度	
	平均值	标准差	偏度绝对值	标准误	峰度绝对值	标准误
家庭晚餐 1	4.43	0.95	1.813	0.089	2.966	0.178
家庭晚餐 2	4.50	0.88	2.046	0.089	4.182	0.178

题项	统计资料		偏度		峰度	
	平均值	标准差	偏度绝对值	标准误	峰度绝对值	标准误
家庭晚餐 3	4.15	1.08	1.145	0.089	0.557	0.178
家庭晚餐 4	4.04	1.07	1.007	0.089	0.343	0.178
家庭娱乐 1	3.37	1.21	0.192	0.089	0.804	0.178
家庭娱乐 2	3.60	1.16	0.434	0.089	0.575	0.178
家庭娱乐 3	3.83	1.14	0.715	0.089	0.248	0.178
家庭娱乐 4	3.28	1.24	0.131	0.089	0.913	0.178
视频联系 1	3.85	1.14	0.736	0.089	0.250	0.178
视频联系 2	4.06	1.04	0.979	0.089	0.386	0.178
视频联系 3	3.83	1.16	0.713	0.089	0.368	0.178
视频联系 4	3.45	1.23	0.300	0.089	0.855	0.178
生日庆祝 1	3.79	1.21	0.685	0.089	0.500	0.178
生日庆祝 2	4.00	1.11	0.963	0.089	0.187	0.178
生日庆祝 3	3.90	1.16	0.835	0.089	0.114	0.178
生日庆祝 4	3.53	1.16	0.405	0.089	0.550	0.178
看望祖辈 1	4.13	0.96	1.038	0.089	0.769	0.178
看望祖辈 2	4.17	0.95	1.076	0.089	0.943	0.178
看望祖辈 3	4.19	0.92	1.105	0.089	1.025	0.178
看望祖辈 4	3.65	1.12	0.497	0.089	0.389	0.178

表 5-10　文化认同测量题项的描述性统计

题项	统计资料		偏度		峰度	
	平均值	标准差	偏度绝对值	标准误	峰度绝对值	标准误
归属承诺 1	4.79	0.60	2.433	0.089	7.489	0.178
归属承诺 2	4.80	0.59	2.551	0.089	8.566	0.178
归属承诺 3	4.80	0.58	2.548	0.089	7.866	0.178
归属承诺 4	4.75	0.64	2.172	0.089	9.811	0.178
归属承诺 5	4.49	0.76	1.588	0.089	2.775	0.178
归属承诺 6	4.59	0.75	2.077	0.089	4.732	0.178
归属承诺 7	4.68	0.68	2.498	0.089	7.154	0.178
认同行为 1	4.51	0.81	−1.636	0.089	2.252	0.178

题项	统计资料		偏度		峰度	
	平均值	标准差	偏度绝对值	标准误	峰度绝对值	标准误
认同行为 2	4.41	0.84	1.436	0.089	1.845	0.178
认同行为 3	4.29	0.92	1.155	0.089	0.792	0.178
认同行为 4	4.31	0.93	1.271	0.089	1.089	0.178
认同行为 5	4.33	0.89	1.285	0.089	1.283	0.178

表 5-11　抗逆力测量题项的描述性统计

题项	统计资料		偏度		峰度	
	平均值	标准差	偏度绝对值	标准误	峰度绝对值	标准误
抗逆力 1	4.03	0.85	0.562	0.089	0.081	0.178
抗逆力 2	3.81	0.89	0.180	0.089	0.637	0.178
抗逆力 3	3.99	0.93	0.721	0.089	0.171	0.178
抗逆力 4	4.12	0.87	0.778	0.089	0.271	0.178
抗逆力 5	3.91	0.93	0.594	0.089	0.003	0.178
抗逆力 6	3.92	0.91	0.509	0.089	0.204	0.178
抗逆力 7	3.75	0.98	0.389	0.089	0.394	0.178
抗逆力 8	3.99	0.90	0.651	0.089	0.118	0.178
抗逆力 9	3.99	0.90	0.661	0.089	0.127	0.178
抗逆力 10	3.97	0.93	0.711	0.089	0.293	0.178

表 5-12　家庭亲密度测量题项的描述性统计

题项	统计资料		偏度		峰度	
	平均值	标准差	偏度绝对值	标准误	峰度绝对值	标准误
家庭亲密度 1	4.16	0.96	0.972	0.089	0.302	0.178
家庭亲密度 2	3.71	1.14	0.459	0.089	0.714	0.178
家庭亲密度 3	4.09	0.94	0.855	0.089	0.284	0.178
家庭亲密度 4	4.05	1.02	0.881	0.089	0.048	0.178
家庭亲密度 5	4.09	0.95	0.826	0.089	0.008	0.178
家庭亲密度 6	4.19	0.92	1.082	0.089	0.819	0.178
家庭亲密度 7	4.13	0.98	1.001	0.089	0.436	0.178

题项	统计资料		偏度		峰度	
	平均值	标准差	偏度绝对值	标准误	峰度绝对值	标准误
家庭亲密度 8	4.04	1.03	0.921	0.089	0.186	0.178
家庭亲密度 9	4.15	0.98	1.026	0.089	0.505	0.178

表 5-13　互依型自我构念与生活满意度测量题项的描述性统计

题项	统计资料		偏度		峰度	
	平均值	标准差	偏度绝对值	标准误	峰度绝对值	标准误
互依型自我构念 1	4.27	0.84	1.089	0.089	1.170	0.178
互依型自我构念 2	3.57	1.08	0.318	0.089	0.471	0.178
互依型自我构念 3	3.69	0.98	0.363	0.089	0.196	0.178
互依型自我构念 4	3.63	1.13	0.463	0.089	0.543	0.178
互依型自我构念 5	3.69	1.10	0.451	0.089	0.513	0.178
生活满意度 1	3.50	0.99	0.210	0.089	0.146	0.178
生活满意度 2	3.71	0.97	0.353	0.089	0.255	0.178
生活满意度 3	3.71	1.01	0.495	0.089	0.122	0.178
生活满意度 4	3.34	1.14	0.185	0.089	0.693	0.178
生活满意度 5	3.21	1.28	0.130	0.089	0.998	0.178

表 5-14　情绪测量题项的描述性统计

题项	统计资料		偏度		峰度	
	平均值	标准差	偏度绝对值	标准误	峰度绝对值	标准误
积极情绪 1	3.87	0.97	0.752	0.089	0.238	0.178
积极情绪 2	3.75	1.03	0.629	0.089	0.107	0.178
积极情绪 3	3.90	0.95	0.680	0.089	0.157	0.178
积极情绪 4	4.01	0.94	0.855	0.089	0.467	0.178
积极情绪 5	3.96	0.94	0.766	0.089	0.278	0.178
消极情绪 1	2.52	1.21	0.392	0.089	0.789	0.178
消极情绪 2	2.56	1.21	0.320	0.089	0.856	0.178
消极情绪 3	2.73	1.21	0.104	0.089	0.987	0.178
消极情绪 4	2.40	1.18	0.498	0.089	0.615	0.178
消极情绪 5	2.62	1.26	0.297	0.089	0.933	0.178

第四节　信效度检验

在进行数据分析之前，首先要对量表的稳定性和准确性进行检验，即进行信度检验和效度检验。信度检验采用内部一致性克龙巴赫 α 系数和组合信度（composite reliability，CR）进行检验；效度检验采用因子分析和平均方差提取值（average variance extracted，AVE）进行检验。

一、信度检验

本次调研首先进行总体量表和各变量的信度检验，得出总体量表和各变量的克龙巴赫 α 系数，并得出各题项与总分的相关系数。研究结果显示，克龙巴赫 α 系数都在 0.8 以上，如表 5-15 所示。问卷总体量表克龙巴赫 α 系数为 0.968，删除题项后的克龙巴赫 α 系数均未大于 0.968，说明问卷总体信度非常高，71 个题项都通过检验，不予删除。根据吴明隆等的研究，克龙巴赫 α 系数大于 0.8 说明信度水平较佳，量表具有很高的内部一致性和稳定性。[1]

表 5-15　样本数据的信度检验

测量变量	题项	题总相关（CITC）	删除题项之后的克龙巴赫 α 系数	克龙巴赫 α 系数	维度均值	维度标准差
				0.968	3.90	0.56
家庭仪式传播	家庭晚餐 1	0.808	0.788		4.43	0.95
	家庭晚餐 2	0.790	0.800	0.863	4.50	0.88
	家庭晚餐 3	0.707	0.830		4.15	1.08
	家庭晚餐 4	0.577	0.884		4.04	1.07
	家庭娱乐 1	0.854	0.874		3.37	1.21
	家庭娱乐 2	0.870	0.869	0.916	3.60	1.16
	家庭娱乐 3	0.826	0.885		3.83	1.14
	家庭娱乐 4	0.691	0.932		3.28	1.24

---

[1] 吴明隆，涂金堂. 2012. SPSS 与统计应用分析，大连：东北财经大学出版社：714.

续表

测量变量	题项	题总相关（CITC）	删除题项之后的克龙巴赫 α 系数	克龙巴赫 α 系数	维度均值	维度标准差
家庭仪式传播	视频联系 1	0.848	0.891		3.85	1.14
	视频联系 2	0.831	0.899	0.923	4.06	1.04
	视频联系 3	0.879	0.880		3.83	1.16
	视频联系 4	0.744	0.929		3.45	1.23
	生日庆祝 1	0.868	0.895		3.79	1.21
	生日庆祝 2	0.884	0.891	0.928	4.00	1.11
	生日庆祝 3	0.884	0.890		3.90	1.16
	生日庆祝 4	0.705	0.948		3.53	1.16
	看望祖辈 1	0.847	0.879		4.13	0.96
	看望祖辈 2	0.883	0.867	0.916	4.17	0.95
	看望祖辈 3	0.842	0.882		4.19	0.92
	看望祖辈 4	0.693	0.940		3.65	1.12
文化认同	归属承诺 1	0.893	0.947		4.79	0.60
	归属承诺 2	0.907	0.947		4.80	0.59
	归属承诺 3	0.908	0.947		4.80	0.58
	归属承诺 4	0.889	0.947	0.957	4.75	0.64
	归属承诺 5	0.733	0.962		4.49	0.76
	归属承诺 6	0.834	0.952		4.59	0.75
	归属承诺 7	0.863	0.949		4.68	0.68
	认同行为 1	0.735	0.938		4.51	0.81
	认同行为 2	0.845	0.919		4.41	0.84
	认同行为 3	0.865	0.915	0.936	4.29	0.92
	认同行为 4	0.863	0.915		4.31	0.93
	认同行为 5	0.843	0.919		4.33	0.89
抗逆力	抗逆力 1	0.771	0.953		4.03	0.85
	抗逆力 2	0.797	0.952		3.81	0.89
	抗逆力 3	0.815	0.951	0.956	3.99	0.93
	抗逆力 4	0.804	0.952		4.12	0.87
	抗逆力 5	0.762	0.953		3.91	0.93

测量变量	题项	题总相关（CITC）	删除题项之后的克龙巴赫α系数	克龙巴赫α系数	维度均值	维度标准差
抗逆力	抗逆力6	0.837	0.950		3.92	0.91
	抗逆力7	0.805	0.952		3.75	0.98
	抗逆力8	0.854	0.949	0.956	3.99	0.90
	抗逆力9	0.828	0.950		3.99	0.90
	抗逆力10	0.805	0.951		3.97	0.93
家庭亲密度	家庭亲密度1	0.809	0.956		4.16	0.96
	家庭亲密度2	0.617	0.966		3.71	1.14
	家庭亲密度3	0.813	0.955		4.09	0.94
	家庭亲密度4	0.890	0.952		4.05	1.02
	家庭亲密度5	0.884	0.952	0.959	4.09	0.95
	家庭亲密度6	0.892	0.952		4.19	0.92
	家庭亲密度7	0.879	0.952		4.13	0.98
	家庭亲密度8	0.876	0.952		4.04	1.03
	家庭亲密度9	0.873	0.952		4.15	0.98
互依型自我构念	互依型自我构念1	0.540	0.874		4.27	0.84
	互依型自我构念2	0.689	0.841		3.57	1.08
	互依型自我构念3	0.729	0.831	0.868	3.69	0.98
	互依型自我构念4	0.748	0.826		3.63	1.13
	互依型自我构念5	0.762	0.822		3.69	1.10
生活满意度	生活满意度1	0.852	0.904		3.50	0.99
	生活满意度2	0.850	0.905		3.71	0.97
	生活满意度3	0.852	0.904	0.928	3.71	1.01
	生活满意度4	0.813	0.911		3.34	1.14
	生活满意度5	0.733	0.933		3.21	1.28
积极情绪	积极情绪1	0.895	0.942		3.87	0.97
	积极情绪2	0.883	0.945		3.75	1.03
	积极情绪3	0.905	0.941	0.956	3.90	0.95
	积极情绪4	0.833	0.952		4.01	0.94
	积极情绪5	0.869	0.947		3.96	0.94

续表

测量变量	题项	题总相关（CITC）	删除题项之后的克龙巴赫 α 系数	克龙巴赫 α 系数	维度均值	维度标准差
消极情绪	消极情绪 1	0.852	0.925		2.52	1.21
	消极情绪 2	0.889	0.918		2.56	1.21
	消极情绪 3	0.838	0.927	0.941	2.73	1.21
	消极情绪 4	0.890	0.918		2.40	1.18
	消极情绪 5	0.737	0.946		2.62	1.26

二、探索性因子分析（EFA）

由于本书总体量表是在深度访谈、专家咨询、文献分析的基础上形成的，具有较好的内容效度和表面效度，因此，仅需对量表进行结构效度检验。首先需进行探索性因子分析（Exploratory Factor Analysis，EFA），在此基础上进行验证性因子分析（Confirmatory Factor Analysis，CFA），以确定变量和测量指标之间的结构关系，并通过因子载荷、组合信度（CR）、平均方差提取值（AVE）检验其区分效度和收敛效度。彼得·本特勒等研究认为当变量数目较多时，应将变量分组进行探索性因子分析。[①] 因此，本书将采用 SPSS26.0 分别对家庭仪式传播、文化认同、抗逆力、家庭亲密度、互依型自我构念、生活满意度、积极情绪、消极情绪等变量进行探索性因子分析。在进行探索性因子分析前，需先对家庭仪式传播的 20 个测量指标进行 KMO 检验和巴特利特球形检验，以判断取样是否充分以及变量间的共同因素，判定获取的数据是否能进行探索性因子分析。据 KMO 检验法则（Kaiser-Meyer-Olkin），KMO 取样适切性量数越大，表明变量间存在的共同因素越多，KMO 取样适切性量数越接近于 1，说明变量间的相关性越强，偏相关性越弱，因子分析的效果越好，只有当 KMO 取样适切性量数在 0.8 以上时，说明非常适合进行因子分析；并且，巴特利特球形检验卡方（chi-square）值达到显著水平，说明原相关矩阵存在共同因素，样本数

[①] Bentler P M, Chou C P. 1987. Practical issues in structural modeling. *Sociological Methods & Research*, 16(1): 78-117.

据可以进行探索性因子分析。检验发现家庭仪式传播、文化认同等 8 个变量的 KMO 取样适切性量数范围在 0.843～0.961，且巴特利特球形检验显著性 $p<0.001$，即样本数据适合进行因子分析。然后，选取主成分提取方法、直接斜交旋转方法进行探索性因子分析。所得结果需要满足以下条件：①累计方差解释率大于 60%；②项目的最大载荷大于 0.4，且不能有两个项目的交叉载荷大于 0.4。由表 5-16～表 5-19 可知，各变量的累计方差解释率均大于 60%，符合要求。另外，由表 5-18 可知，归属承诺 5、归属承诺 6 交叉载荷均在 0.50 以上，因此，需删除归属承诺 5、归属承诺 6 题项。

表 5-16 　KMO 取样适切性量数和巴特利特球形检验

指标	KMO 取样适切性量数	巴特利特球形检验		
		近似卡方值	自由度	p 值
家庭仪式传播	0.935	14429.269	190	<0.001
文化认同	0.934	12246.400	66	<0.001
抗逆力	0.945	7071.712	45	<0.001
家庭亲密度	0.961	7389.563	36	<0.001
互依型自我构念	0.843	1812.828	10	<0.001
生活满意度	0.871	3341.002	10	<0.001
积极情绪	0.881	4287.759	10	<0.001
消极情绪	0.898	3562.261	10	<0.001

表 5-17 　家庭仪式传播的因子载荷矩阵

题项	成分					公因子方差
	1	2	3	4	5	
家庭晚餐 1	0.150	0.157	0.150	0.179	0.870	0.858
家庭晚餐 2	0.209	0.145	0.210	0.126	0.853	0.852
家庭晚餐 3	0.254	0.208	0.227	0.379	0.652	0.727
家庭晚餐 4	0.114	0.166	0.107	0.273	0.621	0.513
家庭娱乐 1	0.260	0.221	0.228	0.771	0.278	0.840
家庭娱乐 2	0.239	0.213	0.246	0.762	0.323	0.847
家庭娱乐 3	0.244	0.214	0.225	0.724	0.337	0.794
家庭娱乐 4	0.231	0.240	0.155	0.753	0.129	0.719

题项	成分					公因子方差
	1	2	3	4	5	
视频联系 1	0.845	0.155	0.208	0.204	0.189	0.858
视频联系 2	0.781	0.191	0.271	0.189	0.284	0.836
视频联系 3	0.840	0.209	0.213	0.225	0.184	0.878
视频联系 4	0.731	0.240	0.202	0.291	0.105	0.729
生日庆祝 1	0.220	0.847	0.239	0.182	0.144	0.877
生日庆祝 2	0.206	0.812	0.316	0.165	0.238	0.886
生日庆祝 3	0.206	0.815	0.297	0.203	0.214	0.881
生日庆祝 4	0.163	0.723	0.171	0.305	0.139	0.692
看望祖辈 1	0.201	0.282	0.803	0.212	0.227	0.862
看望祖辈 2	0.233	0.289	0.834	0.179	0.203	0.907
看望祖辈 3	0.235	0.258	0.816	0.156	0.206	0.855
看望祖辈 4	0.279	0.215	0.647	0.311	0.110	0.651
累计方差解释率（%）			80.318			

表 5-18　文化认同的因子载荷矩阵

题项	成分		公因子方差
	1	2	
归属承诺 1	0.925	0.263	0.924
归属承诺 2	0.937	0.263	0.946
归属承诺 3	0.935	0.263	0.942
归属承诺 4	0.859	0.351	0.862
归属承诺 5	0.555	0.605	0.674
归属承诺 6	0.639	0.624	0.797
归属承诺 7	0.741	0.510	0.809
认同行为 1	0.503	0.681	0.717
认同行为 2	0.381	0.819	0.815
认同行为 3	0.222	0.892	0.846
认同行为 4	0.203	0.897	0.846
认同行为 5	0.296	0.844	0.800
累计方差解释率（%）		83.153	

表 5-19　其他变量因子分析结果

变量	题项	因子载荷	累计方差解释率/%
抗逆力	抗逆力 1	0.815	71.153
	抗逆力 2	0.838	
	抗逆力 3	0.854	
	抗逆力 4	0.844	
	抗逆力 5	0.807	
	抗逆力 6	0.871	
	抗逆力 7	0.844	
	抗逆力 8	0.886	
	抗逆力 9	0.864	
	抗逆力 10	0.845	
家庭亲密度	家庭亲密度 1	0.849	76.743
	家庭亲密度 2	0.675	
	家庭亲密度 3	0.852	
	家庭亲密度 4	0.918	
	家庭亲密度 5	0.915	
	家庭亲密度 6	0.923	
	家庭亲密度 7	0.911	
	家庭亲密度 8	0.907	
	家庭亲密度 9	0.906	
互依型自我构念	互依型自我构念 1	0.678	65.564
	互依型自我构念 2	0.807	
	互依型自我构念 3	0.837	
	互依型自我构念 4	0.853	
	互依型自我构念 5	0.860	
生活满意度	生活满意度 1	0.914	79.139
	生活满意度 2	0.917	
	生活满意度 3	0.916	
	生活满意度 4	0.879	
	生活满意度 5	0.819	

变量	题项	因子载荷	累计方差解释率/%
积极情绪	积极情绪 1	0.934	
	积极情绪 2	0.927	
	积极情绪 3	0.941	85.064
	积极情绪 4	0.893	
	积极情绪 5	0.917	
消极情绪	消极情绪 1	0.911	
	消极情绪 2	0.934	
	消极情绪 3	0.899	81.150
	消极情绪 4	0.934	
	消极情绪 5	0.823	

三、验证性因子分析（CFA）

验证性因子分析用于检验探索性因子分析中得到的因素结构模型是否与实际数据相适配，指标变量是否可以有效地作为因子构念的测量指标，因此，验证性因子分析反映的是观察变量和潜变量之间的内在关系。模型整体适配度或拟合优度的判断指标有：卡方自由度比，也称为规范卡方（normed chi-square，NC），NC=χ^2/df，数值越小，表示假设模型与观察数据越适配；其他判断指标还有：适配度指数（goodness-of-fit index，GFI）、比较拟合指数（comparative fit index，CFI）、简约调整标准拟合指数（parsimony-adjusted normed fit index，PNFI）、近似误差的均方根（root mean square error of approximation，RMSEA）等。结构方程模型整体适配度的主要评价指标及标准如表 5-20 所示。

表 5-20　模型整体适配度的主要评价指标及评价标准

统计检验指标	适配标准或临界值
卡方自由度比（NC）	1<NC<3，模型有简约适配程度；NC>5，模型需要修正
GFI	>0.8
CFI	>0.9
TLI	>0.9

统计检验指标	适配标准或临界值
PNFI	>0.5
RMSEA	<0.05（适配良好）；<0.08（适配合理）

1. 家庭仪式传播验证性因子分析

家庭仪式传播量表包括家庭晚餐、家庭娱乐、视频联系、生日庆祝、看望祖辈 5 个潜变量，每个潜变量均包含 4 个观测变量，家庭仪式传播量表验证性因子分析的概念模型如图 5-2 所示。

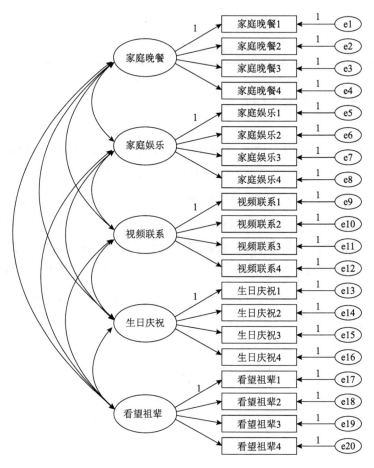

图 5-2　家庭仪式传播验证性因子分析概念模型

概念模型建立后，本书使用 AMOS24.0 结构方程模型分析软件对模型进行分析评价，模型主要适配度均达到要求。GFI 为 0.867，CFI 为 0.942，TLI 为 0.932，GFI 的指标是大于 0.8，CFI 和 TLI 是大于 0.9；PNFI 为 0.785，大于 0.5；RMSEA 为 0.083，接近 0.08。结果表明模型与数据的拟合程度比较好，标准化估计值模型如图 5-3 所示。

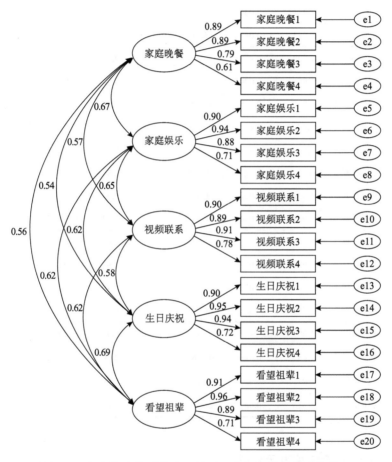

图 5-3　家庭仪式传播的验证性因子分析标准化估计值模型

各指标因子载荷、组合信度（CR）和平均方差提取值（AVE）如表 5-21 所示，可知各题项的标准化因子载荷值的范围为 0.614～0.955，说明收敛效度较高，各维度的 CR 均大于 0.7 达到标准，AVE 均大于 0.5 达到标准。说明有良好的收敛效度。

表 5-21　家庭仪式传播验证性因子分析

维度	题项	非标准化因子载荷值	标准误（standard error）	临界比 CR（Z）	p值	收敛效度			
						标准化因子载荷值	SMC[①]	CR	AVE
家庭晚餐	家庭晚餐1	1.000	—	—	—	0.89	0.801		
	家庭晚餐2	0.927	0.028	33.521	***	0.89	0.792	0.879	0.650
	家庭晚餐3	1.011	0.037	27.631	***	0.79	0.629		
	家庭晚餐4	0.773	0.041	18.784	***	0.61	0.377		
家庭娱乐	家庭娱乐1	1.000	—	—	—	0.90	0.808		
	家庭娱乐2	1.006	0.024	42.112	***	0.94	0.886	0.920	0.745
	家庭娱乐3	0.926	0.025	36.535	***	0.88	0.783		
	家庭娱乐4	0.807	0.034	23.955	***	0.71	0.503		
视频联系	视频联系1	1.000	—	—	—	0.90	0.810		
	视频联系2	0.905	0.025	36.946	***	0.89	0.797	0.927	0.762
	视频联系3	1.037	0.027	38.808	***	0.91	0.834		
	视频联系4	0.939	0.034	27.957	***	0.78	0.607		
生日庆祝	生日庆祝1	1.000	—	—	—	0.90	0.808		
	生日庆祝2	0.970	0.022	43.904	***	0.95	0.895	0.932	0.775
	生日庆祝3	0.999	0.023	42.961	***	0.94	0.880		
	生日庆祝4	0.770	0.031	24.744	***	0.72	0.518		
看望祖辈	看望祖辈1	1.000	—	—	—	0.91	0.821		
	看望祖辈2	1.035	0.023	45.580	***	0.96	0.912	0.926	0.758
	看望祖辈3	0.942	0.025	38.249	***	0.89	0.794		
	看望祖辈4	0.913	0.037	24.442	***	0.71	0.507		

注：***代表 $p<0.001$。

2. 文化认同验证性因子分析

文化认同量表包括归属承诺和认同行为两个潜变量，每个潜变量均包含 5 个观测变量，文化认同验证性因子分析的概念模型如图 5-4 所示。

---

① SMC 指的是 Square Multiple Correlation，多元相关平方系数。

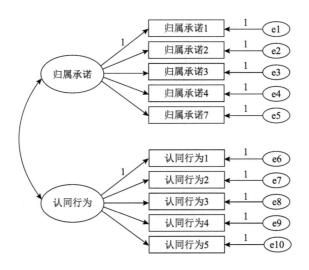

图 5-4　文化认同验证性因子分析概念模型

概念模型建立后，本书使用 AMOS24.0 结构方程模型分析软件对模型进行分析评价，模型主要适配度均达到要求。GFI 为 0.867，CFI 为 0.940，TLI 为 0.921，GFI 的指标是大于 0.8，CFI 和 TLI 是大于 0.9；PNFI 为 0.708，大于 0.5；RMSEA为 0.153，接近 0.08。结果表明模型与数据的拟合程度比较好，标准化估计值模型如图 5-5 所示。

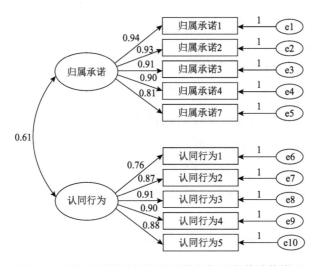

图 5-5　文化认同的验证性因子分析标准化估计值模型

各指标因子载荷、组合信度（CR）和平均方差提取值（AVE）如表 5-22 所示，可知各题项标准化因子载荷值的范围是 0.764～0.988，说明收敛效度较高，各维度的 CR 均大于 0.7 达到标准，AVE 均大于 0.5 达到标准。说明有良好的收敛效度。

表 5-22　文化认同验证性因子分析

维度	题项	非标准化因子载荷值	标准误 SE	临界比 CR（Z）	p 值	收敛效度			
						标准化因子载荷值	SMC	CR	AVE
归属承诺	归属承诺1	1.000				0.94	0.945		
	归属承诺2	0.998	0.011	93.883	***	0.93	0.976		
	归属承诺3	0.971	0.012	83.066	***	0.91	0.953	0.966	0.852
	归属承诺4	0.985	0.020	49.388	***	0.90	0.803		
	归属承诺7	1.187	0.045	26.119	***	0.81	0.759		
认同行为	认同行为1	1.000				0.76	0.584		
	认同行为2	1.346	0.049	27.464	***	0.87	0.823		
	认同行为3	1.355	0.050	27.167	***	0.91	0.810	0.942	0.764
	认同行为4	0.952	0.027	35.593	***	0.90	0.655		
	认同行为5	1.268	0.048	26.423	***	0.88	0.774		

注：***代表 $p<0.001$。

3. 主观幸福感验证性因子分析

主观幸福感量表包括生活满意度、积极情绪、消极情绪 3 个潜变量，每个潜变量均包含 5 个观测变量，其中消极情绪需要做反向处理，主观幸福感验证性因子分析的概念模型如图 5-6 所示。

概念模型建立后，本书使用 AMOS24.0 结构方程模型分析软件对模型进行分析评价，模型主要适配度均达到要求。GFI 为 0.895，CFI 为 0.957，TLI 为 0.948，GFI 的指标是大于 0.8，CFI 和 TLI 是大于 0.9；PNFI 为 0.787，大于 0.5；RMSEA 为 0.090，接近 0.08。结果表明模型与数据的拟合程度比较好，标准化估计值模型如图 5-7 所示。

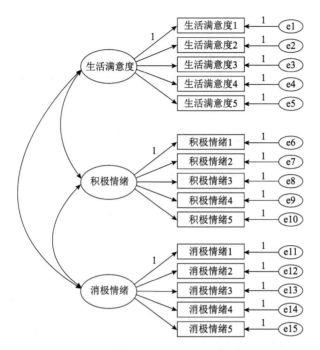

图 5-6　主观幸福感验证性因子分析概念模型

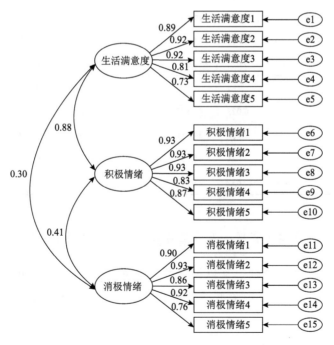

图 5-7　主观幸福感的验证性因子分析标准化估计值模型
注：图中数字四舍五入后保留小数点后两位。

各指标因子载荷、组合信度（CR）和平均方差提取值（AVE）如表 5-23 所示，可知各题项标准化因子载荷值的范围为在 0.734~0.932，说明收敛效度较高，各维度的 CR 均大于 0.7 达到标准，AVE 均大于 0.5 达到标准。说明有良好的收敛效度。

表 5-23　主观幸福感验证性因子分析

维度	题项	非标准化因子载荷值	标准误 SE	临界比 CR（Z）	p 值	收敛效度			
						标准化因子载荷值	SMC	CR	AVE
生活满意度	1	1.000				0.89	0.785		
	2	1.012	0.026	39.435	***	0.92	0.8519		
	3	1.056	0.027	39.654	***	0.92	0.8556	0.953	0.803
	4	1.053	0.035	29.895	***	0.81	0.6577		
	5	1.067	0.043	25.106	***	0.73	0.5388		
积极情绪	1	1.000				0.93	0.8649		
	2	1.060	0.022	48.017	***	0.93	0.8686		
	3	0.975	0.020	47.682	***	0.93	0.8649	0.936	0.745
	4	0.870	0.025	34.883	***	0.83	0.6972		
	5	0.906	0.023	38.675	***	0.87	0.7552		
消极情绪	1	1.000				0.90	0.8118		
	2	1.023	0.025	41.577	***	0.93	0.8575		
	3	0.953	0.027	34.921	***	0.86	0.7448	0.943	0.768
	4	0.996	0.024	41.159	***	0.92	0.8519		
	5	0.871	0.032	26.916	***	0.76	0.5715		

注：***代表 $p<0.001$。

4. 抗逆力、家庭亲密度、互依型自我构念验证性因子分析

抗逆力、家庭亲密度、互依型自我构念量表包括三个潜变量，每个潜变量分别包含 10、9、5 个观测变量，量表验证性因子分析的概念模型如图 5-8 所示。

　　概念模型建立后，本书使用 AMOS24.0 结构方程模型分析软件对模型进行分析评价，模型主要适配度均达到要求。GFI 为 0.850，CFI 为 0.928，TLI 为 0.921，GFI 的指标是大于 0.8，CFI 和 TLI 是大于 0.9；PNFI 为 0.826，大于 0.5；RMSEA 为 0.081，接近 0.08。结果表明模型与数据的拟合程度比较好，标准化估计值模型如图 5-9 所示。

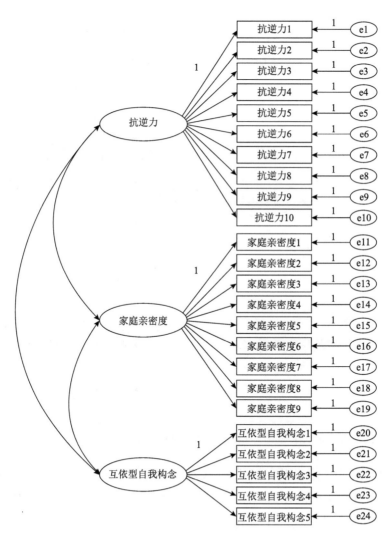

图 5-8　抗逆力、家庭亲密度、互依型自我构念验证性因子分析概念模型

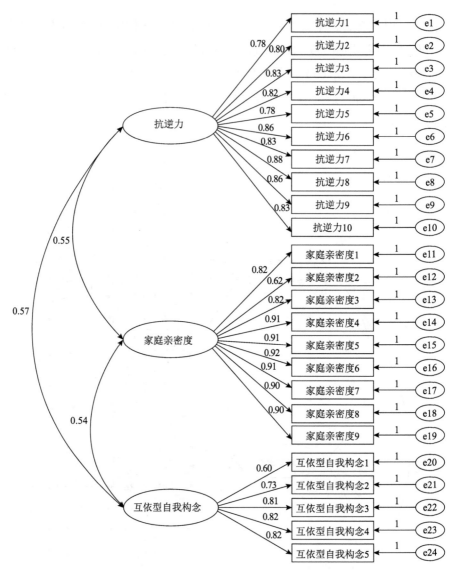

图 5-9　抗逆力、家庭亲密度、互依型自我构念的验证性因子分析标准化估计值模型

　　各指标因子载荷、组合信度（CR）和平均方差提取值（AVE）如表 5-24 所示，可知各题项标准化因子载荷值的范围为 0.603～0.921，说明收敛效度较高，各维度的 CR 均大于 0.7 达到标准，AVE 均大于 0.5 达到标准。说明有良好的收敛效度。

表 5-24　抗逆力、家庭亲密度、互依型自我构念验证性因子分析

维度	题项	非标准化因子载荷值	标准误 SE	临界比 CR（Z）	p 值	收敛效度 标准化因子载荷值	SMC	CR	AVE
抗逆力	抗逆力 1	1.000	—	—	—	0.78	0.608		
	抗逆力 2	1.084	0.044	24.596	***	0.80	0.648		
	抗逆力 3	1.168	0.046	25.625	***	0.83	0.691		
	抗逆力 4	1.084	0.043	25.342	***	0.82	0.679		
	抗逆力 5	1.093	0.046	23.612	***	0.78	0.607	0.956	0.686
	抗逆力 6	1.185	0.044	26.795	***	0.86	0.738		
	抗逆力 7	1.221	0.048	25.424	***	0.83	0.682		
	抗逆力 8	1.210	0.044	27.781	***	0.88	0.778		
	抗逆力 9	1.169	0.044	26.822	***	0.86	0.740		
	抗逆力 10	1.171	0.046	25.668	***	0.83	0.692		
家庭亲密度	家庭亲密度 1	1.000				0.82	0.671		
	家庭亲密度 2	0.898	0.048	18.706	***	0.62	0.384		
	家庭亲密度 3	0.981	0.036	27.352	***	0.82	0.674		
	家庭亲密度 4	1.186	0.037	32.146	***	0.91	0.825		
	家庭亲密度 5	1.106	0.034	32.168	***	0.91	0.825	0.962	0.741
	家庭亲密度 6	1.084	0.033	32.964	***	0.92	0.848		
	家庭亲密度 7	1.130	0.035	32.118	***	0.91	0.823		
	家庭亲密度 8	1.178	0.037	31.602	***	0.90	0.808		
	家庭亲密度 9	1.123	0.035	31.739	***	0.90	0.812		
互依型自我构念	互依型自我构念 1	1.000				0.60	0.364		
	互依型自我构念 2	1.548	0.098	15.806	***	0.73	0.533		
	互依型自我构念 3	1.551	0.092	16.871	***	0.81	0.650	0.871	0.578
	互依型自我构念 4	1.829	0.107	17.077	***	0.82	0.676		
	互依型自我构念 5	1.765	0.104	16.999	***	0.82	0.666		

注：***代表 $p<0.001$。

第五节　共同方法偏差和区分效度检验

一、共同方法偏差检验

共同方法偏差（common method biases）指的是由同样的数据来源或评分者、同样的测量环境、项目语境以及项目本身特征所造成的预测变量与效标变量之间人为的共变。这种人为的共变对研究结果产生严重的混淆并对结论有潜在的误导，是一种系统误差。共同方法偏差在心理学、行为科学研究中特别是采用问卷法的研究中广泛存在，引起了越来越多研究者的注意。国外对此的研究已有 40 多年的历史，现在仍是学界关注的焦点。在国内，有的研究者根本就还没有意识到这个问题，更不会在研究中采取相应的控制措施；有的研究者虽然意识到了这个问题，但由于缺乏对共同方法偏差控制方法的了解，所以控制效果并不理想。本书采用"单因子模型"或称为"标签变量法"来检验数据是否存在共同方法偏差的问题，即将所有指标作为单因子进行验证性因子分析[1]，模型拟合结果很差，（卡方自由度比、GFI、CFI、TLI、PNFI 无法拟合；RMSEA 为 0.180，大于 0.08），因此，不存在严重的共同方法偏差问题。

二、区分效度检验

各变量间相关系数的大小表明了变量之间的相关程度，相关系数越大，相关程度越高。各变量相关分析结果如表 5-25 所示，13 个变量均在 0.01 显著水平上相关。此外，本书通过平均方差提取值（AVE）检验模型判别效度，吴明隆提出判别效度的检验标准，即 AVE 大于 0.5，且 AVE 的平方根大于交叉变量相关系数。[2]本书相关矩阵与 AVE 分析结果显示，对角线上的数字表示各潜变量的 AVE，非对角线上的数值表示各潜变量间的相关系数的平方。结果显示，所有对角线上的数值都大于非对角线上的数值，且各潜变量 AVE 均大于 0.5，说明模型各潜变量的区分效度较好。

---

① 周浩，龙立荣. 2004. 共同方法偏差的统计检验与控制方法. 心理科学进展，(6)：942-950.
② 吴明隆. 2010. 结构方程模型——AMOS 的操作与应用. 重庆：重庆大学出版社.

表 5-25　潜变量平均方差提取值（AVE）、相关系数平方矩阵表

潜变量	1	2	3	4	5	6	7	8	9	10	11	12	13
1.家庭晚餐	0.806	—	—	—	—	—	—	—	—	—	—	—	—
2.家庭娱乐	0.654	0.863	—	—	—	—	—	—	—	—	—	—	—
3.视频联系	0.542	0.613	0.873	—	—	—	—	—	—	—	—	—	—
4.生日庆祝	0.526	0.587	0.558	0.881	—	—	—	—	—	—	—	—	—
5.看望祖辈	0.549	0.594	0.615	0.652	0.871	—	—	—	—	—	—	—	—
6.归属承诺	0.367	0.275	0.312	0.277	0.384	0.923	—	—	—	—	—	—	—
7.认同行为	0.340	0.343	0.316	0.334	0.409	0.665	0.874	—	—	—	—	—	—
8.生活满意度	0.389	0.498	0.385	0.380	0.42	0.192	0.318	0.896	—	—	—	—	—
9.积极情绪	0.395	0.515	0.408	0.389	0.426	0.251	0.352	0.81	0.863	—	—	—	—
10.消极情绪	-0.174	-0.279	-0.207	-0.159	-0.218	-0.048	-0.087	-0.287	-0.395	0.876	—	—	—
11.抗逆力	0.375	0.472	0.378	0.412	0.47	0.399	0.525	0.572	0.615	-0.303	0.828	—	—
12.家庭亲密度	0.537	0.651	0.560	0.544	0.568	0.303	0.396	0.619	0.664	-0.278	0.542	0.861	—
13.互依型自我构念	0.314	0.388	0.326	0.333	0.362	0.256	0.393	0.612	0.563	-0.113	0.536	0.524	0.760

注：所有变量均在 0.01 的显著水平上相关；对角线上的数字表示各潜变量的 AVE。

综上所述，本书问卷所有量表均具有较好的信效度，为下文的分析奠定了基础。

第六节 异质性分析

人口特征统计变量的不同属性在模型变量上是否存在显著差异，需要进行异质性分析，一般包括独立样本 t 检验及单因素方差分析。独立样本 t 检验法适用于两个类别群体的平均数差异检验，如不同性别群体在文化认同、抗逆力、家庭亲密度、互依型自我构念和主观幸福感间是否存在显著性差异；单因子方差分析适用于 3 个以上类别群体间平均数的差异检验，如不同家庭年收入的文化认同、抗逆力、家庭亲密度、互依型自我构念和主观幸福感间是否存在显著性差异。当 F 值显著时具体配对组之间是否有差异还需要进行事后比较，事后比较方法有纽曼氏法、最小显著差异法、杜凯氏显著差异法（Tukey Honestly Significant Difference，HSD）等。以上各种方法各有优缺点和适用性，检验效力略有不同，若 F 值达到显著性水平，本书采用杜凯氏显著差异法进行事后检验，这种方法使用较为普遍，且事后比较与整体 F 值显著性相呼应。

一、年龄的差异分析

不同年龄群体在文化认同、抗逆力、家庭亲密度、互依型自我构念和主观幸福感上的独立样本检验结果如表 5-26 所示。从平均值上来看，未成年人在文化认同、家庭亲密度方面得分均低于成年人，但差异没有统计学意义（$p>0.05$）；未成年人在抗逆力、互依型自我构念和主观幸福感方面得分均低于成年人，且差异有统计学意义（$p<0.05$）。

表 5-26 不同年龄群体在文化认同、抗逆力、家庭亲密度、互依型自我构念和主观幸福感间的差异比较

检验变量	平均值±标准差		t 值	p 值
	14~17 岁（未成年）	18~28 岁（成年）		
文化认同	44.95±6.82	45.88±6.03	1.737	0.083
抗逆力	38.06±8.28	39.91±7.44	2.668	0.008

续表

检验变量	平均值±标准差		t 值	p 值
	14～17 岁（未成年）	18～28（成年）		
家庭亲密度	35.70±8.17	36.91±7.60	1.826	0.068
互依型自我构念	18.27±4.30	19.02±4.10	2.090	0.037
主观幸福感	21.42±12.39	24.98±11.59	3.531	<0.001

二、性别的差异分析

不同性别群体在文化认同、抗逆力、家庭亲密度、互依型自我构念和主观幸福感上的独立样本检验结果如表 5-27 所示。从平均值上来看，女性在文化认同、家庭亲密度方面得分均低于男性，但差异没有统计学意义（p>0.05）；女性在抗逆力、互依型自我构念和主观幸福感方面得分均低于男性，且差异有统计学意义（p<0.05）。

表 5-27　不同性别群体在文化认同、抗逆力、家庭亲密度、互依型自我构念和主观幸福感间的差异比较

检验变量	平均值±标准差		t 值	p 值
	男	女		
文化认同	45.74±6.72	45.58±5.79	0.353	0.724
抗逆力	40.95±7.82	38.18±7.33	5.031	<0.001
家庭亲密度	37.18±7.60	36.14±7.86	1.852	0.064
互依型自我构念	19.53±4.16	18.24±4.07	4.321	<0.001
主观幸福感	25.66±12.15	22.80±11.48	3.319	<0.001

三、城乡的差异分析

城乡在文化认同、抗逆力、家庭亲密度、互依型自我构念和主观幸福感上的独立样本检验结果如表 5-28 所示。从平均值上来看，城镇在文化认同、抗逆力、家庭亲密度、主观幸福感方面得分均高于乡村，但差异没有统计学意义（p>0.05）；城镇在互依型自我构念方面得分低于乡村，但差异没有统计学意义（p>0.05）。

表 5-28 城乡在文化认同、抗逆力、家庭亲密度、互依型自我构念和主观幸福感间的差异比较

检验变量	平均值±标准差		t 值	p 值
	城镇	乡村		
文化认同	45.71±6.25	45.63±6.23	0.175	0.861
抗逆力	39.72±7.76	39.35±7.65	0.616	0.538
家庭亲密度	37.18±7.95	36.37±7.65	1.340	0.181
互依型自我构念	18.62±4.27	18.94±4.10	1.002	0.316
主观幸福感	25.07±12.19	23.70±11.70	1.484	0.138

四、是否单亲的差异分析

是否单亲在文化认同、抗逆力、家庭亲密度、互依型自我构念和主观幸福感上的独立样本检验结果如表 5-29 所示。从平均值上来看,非单亲家庭在家庭亲密度和主观幸福感方面得分均高于单亲家庭,且差异有统计学意义($p<0.05$);非单亲家庭在文化认同及互依型自我构念方面得分均高于单亲家庭,但差异没有统计学意义($p>0.05$);非单亲家庭在抗逆力方面得分低于单亲家庭,但差异没有统计学意义($p>0.05$)。

表 5-29 是否单亲在文化认同、抗逆力、家庭亲密度、互依型自我构念和主观幸福感间的差异比较

检验变量	平均值±标准差		t 值	p 值
	非单亲家庭	单亲家庭		
文化认同	45.68±6.25	45.41±6.14	0.334	0.738
抗逆力	39.46±7.75	39.56±6.92	−0.100	0.920
家庭亲密度	36.83±7.71	34.45±7.91	2.352	0.019
互依型自我构念	18.90±4.17	18.19±3.96	1.313	0.190
主观幸福感	24.41±11.88	21.22±11.41	2.059	0.040

五、是否独生子女的差异分析

是否独生子女在文化认同、抗逆力、家庭亲密度、互依型自我构念、主观幸福感上的独立样本检验结果如表 5-30 所示。从平均值上来看，独生子女在文化认同、家庭亲密度方面得分均高于非独生子女，但差异没有统计学意义（$p>0.05$）。

表 5-30　是否独生子女在文化认同、抗逆力、家庭亲密度、互依型自我构念和主观幸福感间的差异比较

检验变量	平均值±标准差		t 值	p 值
	独生子女	非独生子女		
文化认同	45.78±6.15	45.58±6.29	0.434	0.664
抗逆力	39.87±7.66	39.22±7.69	1.141	0.254
家庭亲密度	37.18±7.44	36.28±7.93	1.552	0.121
互依型自我构念	18.95±4.22	18.77±4.12	0.569	0.570
主观幸福感	24.92±11.96	23.64±11.80	1.448	0.148

六、不同家庭年收入的差异分析

不同家庭年收入在文化认同、抗逆力、家庭亲密度、互依型自我构念、主观幸福感上的单因素方差分析检验结果如表 5-31 所示。从平均值上来看，年收入在 30 万元以上的家庭在家庭亲密度方面得分高于年收入在 10 万元以内的家庭，且差异有统计学意义（$p<0.05$），不同家庭年收入在其余指标间的差异均没有统计学意义（$p>0.05$）。

表 5-31　不同家庭年收入在文化认同、抗逆力、家庭亲密度、互依型自我构念和主观幸福感间的差异比较

检验变量	平均值±标准差				F 值	p 值
	10 万元以内	10 万～20 万元	21 万～30 万元	30 万元以上		
文化认同	45.47±6.26	45.88±5.58	46.62±5.59	44.87±9.97	0.858	0.462
抗逆力	39.29±7.58	39.36±7.48	39.53±7.77	42.00±9.68	1.465	0.223
家庭亲密度	35.97±8.12	37.08±7.00	37.68±7.55	39.18±8.08[a]	2.994	0.030
互依型自我构念	18.84±4.11	18.74±4.11	18.72±4.37	19.68±4.77	0.583	0.626
主观幸福感	23.58±12.05	24.41±11.70	25.02±11.74	27.03±11.11	1.191	0.312

注：a 表示与 10 万元以内比较，有统计学差异（$p<0.05$）。

七、不同家庭结构的差异分析

不同家庭结构在文化认同、抗逆力、家庭亲密度、互依型自我构念、主观幸福感上的单因素方差分析检验结果如表 5-32 所示。不同家庭结构在所有指标间的差异均没有统计学意义（$p>0.05$）。

表 5-32　不同家庭结构在文化认同、抗逆力、家庭亲密度、互依型自我构念和主观幸福感间的差异比较

检验变量	平均值±标准差			F 值	p 值
	核心家庭（父母与未成家子女生活在一起）	大家庭（祖孙三代生活在一起）	其他		
文化认同	45.63±6.28	45.54±6.18	46.40±5.98	0.374	0.688
抗逆力	39.43±7.75	39.68±7.53	39.15±7.62	0.116	0.891
家庭亲密度	36.78±7.82	36.79±7.33	34.35±8.28	2.210	0.110
互依型自我构念	18.84±4.24	18.86±3.92	18.77±4.21	0.008	0.992
主观幸福感	24.42±11.98	24.09±11.32	21.13±12.50	1.703	0.183

第七节　中介效应及调节效应的假设检验

通过以上的探索性因子分析和验证性因子分析以后，按照前文的研究假设，对变量之间的关系进行下一步研究，本节拟将家庭仪式传播作为自变量，主观幸福感作为因变量，家庭亲密度、抗逆力、文化认同作为中介变量，互依型自我构念作为调节变量，设立模型进行各项假设检验。

一、相关性分析型拟合

运用皮尔逊相关系数（Pearson correlation coefficient）研究家庭仪式传播、家庭亲密度等和主观幸福感的相关性。结果显示如表 5-33 所示。

表 5-33　各变量间的相关性分析

变量	家庭仪式传播	文化认同	抗逆力	家庭亲密度	互依型自我构念	主观幸福感
家庭仪式传播	1	—	—	—	—	—
文化认同	0.445**	1	—	—	—	—
抗逆力	0.516**	0.516**	1	—	—	—
家庭亲密度	0.695**	0.390**	0.542**	1	—	—
互依型自我构念	0.423**	0.366**	0.536**	0.524**	1	—
主观幸福感	0.515**	0.278**	0.600**	0.626**	0.509**	1

注：**代表 $p < 0.01$，在 0.01 的显著水平上相关。

6 个变量之间的相关性分析结果显示，6 个变量之间两两呈现显著相关。由上表结果可知，家庭仪式传播、文化认同、抗逆力、家庭亲密度、互依型自我构念和主观幸福感均呈现显著正相关，为进一步检验文化认同、抗逆力和家庭亲密度在家庭仪式传播和主观幸福感之间的中介效应提供了前提和基础。

二、共线性诊断

对家庭仪式传播、文化认同、抗逆力、家庭亲密度和互依型自我构念进行共线性诊断，结果如表 5-34 所示。

表 5-34　共线性诊断

变量	条件指数	方差膨胀因子（Variance Inflation Factor，VIF）	容忍度
家庭仪式传播	2.089	2.121	0.471
文化认同	2.193	1.457	0.686
抗逆力	2.693	1.879	0.532
家庭亲密度	3.237	2.282	0.438
互依型自我构念	1.000	1.583	0.632

如表 5-34 所示，各变量的条件指数均小于 30，VIF 均小于 5，容忍度均大于 0.3。即各变量之间不存在共线性，可以进行回归分析。

三、中介效应及调节效应检验

在中介效应检验中，通用的方法有自助法（Bootstrap）、逐步检验法、Sobel 检验法等。采用逐步检验法时，如图 5-10 所示，假定自变量对因变量的总效应为 c，自变量对中介变量的效应为 a，中介变量对因变量的效应为 b，自变量对因变量的直接效应为 c'。首先，检验系数 c，显著才能进行下一步，不显著则说明存在遮掩效应，检验停止。其次，依次检验系数 a 和 b，若均显著可以进入下一步，如果至少有一个不显著，应该借助自助法来检验 ab，ab 不显著即中介效应不显著，ab 显著的话进入下一步。最后，检验系数 c'，如果 c' 不显著，则按中介效应解释。如果 c' 显著，还要看 ab 与 c' 符号是否相同，相同即可判定为部分中介效应，如果符号不同则说明存在遮掩效应。[1]

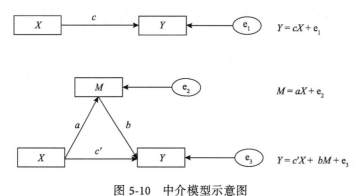

图 5-10　中介模型示意图

把主观幸福感作为因变量，家庭仪式传播作为自变量，家庭亲密度、抗逆力和文化认同作为中介变量，互依型自我构念作为调节变量，构建中介调节效应模型。采用 Process 的 Model5、自助法、重复 5000 次，置信区间标准为 95%，采用百分位数法进行验证，结果如表 5-35～表 5-37 所示。

如表 5-35 所示，家庭仪式传播对青少年主观幸福感的直接效应有统计学意义（$p<0.05$）且为正向。在家庭仪式传播对幸福感的影响中，互依型自我构念交互项系数为 0.019，p 值=0.409>0.05，显示不存在调节作用。

---

① 温忠麟，叶宝娟. 2014. 中介效应分析：方法和模型发展. 心理科学进展，22(5)：731-745.

表 5-35　中介调节效应检验结果

变量	文化认同 （p 值）	抗逆力 （p 值）	家庭亲密度 （p 值）	主观幸福感 （p 值）	主观幸福感 （p 值）
家庭仪式传播	0.445（<0.001）	0.517（<0.001）	0.695（<0.001）	0.365（<0.001）	0.087（0.020）
文化认同	—	—	—	—	−0.131（<0.001）
抗逆力	—	—	—	—	0.353（<0.001）
家庭亲密度	—	—	—	—	0.350（<0.001）
互依型自我构念	—	—	—	—	0.148（<0.001）
家庭仪式传播*互依型自我构念	—	—	—	0.355（<0.001）	0.019（0.409）
调整后 R 方	0.198	0.267	0.483	0.369	0.514
F（p 值）	185.976（<0.001）	273.952（<0.001）	703.234（<0.001）	219.641（<0.001）	131.966（<0.001）

注：数据均经过标准化处理后进入模型，括号内为 p 值，*代表交互项。

如表 5-36 所示，①文化认同在家庭仪式传播与主观幸福感之间有中介效应，家庭仪式传播→文化认同→主观幸福感间接效应的效应值为−0.040，Bootstrap95%的置信区间为[−0.069, −0.015]，不包含 0，且中介系数与直接效应的系数为异号，按遮掩效应解释，假设 H10 成立。②抗逆力在家庭仪式传播与主观幸福感之间具有中介效应，家庭仪式传播→抗逆力→主观幸福感间接效应的效应值为 0.155，Bootstrap95%的置信区间[0.121, 0.194]，不包含 0，说明抗逆力在家庭仪式传播与主观幸福感之间中介效应显著，假设 H7 成立。③家庭亲密度在家庭仪式传播与主观幸福感之间具有中介效应，家庭仪式传播→家庭亲密度→主观幸福感间接效应的效应值为 0.203，对应 Bootstrap95%的置信区间为[0.154, 0.248]，不包含 0，说明家庭亲密度在家庭仪式传播与主观幸福感之间中介效应显著，假设 H4 成立，即家庭仪式传播通过家庭亲密度、抗逆力正向影响主观幸福感，通过文化认同负向影响主观幸福感。如表 5-36 和表 5-37 所示，效应值从高到低依次为家庭仪式传播→家庭亲密度→主观幸福感>家庭仪式传播→抗逆力→主观幸福感>家庭仪式传播→文化认同→主观幸福感（置信区间均不包含 0），表明在家庭仪式传播与主观幸福感之间，家庭亲密度的中介效应最明显。最终可以得到家庭亲密度、抗逆力、文化认同平行中介模型，如图 5-11。

表 5-36　家庭仪式传播对主观幸福感影响的中介效应分解

假设	路径	Bootstrap95%的置信区间	间接效应的效应值	间接效应占直接效应的比例/%
H10	①家庭仪式传播→文化认同→主观幸福感	[-0.069，-0.015]	-0.040	62.25
H7	②家庭仪式传播→抗逆力→主观幸福感	[0.121，0.194]	0.155	238.52
H4	③家庭仪式传播→家庭亲密度→主观幸福感	[0.154，0.248]	0.203	312.17
	中介效应之和	②+③	0.357	550.08
	遮掩效应	①	-0.040	62.25

表 5-37　中介效应检验比较结果

差值	效应值	SE	低值	高值
H7-H10	-0.1952	0.0271	-0.2514	-0.1442
H7-H4	-0.2431	0.0304	-0.3014	-0.1829
H10-H4	-0.0479	0.0313	-0.1050	0.0168

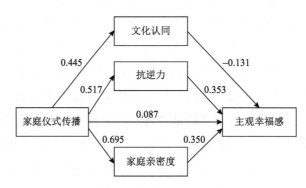

图 5-11　家庭亲密度、抗逆力、文化认同平行中介模型
注：箭头上的数字表示各变量之间的标准化系数。

四、假设检验结果汇总

本书在理论模型构建基础上，通过问卷设计与实地调研，运用 SPSS26.0 和 AMOS24.0 软件进行定量分析，系统地剖析家庭仪式传播、互依型自我概念、家庭亲密度、文化认同、抗逆力与主观幸福感之间的关系，从而对理论假设进行了验证。实证检验结果如表 5-38 所示。

表 5-38　假设检验结果对照表

假设编号	假设简要内容	检验结果
H1	家庭仪式传播→主观幸福感	支持
H2	家庭仪式传播→家庭亲密度	支持
H3	家庭亲密度→主观幸福感	支持
H4	家庭仪式传播→家庭亲密度→主观幸福感	支持
H5	家庭仪式传播→抗逆力	支持
H6	抗逆力→主观幸福感	支持
H7	家庭仪式传播→抗逆力→主观幸福感	支持
H8	家庭仪式传播→文化认同	反方向支持
H9	文化认同→主观幸福感	反方向支持
H10	家庭仪式传播→文化认同→主观幸福感	支持
H11	家庭仪式传播*互依型自我构念→主观幸福感	不支持

注：*代表交互项。

第八节　定性访谈结果对模型的补充

一、文化认同的遮掩效应

通过上一节的数据分析，我们发现文化认同在家庭仪式传播对青少年主观幸福感的影响中起到遮掩效应，遮掩效应最初被用来指代人的感官在外界环境干扰下效能减弱的一种现象，在学术研究中被类比成两个变量之间影响的主效应被"遮掩变量"削弱。[①]在本次调研中发现，文化认同在家庭仪式传播对青少年主观幸福感的影响机制起到了遮掩效应。即家庭仪式传播对文化认同有正向影响，但文化认同这条路径减少了家庭仪式传播对青少年幸福感的正向影响。

[①] 韩秀，张洪忠，何康，等. 2021. 媒介依赖的遮掩效应：用户与社交机器人的准社会交往程度越高越感到孤独吗？. 国际新闻界，43(9)：25-48.

一方面，家庭仪式可以增强青少年的文化认同。

> 我是蒙古族的，我们家会庆祝蒙古族的传统节日，比如麦德尔节、祖鲁节、那达慕大会等。在这些传统节日中，我们会按照蒙古族的习俗唱蒙古歌曲、跳蒙古舞、吃牛羊肉，这种传统的节日庆祝方式会让我很有民族自豪感。（MDL）

但另一方面，强迫青少年认同家庭仪式传播背后的象征意义，可能会对青少年的幸福感产生负面影响。西方研究表明家庭仪式传播还有可能带来大量额外工作[1]，也可能引发家庭冲突。[2]蒂娜·科菲尔特研究发现，家庭仪式虽然可以增强家庭凝聚力，但因为经济限制或家庭纠纷，部分年轻的家庭成员无法像祖辈那样认同家庭仪式所传达的意义，不情愿参加家庭仪式，并称这种家庭仪式为空洞的家庭仪式（empty ritual）。[3]这种现象在中国家庭中同样存在。

> 我老家的亲戚很重视宗族观念。最近几年，一些人在外面做生意赚了一些钱，就想着建一个祠堂，觉得作为当地的大家族，有一个祠堂很有面子。除了祠堂，家里老人还提议修族谱放置于祠堂里。但建祠堂和修族谱都要按人头收费，每人300元。我爷爷奶奶和我爸都觉得这很有必要，但我和我妈都觉得没有必要交钱，名字进不进族谱无所谓。为了这个事情，我爸和我妈还大吵了一架，搞得很不愉快，但最终还是交了钱。（KHB）

> 每年清明节的时候，我们家都会给我爷爷烧纸钱。我是不太赞同烧纸钱这种形式的，觉得烧纸钱味道不好闻，而且污染环境。但我奶奶觉得很重要，她说要不爷爷在另一个世界就没有钱花，而且在烧纸钱的时候还要说和爷爷"说话"。我爷爷是在我很小的时候就过世了，

① Meske C, Sanders G F, Meredith W H, et al. 1994. Perceptions of rituals and traditions among elderly persons. *Activities, Adaptation & Aging*, 18(2). pp. 13-26.

② Leach M S, Braithwaite D O. 1996. A binding tie: Supportive communication of family kinkeepers. *Journal of Applied Communication Research*, 24(3), pp. 200-216.

③ Coffelt T A. 2018. A paragon of family ritual: The zimmerman family reunion. *Communication Studies*, 69(2). pp. 161-179.

所以我和他感情也不是很深。为了不让奶奶失望，我也只能配合一下，但并不觉得这样做了爷爷就能听到我们说话。（WPZ）

我高考结束后办了很有排场的升学宴，其实我自己是不愿意办的，因为我觉得现在考大学已经很平常了，而且我自己觉得考的大学也不够好，没必要办升学宴。但我爸妈想办，也只能办。（HHY）

我们家和我叔叔家关系不好，之前过年还吵过架。但爷爷奶奶每年都要召集大家过年一起吃团圆饭，所以就会很尴尬，春节吃团圆饭的仪式就是走一下过场。（CWH）

家庭仪式传播是代际之间的信息传递，传递的内容相对较为传统、保守，但如今青少年通过去外地工作、学习，以及使用社交媒体，接受了大量新观念，对一些传统的家庭仪式并不认同。如 WPZ 在学校里接受的是无神论的教育，认为人去世后是没有感知的，在人去世后烧纸钱并没有意义，只会污染环境。但奶奶觉得烧纸钱很有必要，WPZ 也只能按照要求每年清明节的时候烧纸钱，内心却不认同这种行为。家庭仪式传播具有强制性，青少年作为晚辈，话语权较小，既有一些家庭仪式传播青少年并不认可，但依旧要被强迫参与。这种强迫参与，就会带来消极情绪，如 KHB 最终迫于长辈的压力还是交了建祠堂的人头费，WPZ 为了不让奶奶失望，也还是每年都去烧纸钱。这种家庭仪式传播的束缚不仅是对青少年，甚至青少年的父母也都会受到这种束缚。在 CWH 的家庭中，虽然自己家和叔叔家关系不好，但毕竟还要让爷爷奶奶开心，所以春节的时候还是要一大家子一起吃团圆饭。参与空洞的家庭仪式，人们会感到不被理解，甚至感到不属于这个家庭，反而导致了与其他家庭成员的分离感。[①]

二、家庭亲密度的中介效应

上一节中介效应分析发现，家庭仪式传播可以通过家庭亲密度对青少年的主观幸福感产生正向影响。家庭亲密度是青少年成长环境的重要组成部分，对青少年的心理健康有积极作用。提勒斯拉·西蒙斯等认为家庭仪式传播最主要

---

① Fiese B H. 1992. Dimensions of family rituals across two generations: Relation to adolescent identity. *Family Process*, 31(2): 151-162.

的功能就是建立联系，一是与家人建立联系，二是与祖先的价值观、文化、传统习俗和宗教等建立联系。家庭仪式传播将小家庭与大家庭连接，有助于家庭成员的亲密和团结，对家庭身份的构建和传递至关重要。[①]李蒙研究发现，人们为了谋生去外地工作，不得不和家人分居两地，这种家庭成员的分离给家庭亲密度带来巨大挑战。家庭仪式传播则可以弥补异地导致的亲属关系缺失，重新调整家庭角色，保持集体意识，增加家庭团聚机会，传递家庭价值观念，最终促进家庭身份认同，增加家庭亲密度。[②]本书的研究也发现了类似的结论。

> 我们家和我姑姑家关系特别好，总喜欢找理由一起聚餐，每到春节、中秋节、端午节这些节日，我们两家都会一起吃饭。我寒暑假回家，姑姑也会请我们吃饭，给我接风洗尘。另外，我家乡有腌制腊猪蹄的习惯，冬天的时候腌制，然后慢慢晒干，要等到春天的时候才能吃。因为姑姑她们也爱吃，所以我们家做腊猪蹄的时候，会把姑姑一家也喊上，一家人一起吃才有氛围。她们家做腊猪蹄的时候，也会喊上我们一起。（QL）

> 我们家很重视过春节，虽然，现在超市里买食物都很方便，但每年过年的时候，我们家还是会在家里自己包饺子、炸圆子、炸蛋卷。只有自己家里做这些食物，才有过年的感觉。平时都在外面上学，跟爸妈一起的时间很少。过年的时候，帮爸妈一起准备食物，一起聊天，也是一家人最开心的时刻。（MY）

家庭仪式传播为家庭成员提供了交往的平台，因为工作、学习任务繁忙，和父母一起相处时间不多，与其他亲戚之间见面的机会就更少了。QL 的家庭为了加强亲戚之间的连接，经常以各种理由组织家庭聚会，在食物分享中，巩固亲戚之间的感情。春节更是一个难得的家庭团聚的机会，无论平时工作多忙，

---

① Simões T A, Alberto I M. 2019. Family rituals and routines in the developmental trajectory of urban southern Angolan families. *Journal of Black Psychology*, 45(6-7). pp. 454-493.

② Li M. 2018. Maintaining ties and reaffirming unity: Family rituals in the age of migration. *Journal of Family Communication*, 18(4). pp. 286-301.

过年也都会赶回家吃团圆饭，亲戚之间互相拜年。虽然，现在物质丰裕，过去只能在春节吃到的食物也已经稀疏平常，但 MY 的家庭里依旧会在家准备过年的食物，就是为了营造过年的氛围，增强家庭成员之间互动。除了加强家庭成员之间的联系，家庭仪式传播也是情感表达的重要载体。

> 我觉得对父母的爱要表达出来，平时说出来不好意思，所以我一般就会在父亲节、母亲节，以及父母生日的时候通过送礼物的形式表达对他们的爱。我上中学的时候，在父母生日的时候给父母写过贺卡、折过花、绣过十字绣，还买过一些成本不高的礼物，而且直到今年，我发现我妈还把这些礼物保存在自己的办公室，我还蛮感动的。（ZJY）

> 爷爷奶奶不愿住进城里，还在村里住着。以前，我爸会带着我去看我爷爷奶奶。现在，我自己也有经济收入，每周末都会买点水果、奶粉去看看他们，他们就会特别高兴。（BZP）

> 我家离火车站很近，我从学校回家到站后打个车只需要起步价，很方便。但我每次回家，我爸妈都会来火车站接我。我离开家去上学，我爸妈也一定会去火车站送我。虽然我一再告诉他们不用这么麻烦，但他们还是每次都坚持接送，我心里也感觉到很温暖。（RXL）

ZJY 会在父母生日的时候送礼物，BZP 每周带上水果去看望祖父母，并不是父母、祖父母本身需要礼物，而是晚辈希望通过送礼物的方式表达对祖辈的感恩和孝顺。RXL 每次回家或离开家去上学，父母去车站接送，不仅仅具有工具性目的，更重要的是父母借此表达对孩子的关爱。

三、抗逆力的中介效应

苏珊·桑托斯等认为在家庭遇到压力和剧烈变化时，家庭仪式传播可以减少家庭成员的痛苦，具体包括以下几种功能：一是为家庭成员提供喘息（respite）机会，定期的家庭旅游等家庭仪式传播可以让人放松心情；二是为家庭成员提供安全感（feelings of security），从情感上为家庭成员提供保护；三是希望（hope），指对未来抱有积极的期待；四是专注于生活（grounding in life），指专注于生活本身，而不只是关注疾病等家庭中遭遇的困难。因此，通过维系家庭仪式传播，也根据实践情况创造新的家庭仪式传播形式，可以帮助家庭渡过难关。①

> 我每年清明节的时候都去给我爷爷扫墓，今年因为学校有事情，清明节我没能回家。结果那几天心里一直很慌，做什么都不安心。等那阵子忙完了，我就回家给爷爷扫墓了，之后就心安了许多。（ZL）

> 今年我们家发生了好几件不好的事情，二姑得了宫颈癌，奶奶阑尾炎要开刀，妈妈也要做手术，大姑查出来癌症晚期。家里短时间发生这么多不幸的事件，让我觉得很多事情没有办法解释。本来，我们家是不信宗教的，但遭遇了这些事情后，我们家也会开始祈福。（PXR）

> 拜神祈福是我们家过年必须要做的事情。年夜饭吃完要去香积寺、法门寺上香，上了头炷香就会得到好运。平时，遇到重大事件或者重大节日，我们家也会去寺庙里拜一拜。与其说是求神灵保佑，倒不如说是对自己的祝福。（QLH）

> 我满月的时候，外婆给我送来长命锁，用银链子串了起来。现在长大了，长命锁就没有带了，但银项链还是一直戴着，可以保佑自己平安。（WYQ）

家庭仪式传播能给自己积极的自我暗示，其中蕴藏着朴素的民间信仰。钟敬文认为民间信仰是在长期的历史发展过程中，在民众中自发产生的一套神灵崇拜观念、行为习惯和相应的仪式制度。②在中国传统文化中，民间信仰包括对天地神灵的信仰和对祖先的信仰。也有研究者认为，民间信仰是一种普化的宗教。③大量实证研究表明，精神信仰对主观幸福感有显著影响。④尤其是在压力情境中，精神信仰通过减轻压力感知这条中介路径增强个人的幸福感。⑤虽

---

① Santos S, Crespo C, Canavarro M C, et al. 2018. Family rituals when children have cancer: A qualitative study. *Journal of Family Psychology*, 32(5). p. 643.

② 钟敬文. 1998. 民俗学概论. 上海：上海文艺出版社.

③ 李亦园. 1992. 文化的图像(下卷). 台北：台北允晨文化实业股份有限公司：180.

④ 陈绿平，刘学兰. 2009. 西方关于宗教与心理健康研究的现状及趋势. 华南师范大学学报(社会科学版)，(2)：126-129，160.

⑤ 许春燕，万明钢，孙继民. 2015. 基督徒宗教性与心理幸福感的中介变量研究. 世界宗教文化，(1)：95-99.

然，现在科学教育已经普及，但精神信仰类家庭仪式传播并没有完全消失。尤其是在困境中，精神信仰类仪式往往是人们渡过难关的重要工具。这时，开展家庭仪式传播的功利性较强，主要目的是逢凶化吉。家庭仪式传播带来的抗逆力并不一定是在遇到挫折后产生的，有时候也是伴随式的，在潜移默化中对青少年产生着影响，如 WYQ 一出生就戴上了外婆送自己的长命锁，她并不知道这个长命锁的具体由来，只知道约定俗成戴着长命锁会保平安，并一直坚信这一点。

第六章

结论与讨论

第一节　主要研究结论

一、传统与现代化在家庭仪式传播中交融

家庭现代化理论在看待家庭发展变迁时，过度强调传统与现代的差异，而本书研究发现，家庭仪式传播是传统文化和现代文明交融的产物。现代化会对传统的家庭仪式传播造成一定的冲击，但这种关系并不是简单的负向关系。一方面，传统的家庭仪式为了适应当代社会环境，做出了调整与创新。另一方面，基于社会需求以及新媒体的发展，出现了家庭视频聊天仪式等新的家庭仪式传播形式。家庭仪式传播和现代化的关系是复杂的，现代化程度加深并不一定会导致家庭仪式传播的消失。研究发现，家庭仪式传播不仅受到家庭年收入、城市化等现代因素影响，也和南北方的文化差异有关。因此，我们也有必要跳出现代-传统二元对立思维模式理解家庭仪式传播。

在日常互动仪式传播中，一家人吃晚餐是中国最常见的家庭仪式传播，而在西方很普遍的定期外出旅游仪式较为少见。在城乡差异方面，城镇家庭普遍更加重视日常互动仪式传播。在收入差异方面，不同收入水平对日常互动仪式传播有显著影响，但并不都是家庭年收入越高，日常互动仪式越多。一家人一起看电视、家人间经常嘘寒问暖等仪式性互动在中等收入家庭中最为常见。结合访谈内容，我们发现家庭日常互动既需要有一定物质基础保障，也需要一定的时间保证。低收入家庭忙于生计，没有时间和精力开展日常互动仪式，高收入家庭中家长日常工作较忙，而中等收入家庭有一定经济基础，也有一定的空

闲时间。因此，日常互动仪式传播在中等收入家庭中最为丰富。在节日庆祝仪式传播中，除夕吃团圆饭在当代中国家庭最为常见。在城乡差异方面，大多数节日庆祝仪式传播在城镇家庭中更为常见，而春节给长辈行跪拜礼的仪式在乡村家庭更为常见。南北方差异方面，北方家庭更重视节日庆祝仪式传播。在家庭年收入差异方面，大部分节日庆祝仪式传播和日常互动仪式传播一样，在中等收入家庭节日庆祝仪式最常见。在重要事件仪式传播中，庆祝生日和祭祀祖先最为常见，而取名时考虑辈分因素和五行因素的仪式较少。在南北方差异方面，南方家庭普遍更加重视重要事件仪式传播。在城乡差异方面，家人过生日、父母庆祝结婚纪念日、庆祝孩子升学/成年礼等在城镇家庭更常见。迎亲时遵守当地习俗、重视婚宴、强调彩礼和嫁妆的重要性等在乡村家庭更常见。家庭年收入水平对重要事件仪式传播有显著影响。大多数重要事件仪式传播在高收入家庭中更为常见，而婚嫁方面的家庭仪式传播在低收入家庭中最受重视。李银河在研究中国婚礼变迁时发现，经济情况较差的工人阶级往往借钱也会大办婚礼，经济情况较好的知识分子大办婚礼的诉求反而要小很多[1]，本书的研究也验证了这一结论。在家庭礼仪传播中，每次离家要和父母打招呼这项仪式传播的平均得分最高，对父母使用请、谢谢、您之类礼貌用语，对父母道早安、晚安等的仪式传播形式在当代家庭中较少。在地域差异方面，传统的家庭礼仪文化为中华民族所共有，南北方没有显著差异。同时，高收入家庭更有可能在家中要求孩子对父母使用礼貌用语，但要求孩子和不熟悉亲戚打招呼的可能性更低。在青少年认同方面，青少年对于体现不平等思想的家庭仪式传播认同度不高，如春节给长辈行跪拜礼等。另外，青少年对核心家庭内部的仪式传播认同程度较高，如视频聊天仪式、一起吃晚餐等，对于大家庭中的仪式传播认同程度较低，如亲戚之间的串门拜年等。主要原因在于人口流动加剧，亲戚常常不住在同一个城市，见面机会少，情感浓度低。

二、家庭仪式传播对青少年主观幸福感的作用机制

本书在文献梳理和前期访谈的基础上，建构理论模型，并运用SPSS26.0和

---

① 李银河. 2002. 婚礼的变迁. 江苏社会科学, (5): 73-76.

AMOS24.0 软件进行定量分析，对家庭仪式传播、互依型自我构念、家庭亲密度、文化认同、抗逆力与主观幸福感的关系进行实证研究。以 14～28 岁的青少年为研究对象，共收回 848 份问卷，其中 755 份有效问卷。通过数据分析发现，青少年主观幸福感在年龄、性别、是否单亲家庭方面存在显著差异，在是否独生子女、城乡、家庭年收入、家庭结构方面不存在显著差异。18～28 岁的青少年比 14～18 岁的青少年幸福感更高，男性比女性的幸福感更高，非单亲家庭的青少年比单亲家庭的青少年幸福感更高。青少年抗逆力在年龄、性别方面存在显著差异，在城乡、是否是单亲家庭、是否独生子女、家庭年收入、家庭结构方面不存在显著差异。18～28 岁的青少年比 14～18 岁的青少年抗逆力更高，男性比女性的抗逆力更高。青少年的文化认同在年龄、性别、城乡、是否独生子女、是否单亲家庭、家庭结构和家庭年收入方面均不存在显著差异。家庭亲密度在是否单亲家庭、家庭年收入方面存在显著差异，在年龄、性别、城乡、是否独生子女、家庭结构方面不存在显著差异。非单亲家庭的家庭亲密度高于单亲家庭，年收入 30 万元以上家庭的家庭亲密度高于年收入 10 万元以内的家庭。互依型自我构念在年龄、性别方面存在显著差异，18～28 岁的青少年比 14～18 岁青少年互依型自我构念更强，男性的自我构念比女性更强。最后，通过中介效应分析和调节效应分析，进一步揭示了家庭仪式传播对青少年主观幸福感的影响机制。研究发现，家庭仪式传播对青少年的主观幸福感、家庭亲密度和抗逆力有正向影响。此外，家庭仪式传播还通过抗逆力、家庭亲密度、文化认同度三条中介路径对青少年主观幸福感产生影响，其中文化认同起到了遮掩效应。但互依型自我构念没有在家庭仪式传播和青少年主观幸福感之间起到调节作用。三条中介路径中，家庭亲密度的中介效应为 0.203，要高于抗逆力的中介效应 0.155。文化认同的中介效应为 -0.040，是负值，按遮掩效应解释，即家庭仪式传播通过文化认同负向影响主观幸福感。根据定性访谈结果进一步发现，一方面，家庭仪式传播为家庭成员提供了交往的平台，加强了家人之间的联系。另一方面，家庭仪式传播也是情感表达的载体。家庭仪式传播通过这两种方式增强了家庭亲密度。家庭仪式传播蕴藏着精神信仰，可以为青少年在压力环境下提供安全感，提升青少年的抗逆力。但当青少年和长辈对家庭仪式传播的认知不一致时，家庭仪式传播就成了空洞的仪式。家庭仪式又具有一定的强制性，青少年被强迫参与空洞的家庭仪式传播，会引发消极情绪。

第二节 理论启示：将家庭仪式纳入家庭传播学研究

家庭传播的研究萌发于 20 世纪 50 年代，美国学者弗吉尼亚·斯德就专门聚焦家庭互动和家庭治疗。1968 年言语传播协会（Speech Communication Association，SCA）大会通过一项决议，号召开展包括家庭在内的一系列情境的传播研究，帕洛阿尔托研究小组对家庭互动的研究，推动了家庭传播理论和研究的发展。[1]1982 年，第一本家庭传播教材——《家庭传播：聚合与变化》出现[2]，2001 年，学术期刊《家庭传播杂志》诞生，家庭传播研究不断完善。家庭传播研究者莱斯利·巴克斯特对家庭传播进行了界定，认为家庭传播是指我们在社会交往中共同创造和协商意义、身份和关系的方式，也就是我们如何构建自己和我们家庭关系的方式。[3]从研究者对家庭传播的定义可以看出，家庭传播研究的核心是家庭传播如何维系家庭关系，而不止于关注家庭传播中的信息流动，这也体现了凯瑞传播的仪式观思想。套用杜威"社会不仅因传递和传播而存在，更确切地说，它就存在于传递与传播中"[4]的说法，家庭同样存在于传播中，家庭成员之间通过交流和沟通构建了家庭这一共同体。中国是最具有家庭观念，人们也最重视家庭的国家之一，家庭理应成为研究者关注的重点。有研究者在对比了中美家庭传播研究后，认为中国的家庭传播研究还不够深入。[5]相比之下，国外家庭传播研究已经较为成熟，形成了一系列成熟的理论，如叙事理论、隐私管理理论、语言沟通理论、二元权力理论等。[6]在议题

---

① Galvin K M. 2009. Family communication instruction: A brief history and call. *Journal of Family Communication*, 1(1). pp. 15-20.

② Galvin K M, Braithwaite D O, Bylund C L. 2015. *Family Communication: Cohesion and Change*. London: Routledge.

③ Baxter L A. 2014. *Theorizing the communicative construction of "family": The three R's. Remaking "family" communicatively*. New York: Peter Lang. pp. 33-50.

④ 詹姆斯·W. 凯瑞. 2005. 作为文化的传播："媒介与社会"论文集. 丁未译. 北京：华夏出版社：3.

⑤ 朱秀凌. 2018. 家庭传播研究的逻辑起点、历史演进和发展路径. 国际新闻界，40(9)：29-46.

⑥ Braithwaite D O, Suter E A, Floyd K. 2017. *Engaging Theories in Family Communication: Multiple Perspectives*. London: Routledge.

分布上，国外家庭传播议题也更加广泛，包括亲子之间关于性话题的讨论[①]，家庭传播对青少年消费习惯的影响[②]，父母和孩子关于饮酒问题的家庭沟通对孩子酗酒情况的影响等[③]，以及大学生和父母的数字互动对家庭亲密度的影响。[④]近几年，家庭传播研究逐渐被中国学者所重视，尤其是关注新媒体环境中的家庭传播，主要集中于新媒体如何影响家庭关系，以及数字反哺和数字鸿沟等问题上。主要有以下两个研究方向。第一，研究数字家庭沟通在亲子关系维护中的作用。研究者对于数字家庭沟通能否促进亲子关系存在一定的争议，其中部分研究者认为家庭数字沟通有助于促进家庭关系和谐，家庭成员之间微信使用越多，亲子关系越和谐。[⑤]但也有研究者认为虽然子女一方面接受了社交媒体中父母的"在场"，另一方面又通过屏蔽、分组等行为来保护自己的隐私。[⑥]第二，研究数字技术对家庭成员教导角色和权力关系的影响。吴炜华等研究发现，数字技术重新建构了亲子关系，父母不懂一些流行的网络用语，对新媒体操作技术也不熟练。这时，父母和子女教导与被教导角色发生反转，子女反过来可以教父母使用新媒体。[⑦]吴静研究发现家庭微信群重构了家庭权力关系，并引导中国家庭从地缘结合再到虚拟化的"情感云结合"转变。[⑧]

但家庭传播不应该特指基于新媒体的传播，家庭仪式这一种古老的家庭传播载体，同样值得研究。象征意义是仪式的核心，无论是国家仪式，还是家庭仪式，二者都是通过符号传递信仰的，因此其中必然涉及传播问题。社会学者

---

① Miller K S, Kotchick B A, Dorsey S, et al. 1998. Family communication about sex: What are parents saying and are their adolescents listening?.*Family Planning Perspectives*, 30(5). pp. 218-235.

② Moschis G P. 1985. The role of family communication in consumer socialization of children and adolescents. *Journal of Consumer Research*, 11(4). pp. 898-913.

③ Miller-Day M, Kam J A. 2010. More than just openness: Developing and validating a measure of targeted parent-child communication about alcohol. *Health Communication*, 25(4). pp. 293-302.

④ Stein C H, Osborn L A, Greenberg S C. 2016. Understanding young adults'reports of contact with their parents in a digital world: Psychological and familial relationship factors. *Journal of Child and Family Studies*, 25(6). pp.1802-1814.

⑤ 汤雯. 2019. 微信对亲子关系影响的实证研究(硕士学位论文). 安徽大学.

⑥ 曾秀芹,吴海谧,蒋莉. 2018. 成人初显期人群的数字媒介家庭沟通与隐私管理:一个扎根理论研究. 国际新闻界，40(9)：64-84.

⑦ 吴炜华，龙慧蕊. 2016. 传播情境的重构与技术赋权——远距家庭微信的使用与信息互动. 当代传播，(5)：95-98.

⑧ 吴静. 2018. 论微信群对中国家庭权力关系的重构. 现代传播(中国传媒大学学报)，40(3)：164-166.

认为家庭遵守着一整套礼仪，这些礼仪包含着社会道德、宗教信仰、家庭观念等的影响。通过这些礼仪，家庭成员不断意识到自己的存在。[①]通过参与家庭仪式，实现了意义的代际流动。作为家庭传播，家庭仪式传播虽然信息冗余较多，但传播信息不是家庭仪式的最终目的，根本性的目的还在于建构夫妻关系、亲戚关系、代际关系和性别关系等家庭关系。同时，家庭仪式传播也有自己的特殊性。首先，家庭仪式中符号多元化，包括实物符号、语言文字符号和行为符号，传播手段更加丰富。其次，家庭仪式传播具有情感性的特征，对家庭成员的情感体验也会产生影响。最后，在家庭仪式传播的研究中，也要突破信息传播研究的范式。在信息传播中，研究者通常使用 5W 模式进行分析，即一个传播过程包含五大要素：谁（who）、说了什么（say what）、通过什么渠道（in which channel）、向谁（to whom）、有什么效果（with what effect）。对应这五大传播要素，拉斯韦尔又提出了五种传播研究方法，即控制分析、内容分析、媒介分析、受众分析、效果分析。对于信息传播的分析，有明确的传播者、受众、传播效果和传播媒介等，但在家庭仪式传播中，传播者和受众的界限就没有那么清晰，传播效果也难以用是否接受了某种信息来判断，因为家庭仪式传播更主要的功能是建构关系，甚至，因为家庭仪式传播的载体非常丰富，包括了语言、文字、声音、动作等多种传播符号，也难以断言某一种符号是传播渠道。因此，在分析家庭仪式传播的时候，不能只分析 5W 元素，还要研究家庭仪式传播的情境、象征意义以及仪式传播是否起到了凝聚家庭关系的作用。

第三节　实　践　启　示

一、家庭仪式传播辅助重塑当代家风

中国社会一个重要的特色就是以家庭为社会活动中心，每个人一生中绝大部分时间都生活在家庭中，家庭就像一个堡垒，成为每一个人最安全的避风港。[②]良好的家庭环境有利于家庭成员的身心健康和事业发展，而一个不好的

---

① 邓伟志, 徐新. 2006. 家庭社会学导论. 上海：上海大学出版社：126.
② 周松波. 2010. 方圆之探——解码中西文化. 北京：人民出版社：154.

家庭环境则会对人产生负面影响。大量实证研究表明，不良的家庭环境会增加青少年患心理疾病的可能性，并导致青少年犯罪率的提升。[①]调查官员贪污腐败案件，常常会发现其家庭成员也是共犯，这种亲友受贿型案件可以占到官员贪污腐败案件的 30%。[②]家庭环境的好坏绝不仅仅是物质上的好坏，更指的是这个家庭是否有良好的家风。所谓家风，是一个家庭或家族多年来形成的传统风气、风格和风尚[③]，家庭仪式传播是家风的重要载体。近年来，社会又开始重新重视家庭文化建设，2014 年中央电视台新闻频道推出的"新春走基层·家风是什么"系列报道，引起了观众对家风的广泛讨论。随后，中央电视台和《光明日报》联合又推出了"家风家教大家谈"征文活动。2016 年，中央电视台科教频道、中国电视艺术家协会、中国文学艺术基金会联合制作了国内第一部系统阐述家风的纪录片《家风》。在国家层面，家风也得到了高度重视。《中国共产党廉洁自律准则》第八条明确要求，党员领导干部要"廉洁齐家，自觉带头树立良好家风"[④]。2016 年 12 月 12 日，习近平在会见第一届全国文明家庭代表时的讲话中强调："家风是社会风气的重要组成部分。家庭不只是人们身体的住处，更是人们心灵的归宿。家风好，就能家道兴盛、和顺美满；家风差，难免殃及子孙、贻害社会。"[⑤]家庭现代化理论认为，传统的亲缘关系会随着现代化的进程迅速衰落下去，原先用于维系大家族亲属关系的仪式也会随之消失。通过实证研究发现，虽然部分家庭仪式消失，但诸如家庭成员过生日、庆祝传统节日、家庭成员的定期视频联系、家庭成员互送礼物、家庭聚会、祭祖、长辈讲述家史、孝顺老人的传统、说吉利话、家中的奖罚规则等家庭仪式依旧普遍存在。大多数家庭仪式隐藏于日常生活中，看似是重复、单调的，因此常常被人们忽视。这些家庭互动被赋予了象征意义，家庭身份认同在家庭仪式传播中得以建构。当代中国的家庭仪式是传统习俗、当代文化和信息技术相结合

① 张克锋. 2006. 家庭与青少年犯罪. 广东社会科学，(3)：179-183.

② 骆倩雯. 落马贪官大多都有贪腐"亲友团". 北京日报，2013-05-15(7).

③ 王泽应. 2015. 中华家风的核心是塑造、培育与树立正确的价值观. 上海师范大学学报(哲学社会科学版)，44(4)：5-11.

④《中国共产党廉洁自律准则》全文，https://www.thepaper.cn/newsDetail_forward_12145058，(2021-04-10).

⑤ 习近平在会见第一届全国文明家庭代表时强调：动员社会各界广泛参与家庭文明建设 推动形成社会主义家庭文明新风尚，http://dangjian.people.com.cn/n1/2016/1214/c117092-28949094.html，(2016-12-14).

的产物，对塑造当代家风有积极作用。

二、家庭仪式传播研究助力青少年心理赋能

青少年时期也是容易引起抑郁和焦虑的时期，这种情况主要由外部原因和内部原因两方面造成。外部原因方面，青少年被赋予了很高的期待，要为今后的工作做好准备，面临着较大的竞争。内部原因方面，青少年身体和心理层面发生内部变化。在这两种情况下，青少年的家庭关系被证明可以抵御压力，这为他们提供了稳定性和在世界上有一席之地的感觉。[①]因此，如何提升青少年幸福感成了学术界关注的议题。在既有研究中，影响青少年家庭幸福感的因素包括父母婚姻质量、家庭经济状况、家庭结构、父母教养方式等，虽然考虑了家庭仪式传播的一些要素（如亲子关系、孝道信念）与青少年家庭幸福感的正向关联，但并未从仪式传播角度探讨家庭仪式对青少年幸福感的影响问题。本书把家庭仪式传播纳入青少年幸福感的影响因子，研究发现家庭仪式传播可以通过家庭亲密度和抗逆力两条中介路径对幸福感产生正向影响，为青少年身心健康发展提供新思路。但研究同样发现，家庭仪式传播并不一定起到正面效果，文化认同在家庭仪式传播对幸福感的影响路径中起到遮掩效应。因为代际差异，长辈所信奉的家庭仪式传播方式并不一定被青少年所接受。当青少年不认同仪式背后的象征意义时，即使被迫参与家庭仪式传播也是对抗式解码，无法形成意义的流动，反而会形成负面效果。青少年不认同家庭仪式传播，也存在两种可能。一种是家庭仪式传播本身的内涵已经不适应时代的发展，如晚辈向长辈行跪拜礼等。需要对这种家庭仪式传播做出调整，让其更适应当代社会的价值观。另一种是家庭仪式流于形式而忽略内涵。在访谈中，一个男生介绍到自己因为在奶奶过生日时只在家庭微信群里发了祝福，没有给奶奶打电话祝福被父母批评，而他自己认为怎样祝福都可以，没有必要拘泥于形式。只强调形式，而忽视内涵的家庭仪式传播反而会引发青少年的反感情绪。因此，家庭仪式的代际传播需要尊重青少年的意愿，在协商沟通中确定家庭仪式传播的形式，引导青少年理解家庭仪式传播背后的象征意义，实现家庭仪式传播的心理赋能。

---

① Malaquias S, Crespo C, Francisco R. 2015. How do adolescents benefit from family rituals? Links to social connectedness, depression and anxiety. Journal of Child and Family Studies, 24(10). pp. 3009-3017.

附　　录

附录一：访谈提纲

一、总体家庭仪式情况

1. 你们家重视家庭仪式吗？都有哪些家庭仪式？

2. 在你的成长过程中，这些家庭仪式是否发生过变化，为什么？

3. 你如何看待家庭仪式？是否期待家庭仪式的发生？

4. 你的家人如何看待家庭仪式？

5. 参与家庭仪式给你带来了什么感受？

6. 家庭仪式会给你带来幸福感吗？如果会的话，在什么情况下会带来幸福感？如果不会又是为什么？

二、具体家庭仪式情况

1. 你们家会庆祝哪些家庭成员的生日？又是如何庆祝的？庆祝生日的仪式给你带来什么样的感受？

2. 你会给父母送父亲节、母亲节礼物吗？送过哪些礼物？

3. 你们家会祭祀逝去的亲人吗？又是如何祭祀的？参与祭祀仪式给你带来什么感受？

4. 你们家有哪些餐桌礼仪？你觉得是否有必要？

5. 你们家如何庆祝春节？庆祝春节的家庭仪式给你带来什么样的感受？

6. 你们家如何庆祝中秋节、端午节等传统节日？庆祝传统节日给你带来了什么样的感受？

7. 家人的葬礼如何举行？参与葬礼仪式给你带来什么样的感受？

8. 你们家亲戚的婚礼如何举行？参与婚礼仪式给你带来什么感受？

9. 你们家平时会一起吃晚餐吗？你觉得一家人一起吃晚餐重要吗？

10. 在外地时，你会定期和家人联系吗？一般都聊什么？你觉得这种定期联系对家庭关系有什么影响？

11. 你们家有哪些孝道礼仪？你觉得是否有必要？

12. 你的家庭还有哪些你很喜欢的家庭仪式？

13. 你的家庭还有哪些你很反感的家庭仪式？

附录二：访谈对象列表

1. 单独访谈名单

序号	姓名	年龄	性别	家乡
1	LJ	25	女	安徽芜湖
2	CZ	27	男	福建宁德
3	ZH	27	男	陕西宝鸡
4	QLH	26	男	陕西西安
5	CRS	26	男	山东临沂
6	PXR	22	女	河南濮阳
7	WXT	22	女	山东潍坊
8	MDL	21	女	新疆博尔塔拉蒙古自治州
9	RXL	22	女	湖北宜昌
10	HCM	21	女	河北石家庄
11	LPF	20	男	河南周口
12	ZJC	17	男	河南新乡
13	ZL	17	女	江苏镇江
14	XMT	27	男	河南商丘

序号	姓名	年龄	性别	家乡
15	QL	27	女	湖北钟祥
16	BZP	24	男	江苏徐州
17	ZY	25	女	湖北荆州
18	LRK	23	男	安徽芜湖
19	WYQ	15	女	湖北荆门
20	XYC	23	男	河北石家庄
21	LYF	22	男	甘肃兰州
22	ZZY	25	女	陕西咸阳
23	JKY	25	男	山东东营
24	ZJY	27	女	天津
25	WMY	27	女	河南洛阳
26	BZR	25	女	河北沧州
27	PW	26	女	福建福州
28	CXY	22	女	河南郑州
29	XMX	26	女	湖南长沙
30	WZH	27	男	福建泉州
31	LT	26	男	安徽淮南
32	LC	25	男	江苏南京
33	GT	26	男	上海
34	MY	21	男	安徽马鞍山
35	CZP	27	男	安徽合肥
36	DW	25	男	江苏南京
37	WCX	25	女	湖北武汉
38	HQ	26	女	安徽合肥
39	WJQ	27	女	广东广州
40	WPZ	25	男	黑龙江鹤岗
41	YGZ	27	男	广东汕尾
42	LMY	26	女	浙江金华
43	XCH	23	女	浙江宁波
44	KHB	26	男	福建福州

2. 焦点小组访谈名单

（1）2020 年 11 月 5 日，5 人参加

序号	姓名	年龄	性别	家乡
1	SGJ	18	男	辽宁大连
2	HHY	17	男	四川绵阳
3	YQY	18	女	辽宁锦州
4	YSH	18	女	辽宁本溪
5	SQQ	17	女	澳门

（2）2020 年 12 月 12 日，5 人参加

序号	姓名	年龄	性别	家乡
1	CWH	23	男	江西南昌
2	ZXR	21	女	湖北武汉
3	ZYJ	22	女	河南周口
4	ZQB	22	男	河北邯郸
5	XYJ	21	女	河北石家庄

附录三：家庭仪式传播问卷调查

各位同学、朋友：

您好！由于科研需要，特设计这份问卷，您的回答对这次科研结论的准确性至关重要，因此非常感谢您在百忙之中填写这份问卷！本问卷调查的目的在于了解家庭仪式传播与青少年主观幸福感的关系，希望通过本次调查了解您对于问卷中问题的真实感受或看法。本次问卷调查采取匿名形式，不会对您的个人生活造成负面影响，期待得到您的配合和支持。恳请您根据您的情况如实填写，对于您的配合，在此表示由衷的感谢！

2020 年 12 月

第一部分：个人基本信息

1. 请问您的年龄是？（填空题）

2. 请问您的性别是？（单选题）

□男　　　　　　　□女

3. 请问您的婚姻状态是？（单选题）

□已婚　　　　　　□未婚

4. 请问您的民族是？（单选题）

□汉族　　　　　　□少数民族

5. 请问您的户籍所在地是？（单选题）

□城镇　　　　　　□乡村

6. 请问您家乡属于？（以秦岭淮河为界）（单选题）

□北方　　　　　　□南方

7. 请问您的学历层次是？（单选题）

□高中及以下　　　□大学本科（含高职高专）　　　□研究生

8. 请问您的家庭年收入是？（单选题）

□10 万元以下　　　□10 万～20 万元

□21 万～30 万元　　□30 万元以上

9. 请问您的家庭结构是？（单选题）

□核心家庭　　　　□大家庭　　　　□其他

10. 请问您是否是独生子女？（单选题）

□是　　　　　　　□否

第二部分：问题调研

11. 在家庭生活中，下列描述多大程度上符合你家实际情况（每行限选一项，请在相应的空格中打"√"）

日常互动仪式	不符合	比较不符合	一般	比较符合	非常符合
我在家时，一家人会一起吃晚餐					
闲暇时，我们家会一起看电影或看电视节目					
闲暇时，我们家会一起运动					
闲暇时，我们家会一起逛街					
我们家会定期外出旅游					

续表

日常互动仪式	不符合	比较不符合	一般	比较符合	非常符合
我在外地时，会主动和家人发信息关心家人					
我在外地时，会主动和家人打电话或者视频					
我在外地时，家人会经常联系我，嘘寒问暖，聊家长里短					
我们家亲戚经常会以各种理由聚会（春节等重大节日之外）					
我们大家庭（包括亲戚）建有微信群，经常发一些问候话语					

12. 请问您是否赞同以下家庭仪式性行为（每行限选一项，请在相应的空格中打"√"）

日常互动仪式	不赞同	比较不赞同	一般	比较赞同	非常赞同
一家人要一起吃晚餐					
闲暇时，一家人一起看电影或看电视节目					
闲暇时，一家人一起运动					
闲暇时，一家人一起逛街					
一家人定期外出旅游					
在外地时，主动和家人发消息关心家人情况					
在外地时，主动和家人打电话/视频					
在外地时，家人经常联系我，嘘寒问暖，聊家长里短					
大家庭要建微信群，并在群里经常彼此问候					
亲戚之间要多聚会					

13. 在家庭生活中，下列描述多大程度上符合你家实际情况（每行限选一项，请在相应的空格中打"√"）

节日庆祝仪式	不符合	比较不符合	一般	比较符合	非常符合
除夕，我们全家一起吃团圆饭					
春节时，家里晚辈给长辈行跪拜礼					

续表

节日庆祝仪式	不符合	比较不符合	一般	比较符合	非常符合
春节时，我们家的亲戚互相串门拜年					
春节前，我们家很用心地置办年货					
春节时，我们家要贴春联					
春节时，长辈给晚辈发红包					
春节时，一家人一起看春晚					
每年端午节，我们家会吃粽子					
每年中秋节，我们家都会吃月饼					
每年元宵节，我们家都会吃元宵					
腊八节时，我们家会喝腊八粥					
小年时（腊月二十三或腊月二十四），我们家会除尘、祭灶神等					
冬至时，我们家会吃特定食物（如饺子、汤圆、羊肉汤等）					
重阳节时，我们家会看望老人					
我小的时候，父母会给我过"六一"儿童节					
"三八"妇女节，我们家会给女性送上祝福或礼物					
父亲节时，我会给父亲送礼物或发祝福信息					
母亲节时，我会给母亲送礼物或发祝福信息					

14. 请问您是否赞同以下家庭仪式性行为（每行限选一项，请在相应的空格中打"√"）

节日庆祝仪式	不赞同	比较不赞同	一般	比较赞同	非常赞同
除夕全家一起吃团圆饭					
春节时，晚辈给长辈行跪拜礼					
春节前置办年货					
春节时亲戚互相串门拜年					
春节时贴春联					
春节时，长辈给晚辈发红包					

节日庆祝仪式	不赞同	比较不赞同	一般	比较赞同	非常赞同
春节时，一家人一起看春晚					
每年端午节吃粽子					
每年中秋节吃月饼					
每年元宵节吃元宵					
每年腊八节时喝腊八粥					
小年时（腊月二十三或腊月二十四）除尘、祭灶神等					
冬至时要吃特定食物（如饺子、汤圆、羊肉汤等）					
重阳节时要看望老人					
要给孩子过"六一"儿童节					
"三八"妇女节，我们家会给女性送上祝福或礼物					
父亲节时给父亲送礼物或发祝福信息					
母亲节时会给母亲送礼物或发祝福信息					

15. 在家庭生活中，下列描述多大程度上符合你家实际情况（每行限选一项，请在相应的空格中打"√"）

重要事件仪式	不符合	比较不符合	一般	比较符合	非常符合
我们家搬家时会挑选吉日					
我们家装修时会讲究位置和朝向					
我们搬新家时要挂辟邪摆件					
我们家亲戚结婚迎亲时要严格遵守当地文化习俗（祭祖、敬茶等）					
我们家非常重视婚礼宴会仪式					
我们家人在婚姻方面强调彩礼、嫁妆的重要性					
我们家人会强调属相、生辰八字等在婚配中的作用					
我们家在亲人去世后会很重视葬礼					
我们家会定期祭祀祖先					
家中会摆祖先的祭台/照片					

续表

重要事件仪式	不符合	比较不符合	一般	比较符合	非常符合
我过生日时，我的家人会送上礼物或祝福					
我父亲过生日时，我们家人会送上礼物或祝福					
我母亲过生日时，我会送上礼物或祝福					
我们家很重视给祖辈过寿					
较为亲近的亲戚（叔叔婶婶之类）生日，我们家会一起庆祝					
父母会过结婚纪念日					
在我升学/成年礼时，家人专门进行庆祝					
有重大事情时，家人会去祈福					
长辈给你取名时，考虑了辈分因素					
长辈给你取名时，考虑了五行因素（金木水火土）					

16. 请问您是否赞同以下家庭仪式性行为（每行限选一项，请在相应的空格中打"√"）

重要事件仪式	不赞同	比较不赞同	一般	比较赞同	非常赞同
搬家时要挑选吉日					
家装修时要讲究风水					
搬家时要挂辟邪摆件					
结婚迎亲时要严格遵守当地文化习俗（祭祖、敬茶等）					
婚礼宴会仪式非常重要					
彩礼、嫁妆非常重要					
属相、生辰八字在婚配中很重要					
葬礼中的礼数非常重要					
定期祭祀祖先					
家中摆祖先的祭台/照片					
家人给自己过生日					
家人给父亲过生日					
家人给母亲过生日					

重要事件仪式	不赞同	比较不赞同	一般	比较赞同	非常赞同
家人给祖辈过寿					
给较为亲近的亲戚（叔叔婶婶之类）过生日					
父母过结婚纪念日					
在我升学/成年礼时，家人专门进行庆祝					
长辈给晚辈取名时，考虑了辈分因素					
长辈给晚辈取名时，考虑了五行因素（金木水火土）					

17. 在家庭生活中，下列描述多大程度上符合你家实际情况（每行限选一项，请在相应的空格中打"√"）

家庭礼仪	不符合	比较不符合	一般	比较符合	非常符合
家庭聚餐时必须要等长辈先动筷子					
家庭聚餐时会强调主次座位					
家庭聚餐时不许提前离席，或打招呼后再离席					
家庭聚餐时要主动给长辈敬酒					
会被要求经常看望，或电话问候家中老人					
会被要求和不熟悉的亲戚打招呼、交流					
在家会对父母使用请、谢谢、您等词					
在家时每天对父母道早安、晚安					
每次回家要和父母打招呼					
每次离家要和父母打招呼					

18. 请问您是否赞同以下家庭仪式性行为（每行限选一项，请在相应的空格中打"√"）

家庭礼仪	不赞同	比较不赞同	一般	比较赞同	非常赞同
家庭聚餐时必须要等长辈先动筷子					
家庭聚餐时会强调主次座位					
家庭聚餐时不许提前离席					
家庭聚餐时要主动给长辈敬酒					

续表

家庭礼仪	不赞同	比较不赞同	一般	比较赞同	非常赞同
经常看望，或电话问候家中老人					
和不熟悉的亲戚打招呼、交流					
在家对父母使用请、谢谢、您等词					
在家时每天对父母道早安、晚安					
每次回家要和父母打招呼					
每次离家要和父母打招呼					

附录四：中国家庭仪式传播对青少年主观幸福感的影响机制研究（预测试）

各位同学、朋友：

您好！由于科研需要，特设计这份问卷，您的回答对这次科研结论的准确性至关重要，因此非常感谢您在百忙之中填写这份问卷！本次问卷调查采取匿名形式，不会对您的个人生活造成负面影响，期待得到您的配合和支持。恳请您根据您的情况如实填写，对于您的配合，在此表示由衷的感谢！

第一部分：个人基本信息

1. 请问您的年龄是？（填空题）

_____

2. 请问您的性别是？（单选题）

□男　　　　　　　　□女

3. 请问您的婚姻状态是？（单选题）

□已婚　　　　　　　□未婚

4. 请问您的民族是？（单选题）

□汉族　　　　　　　□少数民族

5. 请问您的户籍所在地是？（单选题）

□城镇　　　　　　　□乡村

6. 请问您家乡属于？（以秦岭淮河为界）（单选题）

☐北方　　　　　　　　☐南方

7. 请问您的学历层次是？（单选题）

☐高中及以下　　　　☐大学本科（包括高职高专）　　　☐研究生

8. 请问您的家庭年收入是？（单选题）

☐10 万元以下　　　☐10 万～20 万元

☐21 万～30 万元　　☐30 万元以上

9. 请问您的家庭结构是？（单选题）

☐核心家庭　　　　　☐大家庭　　　　　☐其他

10. 请问您是否为独生子女？（单选题）

☐是　　　　　　　　☐否

第二部分：问题调研

11. 在家庭生活中，下列描述多大程度上符合你家实际情况（每行限选一项，请在相应的空格中打"√"）

家庭仪式传播	非常不符合	比较不符合	一般	比较符合	完全符合
在我的家庭中，只要条件允许，家人经常一起吃晚餐					
在我的家庭中，家人非常愿意一起吃晚餐					
对我的家庭来说，我们家一起吃饭不止是吃饭，还有交流感情					
在我的家庭中，吃晚餐有基本固定的时间					
在我的家庭中，家人们经常一起进行娱乐活动					
在我的家庭中，家人非常愿意一起进行娱乐活动					
在我的家庭中，家人一起进行娱乐活动可以促进家庭和睦					
在我的家庭中，家庭娱乐活动大体是固定的					
家庭成员分隔两地时，我们经常电话、视频联系					
家庭成员分隔两地时，家人非常愿意电话、视频联系					
家庭成员分隔两地时，即使没有什么重要的事情要说，也会定期电话或者视频聊天					
家庭成员分隔两地时，电话、视频有固定的时间、频率					

家庭仪式传播	非常不符合	比较不符合	一般	比较符合	完全符合
在我的家庭中，家人每年都会庆祝生日					
在我的家庭中，家人非常愿意为家庭成员庆祝生日					
对我们家庭来说，庆祝生日是有意义的					
在我们家庭中，每年庆祝生日模式是固定的					
在我的家庭中，家人每年都会庆祝传统节日					
在我的家庭中，家人非常愿意庆祝传统节日					
在我的家庭中，庆祝传统节日是团聚时刻					
在我的家庭中，庆祝传统节日模式是固定的					
在我的家庭中，家人经常看望或电话问候祖辈					
在我的家庭中，家人非常愿意看望或电话问候祖辈					
在我的家庭中，家人认为经常看望或电话问候祖辈是为了关心祖辈					
在我的家庭中，看望或电话问候祖辈的时间、频率是固定的					

12. 关于中华民族文化的了解情况，下列描述多大程度上符合你个人的实际情况（每行限选一项，请在相应的空格中打"√"）

文化认同	非常不符合	比较不符合	一般	比较符合	完全符合
我为自己是中华民族成员而感到高兴					
我很高兴自己拥有中华文化背景					
我为中华文化及其取得的成就而感到自豪					
我很清楚中华民族成员这一身份对于自身的意义					
我对自己的文化背景及其内涵有清晰的认识					
我对中华文化有较深的依恋					
我对中华文化有强烈的归属感					
参与大部分由中华民族成员组成的组织或社会群体					
我在日常生活中会践行中华文化					
我会与他人讨论中华文化的相关问题					
我考虑过中华文化如何影响我的生活这一问题					
我会花时间去更多地了解中华文化					

13. 下列描述多大程度上符合你个人的实际情况（每行限选一项，请在相应的空格中打"√"）

抗逆力	非常不符合	比较不符合	一般	比较符合	完全符合
当事情发生变化时，我能够适应					
无论人生路途中发生任何事情，我都能处理它					
面临难题时，我会试着去看到事物积极的一面					
历经磨炼会让我更有力量					
我很容易从疾病、伤痛、困难中恢复过来					
我相信即使遇到障碍我也能够实现我的目标					
压力之下我仍然能够集中精神地思考问题					
我不会轻易地被失败打倒					
在处理生活中的失败和困难时，我觉得我是个坚强的人					
我能够调节一些不愉快或痛苦，例如悲伤、害怕和生气					

14. 关于你的家庭关系的表述，下面的描述，是否符合你的家庭情况（每行限选一项，请在相应的空格中打"√"）

家庭亲密度	从来没有	偶尔	有时	经常	总是
我们家庭成员总是互相给予最大的帮助和支持					
和家人一起，我很少感到无聊					
家庭成员愿意花很大的精力做家里的事					
在我们家，有一种和谐一致的气氛					
家里有事时，大家都愿意一起去做					
家庭成员总是衷心地互相支持					
我们家很有集体精神					
家庭成员彼此之间都一直合得来					
家庭的每个成员都一直得到充分的关心					

15. 下列描述多大程度上符合你个人的实际情况（每行限选一项，请在相应的空格中打"√"）

互依型自我构念	完全不符合	比较不符合	一般	比较符合	完全符合
对我来说，与他人维持一种融洽的关系非常重要					
我的快乐取决于周围人的快乐					
为了集体的利益，我会牺牲自己的利益					
如果我所在的群体需要我，即使我待得不开心，我仍然会和他们在一起					
我认为保持良好的人际关系比我自己取得成功更重要					

16. 请根据您对生活的满意程度，选择是否同意下表每行的表述（每行限选一项，请在相应的空格中打"√"）

生活满意度	非常不同意	比较不同意	中立	比较同意	非常同意
我的生活接近理想状态					
我的生活情况很好					
我对自己的生活满意					
目前来说，我已得到生活中想要的东西					
如果我的人生可以再来一次的话，我基本不会选择改变任何东西					

17. 请根据您的真实情感，选择符合您最近情绪的描述（每行限选一项，请在相应的空格中打"√"）

积极情绪	非常不符合	比较不符合	不确定	比较符合	非常符合
我对现在的生活感到舒适和快乐					
很满意现在的生活状态					
我的情感是愉悦的					
我对未来生活充满了热爱和信心					
生活时常让我觉得非常开心和兴奋					

18. 请根据您的真实情感，选择符合您最近情绪的描述（每行限选一项，请在相应的空格中打"√"）

消极情绪	非常不符合	比较不符合	不确定	比较符合	非常符合
时常觉得生活可悲、沮丧					
时常觉得孤独和不安					

消极情绪	非常不符合	比较不符合	不确定	比较符合	非常符合
总为生活感到焦虑和担忧，充满压力					
时常觉得忧郁和不幸福					
时常羡慕别人的生活					

附录五：中国家庭仪式传播对青少年主观幸福感的 影响机制研究（终测）

各位同学、朋友：

您好！由于科研需要，特设计这份问卷，您的回答对这次科研结论的准确性至关重要，因此非常感谢您在百忙之中填写这份问卷！本次问卷调查采取匿名形式，不会对您的个人生活造成负面影响，期待得到您的配合和支持。恳请您根据您的情况如实填写，对于您的配合，在此表示由衷的感谢！

第一部分：个人基本信息

1. 请问您的年龄是？（填空题）

_____

2. 请问您的性别是？（单选题）

□男　　　　　　　　　□女

3. 请问您的婚姻状态？（单选题）

□已婚　　　　　　　　□未婚

4. 请问您的民族是？（单选题）

□汉族　　　　　　　　□少数民族

5. 请问您的户籍所在地是？（单选题）

□城镇　　　　　　　　□乡村

6. 请问您家乡属于？（以秦岭淮河为界）（单选题）

□北方　　　　　　　　□南方

7. 请问您的学历层次是？（单选题）

☐高中以下　　　　　　　　☐高中（包括中专）

☐大学（包括高职高专）　　☐研究生（包括硕士、博士）

8. 请问您的家庭年收入是？（单选题）

☐10 万元以下　　　　　　☐10 万～20 万元

☐21 万～30 万元　　　　　☐30 万元以上

9. 请问您的家庭结构是？（单选题）

☐核心家庭（父母与未成家子女生活在一起）

☐大家庭（祖孙三代生活在一起）

☐其他

10. 请问您是否为独生子女？（单选题）

☐是　　　　　　　　　　☐否

第二部分：问题调研

11. 在家庭生活中，下列描述多大程度上符合你家实际情况（每行限选一项，请在相应的空格中打"√"）

家庭仪式传播	非常不符合	比较不符合	一般	比较符合	完全符合
在我的家庭中，只要条件允许，家人经常一起吃晚餐					
在我的家庭中，家人非常愿意一起吃晚餐					
对我的家庭来说，我们家一起吃饭不止是吃饭，还有交流感情					
在我的家庭中，吃晚餐有基本固定的时间					
在我的家庭中，家人们经常一起进行娱乐活动					
在我的家庭中，家人非常愿意一起进行娱乐活动					
在我的家庭中，家人一起进行娱乐活动可以促进家庭和睦					
在我的家庭中，家庭娱乐活动大体是固定的					
家庭成员分隔两地时，我们经常电话、视频联系					
家庭成员分隔两地时，家人非常愿意电话、视频联系					
家庭成员分隔两地时，即使没有什么重要的事情要说，也会定期电话或者视频聊天					

续表

家庭仪式传播	非常不符合	比较不符合	一般	比较符合	完全符合
家庭成员分隔两地时,电话、视频有固定的时间、频率					
在我的家庭中,家人每年都会庆祝生日					
在我的家庭中,家人非常愿意为家庭成员庆祝生日					
对我们家庭来说,庆祝生日是有意义的					
在我们家庭中,每年庆祝生日模式是固定的					
在我的家庭中,家人经常看望或电话问候祖辈					
在我的家庭中,家人非常愿意看望或电话问候祖辈					
在我的家庭中,家人认为经常看望或电话问候祖辈是为了关心祖辈					
在我的家庭中,看望或电话问候祖辈的时间、频率是固定的					

12. 关于中华民族文化的了解情况,下列描述多大程度上符合你个人的实际情况(每行限选一项,请在相应的空格中打"√")

文化认同	非常不符合	比较不符合	一般	比较符合	完全符合
我为自己是中华民族成员而感到高兴					
我很高兴自己拥有中华文化背景					
我为中华文化及其取得的成就而感到自豪					
我很清楚中华民族成员这一身份对于自身的意义					
我对自己的文化背景及其内涵有清晰的认识					
我对中华文化有较深的依恋					
我对中华文化有强烈的归属感					
参与大部分由中华民族成员组成的组织或社会群体					
我在日常生活中会践行中华文化					
我会与他人讨论中华文化的相关问题					
我考虑过中华文化如何影响我的生活这一问题					
我会花时间去更多地了解中华文化					

13. 下列描述多大程度上符合你个人的实际情况(每行限选一项,请在相应的空格中打"√")

抗逆力	非常不符合	比较不符合	一般	比较符合	完全符合
当事情发生变化时，我能够适应					
无论人生路途中发生任何事情，我都能处理它					
面临难题时，我会试着去看到事物积极的一面					
历经磨炼会让我更有力量					
我很容易从疾病、伤痛、困难中恢复过来					
我相信即使遇到障碍我也能够实现我的目标					
压力之下我仍然能够集中精神地思考问题					
我不会轻易地被失败打倒					
在处理生活中的失败和困难时，我觉得我是个坚强的人					
我能够调节一些不愉快或痛苦，例如悲伤、害怕和生气					

14. 关于你的家庭关系的表述，下面的描述，是否符合你的家庭情况（每行限选一项，请在相应的空格中打"√"）

家庭亲密度	从来没有	偶尔	有时	经常	总是
我们家庭成员总是互相给予最大的帮助和支持					
和家人一起，我很少感到无聊					
家庭成员愿意花很大的精力做家里的事					
在我们家，有一种和谐一致的气氛					
家里有事时，大家都愿意一起去做					
家庭成员总是衷心地互相支持					
我们家很有集体精神					
家庭成员彼此之间都一直合得来					
家庭的每个成员都一直得到充分的关心					

15. 下列描述多大程度上符合你个人的实际情况（每行限选一项，请在相应的空格中打"√"）

互依型自我构念	完全不符合	比较不符合	一般	比较符合	完全符合
对我来说，与他人维持一种融洽的关系非常重要					
我的快乐取决于周围人的快乐					
为了集体的利益，我会牺牲自己的利益					

续表

互依型自我构念	完全不符合	比较不符合	一般	比较符合	完全符合
如果我所在的群体需要我，即使我待得不开心，我仍然会和他们在一起					
我认为保持良好的人际关系比我自己取得成功更重要					

16. 请根据您对生活的满意程度，选择是否同意下表每行的表述（每行限选一项，请在相应的空格中打"√"）

生活满意度	非常不同意	比较不同意	中立	比较同意	非常同意
我的生活接近理想状态					
我的生活情况很好					
我对自己的生活满意					
目前来说，我已得到生活中想要的东西					
如果我的人生可以再来一次的话，我基本不会选择改变任何东西					

17. 请根据您的真实情感，选择符合您最近情绪的描述（每行限选一项，请在相应的空格中打"√"）

积极情绪	非常不符合	比较不符合	不确定	比较符合	非常符合
我对现在的生活感到舒适和快乐					
很满意现在的生活状态					
我的情感是愉悦的					
我对未来生活充满了热爱和信心					
生活时常让我觉得非常开心和兴奋					

18. 请根据您的真实情感，选择符合您最近情绪的描述（每行限选一项，请在相应的空格中打"√"）

消极情绪	非常不符合	比较不符合	不确定	比较符合	非常符合
时常觉得生活可悲、沮丧					
时常觉得孤独和不安					
总为生活感到焦虑和担忧，充满压力					
时常觉得忧郁和不幸福					
时常羡慕别人的生活					